सत्य के प्रयोग

(गांधीजी की संक्षिप्त आत्मकथा)

संक्षेपकार

भारतन कुमारप्पा

₹ 199

ISBN : 9788170287285

SATYA KE PRAYOG by M.K. Gandhi

(Abridged Hindi edition of *My Experiments With Truth*)

मुद्रक : जी.एस. ऑफसेट दिल्ली

राजपाल एण्ड सन्ज़

1590, मदरसा रोड, कश्मीरी गेट, दिल्ली-110006

फोन : 011-23869812, 23865483, 23867791

e-mail : sales@rajpalpublishing.com

www.rajpalpublishing.com

www.facebook.com/rajpalandsons

सत्य के प्रयोग

(गांधीजी की संक्षिप्त आत्मकथा)

मोहनदास करमचन्द गांधी

राजपाल

दो शब्द

गांधीजी की 'आत्मकथा' जो अंग्रेज़ी में प्रसिद्ध हुई है; उसके असली स्वरूप में तथा उसमें जो 'दक्षिण अफ्रीका का सत्याग्रह का इतिहास' है, इन दोनों के कुल पृष्ठ करीब एक हज़ार होते हैं। इन दोनों पुस्तकों के कथावस्तु को पहली बार संक्षिप्त करके इकट्ठा करके प्रस्तुत करने का प्रयास किया गया है। क्योंकि गांधीजी की शैली ही संक्षिप्त में कहने की है इसलिए यह कार्य सरल नहीं है। एक बात और भी है कि वे सदा जितना उद्देश्यपूर्ण तथा महत्त्व का हो उतना ही कहते हैं। अतः उन्होंने जो भी कुछ लिखा है, उसमें काट-छाँट करने से पहले दो बार सोचना ही पड़ेगा।

आधुनिक पाठक गांधीजी की 'आत्मकथा' संक्षिप्त में माँगता है। उसकी इस माँग को मद्देनज़र रखते हुए तथा स्कूलों-कॉलेजों के युवा-विद्यार्थियों के लिए यह संक्षिप्त आवृत्ति तैयार की गयी है। असल ग्रन्थ का स्थान तो यह संक्षिप्त आवृत्ति कभी नहीं ले सकेगी; लेकिन ऐसी आशा रखना अवश्य अपेक्षित है कि यह संक्षेप पाठक में जिज्ञासा अवश्य उत्पन्न करेगा और बाद में अपनी अनुकूलता से जब फुरसत मिलेगी तब वह असली ग्रन्थ का अध्ययन करेगा।

इस संक्षेप में गांधीजी के जीवन में घटी सभी महत्त्वपूर्ण घटनाओं का समावेश हो ऐसा प्रयास किया गया है, इस में भी उन घटनाओं का कि जिसका आध्यात्मिक महत्त्व है इस कारण उन्होंने पुस्तकें लिखी हैं। गांधीजी के अपने ही शब्दों को चुस्ती से पकड़ रखे हैं। ऐसी भी कई जगह हैं कि जहाँ संक्षिप्त करते समय शब्दों को बदलने की ज़रूरत मालूम पड़ी है वहाँ बदल भी दिये हैं; लेकिन यहाँ भी एक बात की सावधानी रखी गयी है कि उन्होंने जो अर्थ दर्शाये हैं उसके अर्थ में कोई परिवर्तन ना हो। संक्षिप्त करते समय महादेवभाई देसाई द्वारा तैयार किया गया ग्रन्थ 'माई अर्ली लाईफ' विशेष उपयोगी हुआ था।

मुम्बई, नवम्बर 1951

—भारतन कुमारप्पा

प्रस्तावना

आत्मकथा लिखने का मेरा आशय नहीं है। मुझे तो आत्मकथा के बहाने सत्य के जो अनेक प्रयोग मैंने किये हैं, उसकी कथा लिखनी है। उसमें मेरा जीवन ओतप्रोत होने के कारण कथा एक जीवन-वृत्तान्त जैसी बन जायेगी, यह सही है; लेकिन उसके हर पन्ने पर मेरे प्रयोग ही प्रकट हों तो मैं स्वयं इस कथा को निर्दोष मानूँगा। मैं ऐसा मानता हूँ कि मेरे सब प्रयोगों का पूरा लेखा जनता के सामने रहे, तो वह लाभदायक सिद्ध होगा अथवा यों समझिये कि यह मेरा मोह है। राजनीति के क्षेत्र में हुए मेरे प्रयोगों को तो अब हिन्दुस्तान जानता है, लेकिन मेरे आध्यात्मिक प्रयोगों को, जिन्हें मैं ही जान सकता हूँ और जिनके कारण राजनीति के क्षेत्र में मेरी शक्ति भी जन्मी है, उन प्रयोगों का वर्णन करना मुझे अवश्य ही अच्छा लगेगा। अगर ये प्रयोग सचमुच आध्यात्मिक हैं तो इनमें गर्व करने की गुंजाइश ही नहीं। इनसे तो केवल नम्रता की ही वृद्धि होगी। ज्यों-ज्यों मैं अपने भूतकाल के जीवन पर दृष्टि डालता जाता हूँ, त्यों-त्यों अपनी अल्पता स्पष्ट ही देख सकता हूँ।

मुझे जो करना है, तीस वर्षों से मैं जिसकी आतुर-भाव से रट लगाये हुए हूँ, वह तो आत्मदर्शन है, ईश्वर का साक्षात्कार है, मोक्ष है। मेरे सारे काम इसी दृष्टि से होते हैं। मेरा सब लेखन भी इसी दृष्टि से होता है; और मेरा राजनीति के क्षेत्र में पड़ना भी इसी वस्तु के अधीन है। लेकिन ठेठ से ही मेरा यह मत रहा है कि जो एक के लिए शक्य है, वह सबके लिए भी शक्य है। इस कारण मेरे प्रयोग खानगी नहीं हुए—नहीं रहे। उन्हें सब देख सकें तो मुझे नहीं लगता कि उससे उनकी आध्यात्मिकता कम होगी। ऐसी कुछ चीज़ें अवश्य हैं कि जिन्हें आत्मा ही जानती है, जो आत्मा में ही समा जाती हैं। परन्तु ऐसी वस्तु देना, यह मेरी शक्ति से परे की बात है। मेरे प्रयोगों में आध्यात्मिकता का मतलब है नैतिक, धर्म का अर्थ है नीति; आत्मा की दृष्टि से पाली गयी नीति ही धर्म है।

इसलिए जिन वस्तुओं का निर्णय बालक, नौजवान और बूढ़े करते हैं और कर सकते हैं; इस कथा में उन्हीं वस्तुओं का समावेश होगा। अगर ऐसी कथा मैं तटस्थ भाव से निरभिमान रहकर लिख सकूँ, तो उसमें से दूसरे प्रयोग करने वालों को कुछ सामग्री मिलेगी। इन प्रयोगों के बारे में मैं किसी भी प्रकार की सम्पूर्णता का दावा नहीं करता। जिस तरह वैज्ञानिक अपने प्रयोग अतिशय नियमपूर्वक, विचारपूर्वक

और बारीकी से करता है, फिर भी उनसे उत्पन्न परिणामों को वह अन्तिम नहीं कहता अथवा वे परिणाम सत्य ही हैं, इस बारे में भी वह सशंक नहीं, तो तटस्थ अवश्य रहता है। अपने प्रयोगों के विषय में मेरा भी वैसा ही दावा है। मैंने खूब आत्मनिरीक्षण किया है; एक-एक भाव की जाँच की है, उसका पृथक्करण किया है। किन्तु उसमें से निकले हुए परिणाम सबके लिए अन्तिम ही हैं, वे सच हैं अथवा वे ही सच हैं, ऐसा दावा मैं कभी करना नहीं चाहता। हाँ, यह दावा मैं अवश्य करता हूँ कि मेरी दृष्टि से ये सच हैं और इस समय तो अन्तिम जैसे ही मालूम होते हैं। अगर न मालूम हों तो मुझे उनके सहारे कोई भी कार्य खड़ा नहीं करना चाहिए। लेकिन मैं तो पग-पग पर जिन-जिन वस्तुओं को देखता हूँ, उनके त्याज्य और ग्राह्य—ऐसे दो भाग कर लेता हूँ, और जिन्हें ग्राह्य समझता हूँ, उनके अनुसार अपना आचरण बना लेता हूँ। और जब तक इस तरह बना हुआ आचरण मुझे, अर्थात् मेरी बुद्धि को और आत्मा को सन्तोष देता है, तब तक मुझे उसके शुभ परिणामों के बारे में अविचलित विश्वास रखना ही चाहिए।

मैं तो सिर्फ यह चाहता हूँ कि उनमें बताये गये प्रयोगों को दृष्टान्तरूप मानकर सब अपने-अपने प्रयोग यथाशक्ति और यथामति करें। मुझे विश्वास है कि इस संकुचित क्षेत्र में आत्मकथा के मेरे लेखों से बहुत कुछ मिल सकेगा; क्योंकि कहने योग्य एक भी बात मैं छिपाऊँगा नहीं। मुझे आशा है कि मैं अपने दोषों का खयाल पाठकों को पूरी तरह दे सकूँगा। मुझे सत्य के शास्त्रीय प्रयोगों का वर्णन करना है; मैं कितना भला हूँ, इसका वर्णन करने की मेरी तनिक भी इच्छा नहीं है। जिस गज से स्वयं मैं अपने को मापना चाहता हूँ और जिसका उपयोग हम सबको अपने-अपने विषय में करना चाहिए, उसके अनुसार तो मैं अवश्य कहूँगा कि 'उनसे' तो अभी मैं दूर हूँ।

आश्रम, साबरमती
26 नवम्बर, 1925

मो. क. गांधी

अनुक्रमणिका

भाग 1

बचपन और युवावस्था

जन्म तथा माता-पिता

ऐसा मालूम होता है कि उत्तमचन्द गांधी अथवा मेरे दादा ओता गांधी टेक वाले थे। राजनीतिक खटपट के कारण उन्हें पोरबन्दर छोड़ना पड़ा था और उन्होंने जूनागढ़ राज्य में आश्रय लिया था। उन्होंने नवाब साहब को बायें हाथ से सलाम किया। किसी ने इस प्रकट अविनय का कारण पूछा, तो जवाब मिला—"दाहिना हाथ तो पोरबन्दर को अर्पित हो चुका है।"

ओता गांधी के एक के बाद दूसरा यों दो विवाह हुए थे। पहले विवाह से उनके चार लड़के थे और दूसरे से दो। इनमें पांचवें करमचन्द अथवा कबा गांधी और आखिरी तुलसीदास गांधी थे। दोनों भाइयों ने बारी-बारी से पोरबन्दर में दीवान का काम किया। कबा गांधी मेरे पिताजी थे।

कबा गांधी के भी एक के बाद एक यों चार विवाह हुए थे। अन्तिम पत्नी पुतलीबाई से एक कन्या और तीन पुत्र थे। उनमें अन्तिम मैं हूँ।

पिता कुटुम्ब-प्रेमी, सत्य-प्रिय, शूर, उदार किन्तु क्रोधी थे। राज्य के प्रति वे बहुत वफादार थे। एक बार प्रान्त के किसी साहब ने राजकोट के ठाकुर साहब का अपमान किया था। पिताजी ने उसका विरोध किया। साहब नाराज़ हुए, कबा गांधी से माफी मांगने के लिए कहा। उन्होंने माफी मांगने से इनकार किया। फलस्वरूप, कुछ घण्टों के लिए उन्हें हवालात में भी रहना पड़ा। इस पर भी जब वे डिगे नहीं, तो अन्त में साहब ने उन्हें छोड़ देने का हुक्म दिया।

पिताजी ने धन बटोरने का लोभ कभी नहीं किया। इस कारण हम भाइयों के लिए वे बहुत थोड़ी सम्पत्ति छोड़ गये थे।

पिताजी की शिक्षा केवल अनुभव की थी। आजकल जिसे हम गुजराती की पांचवीं किताब का ज्ञान कहते हैं, उतनी शिक्षा उन्हें मिली होगी। इतिहास-भूगोल का ज्ञान तो बिलकुल ही न था। फिर भी उनका व्यावहारिक ज्ञान इतने ऊंचे दर्जे का था कि बारीक-से-बारीक सवालों को सुलझाने में अथवा हज़ार आदमियों से काम लेने में भी उन्हें कोई कठिनाई नहीं होती थी। धार्मिक शिक्षा नहीं के बराबर थी, पर मन्दिर में जाने से और कथा वगैरा सुनने से जो धर्मज्ञान असंख्य हिन्दुओं को सहज भाव से मिलता रहता है, वह उनमें था। आखिर के साल में एक विद्वान् ब्राह्मण की सलाह से, जो परिवार के मित्र थे, उन्होंने गीता-पाठ शुरू किया था और रोज़ पूजा

के समय वे थोड़े-बहुत श्लोक ऊँचे स्वर से पाठ किया करते थे।

मेरे मन पर यह छाप रही है कि माता साध्वी स्त्री थीं। वे बहुत श्रद्धालु थीं। बिना पूजा-पाठ के कभी भोजन न करतीं। हमेशा हवेली (वैष्णव मन्दिर) जातीं। जब से मैंने होश संभाला, तब से मुझे याद नहीं पड़ता कि उन्होंने कभी चातुर्मास का व्रत तोड़ा हो। वे कठिन-से-कठिन व्रत शुरू करतीं और उन्हें निर्विघ्न पूरा करतीं। लिये हुए व्रतों को बीमार होने पर भी कभी न छोड़तीं। ऐसे एक समय की मुझे याद है कि जब उन्होंने चान्द्रायण का व्रत लिया था। व्रत के दिनों में वे बीमार पड़ीं, पर व्रत नहीं छोड़ा। चातुर्मास में एक बार खाना तो उनके लिए सामान्य बात थी। लगातार दो-तीन उपवास तो उनके लिए मामूली बात थी। एक चातुर्मास में उन्होंने यह व्रत लिया था कि सूर्यनारायण के दर्शन करके ही भोजन करेंगी। उस चौमासे में हम बालक बादलों के सामने देखा करते कि कब सूरज के दर्शन हों और कब माँ भोजन करें। यह तो सब जानते हैं कि चौमासे में अकसर सूर्य के दर्शन दुर्लभ हो जाते हैं। मुझे ऐसे दिन याद हैं कि जब हम सूरज को देखते और कहते, ''माँ-माँ, सूरज दीखा;'' और माँ उतावली होकर आतीं, इतने में सूरज छिप जाता और माँ यह कहती हुई लौट जातीं कि ''कोई बात नहीं, आज भाग्य में भोजन नहीं है;'' और अपने काम में डूब जातीं।

माता व्यवहार-कुशल थीं। राजदरबार की सब बातें वे जानती थीं। रनिवास में उनकी बुद्धि की अच्छी कदर होती थी। मैं बालक था। कभी-कभी माताजी मुझे भी अपने साथ दरबार गढ़ ले जाती थीं। 'बा-माँसाहब' के साथ होने वाली बातों में से कुछ मुझे अभी तक याद हैं।

इन माता-पिता के घर में संवत् 1925 की भादों बदी बारस के दिन, अर्थात् 2 अक्टूबर, 1869 को पोरबन्दर अथवा सुदामापुरी में मेरा जन्म हुआ।

पाठशाला में

मेरा बचपन पोरबन्दर में ही बीता। किसी पाठशाला में मुझे भर्ती किया गया था, ऐसा कुछ स्मरण में है। मुश्किल से कुछ पाड़ा (पहाड़ों को) सीख पाया था। उस समय अन्य बच्चों के साथ मैं भी मेहताजी को सिर्फ गाली देना ही सीखा था, ऐसा स्मरण में है; और दूसरा कुछ भी याद नहीं है। इस बात से मेरा यह अनुमान है कि मेरी बुद्धि साधारण होगी तथा स्मरणशक्ति भी कमज़ोर होगी।

पोरबन्दर से पिताजी राजस्थानिक कोर्ट के सदस्य बनकर राजकोट गये। उस समय मेरी उम्र लगभग सात साल की होगी। मुझे राजकोट की ग्रामशाला में भर्ती किया गया। इस शाला के दिन मुझे अच्छी तरह याद हैं। शिक्षकों के नाम-धाम भी याद हैं। पोरबन्दर की तरह यहाँ की पढ़ाई के बारे में भी जानने लायक कोई खास बात नहीं है। मैं मुश्किल से साधारण श्रेणी का विद्यार्थी रहा होऊँगा। ग्रामशाला से

उपनगर की शाला में और वहाँ से हाईस्कूल में। यहाँ तक पहुँचने में मेरा बारहवाँ वर्ष बीत गया। मुझे याद नहीं पड़ता कि इस बीच मैंने किसी भी समय शिक्षकों को धोखा दिया हो। न तब तक किसी को मित्र बनाने का स्मरण है। मैं बहुत ही शर्मीला लड़का था। और किसी भी साथी की संगत से दूर रहता था। मेरी किताबें तथा मेरे पाठ ही मेरे अकेले साथी थे। घण्टी बजने के समय पहुँचता और पाठशाला के बन्द होते ही घर भागता। यह मेरी रोज़ की आदत थी। 'भागना' शब्द मैं जान-बूझकर लिख रहा हूँ; क्योंकि किसी से बातें करना मुझे अच्छा न लगता था। साथ ही यह डर भी रहता था कि कोई मेरा मज़ाक उड़ायेगा तो?

हाईस्कूल के पहले ही वर्ष की, परीक्षा के समय की, एक घटना उल्लेखनीय है। शिक्षा-विभाग के इन्सपेक्टर जाइल्स विद्यालय का निरीक्षण करने आये थे। उन्होंने पहली कक्षा के विद्यार्थियों की वर्तनी की जाँच करने के लिए पहली कक्षा के विद्यार्थियों को अंग्रेज़ी के पाँच शब्द लिखाये। उनमें एक शब्द 'केटल' (Kettle) था। मैंने उसके हिज्जे गलत लिखे थे। शिक्षक ने अपने बूट की नोक मारकर मुझे सावधान किया। लेकिन मैं क्यों सावधान होने लगा? मुझे यह खयाल ही नहीं हो सका कि शिक्षक मुझे पास वाले लड़के की पट्टी देखकर हिज्जे सुधार लेने को कहते हैं। मैंने यह माना था कि शिक्षक तो यह देख रहे हैं कि हम एक-दूसरे की पट्टी में देखकर चोरी न करें। सब लड़कों के पाँचों शब्द सही निकले और अकेला मैं बेवकूफ ठहरा! शिक्षक ने मुझे मेरी 'बेवकूफी' बाद में समझायी; लेकिन मेरे मन पर उनके समझाने का कोई असर न हुआ। मैं दूसरे लड़कों की पट्टी में देखकर चोरी करना कभी सीख न सका।

इतने पर भी शिक्षक के प्रति मेरा विनय कभी कम न हुआ। बड़ों के दोष न देखने का गुण मुझमें स्वभाव से ही था। बाद में इन शिक्षक के दूसरे दोष भी मुझे मालूम हुए थे, फिर भी उनके प्रति मेरा आदर तो बना ही रहा। मैं यह जानता था कि बड़ों की आज्ञा का पालन करना चाहिए। वे जो कहें सो करना; कभी उसके काज़ी न बनना।

इसी समय के दो और प्रसंग मुझे हमेशा याद रहे हैं। साधारणतः पाठशाला की पुस्तकों को छोड़कर और कुछ पढ़ने का मुझे शौक नहीं था। सबक याद करना चाहिए, उलाहना सहा नहीं जाता, शिक्षक को धोखा देना ठीक नहीं, इसलिए मैं पाठ याद करता था। लेकिन मन अलसा जाता, इससे अकसर सबक कच्चा रह जाता। ऐसी हालत में दूसरी कोई चीज़ पढ़ने की इच्छा क्योंकर होती? किन्तु पिताजी की खरीदी हुई एक पुस्तक पर मेरी दृष्टि पड़ी। नाम था 'श्रवण-पितृभक्त नाटक'[1]।

---

1. युवा तपस्वी श्रवण अपने अंधे माता-पिता की सेवा में रत् रहता था। एक समय उन्हें अपनी काँवर में बैठाकर यात्रा करवा रहा था, तब रास्ते में राम के पिता दशरथ ने अनजाने में उसकी हत्या कर डाली थी।

मेरी इच्छा उसे पढ़ने की हुई और मैं उसे बड़े चाव के साथ पढ़ गया। उन्हीं दिनों शीशे में चित्र दिखाने वाले भी घर-घर आते थे। उनके पास मैंने श्रवण का वह दृश्य भी देखा, जिसमें वह अपने माता-पिता को काँवर में बैठाकर यात्रा पर ले जाता है। दोनों चीज़ों का मुझ पर गहरा प्रभाव पड़ा। मन में इच्छा होती कि 'मुझे भी श्रवण के समान बनना चाहिए।' श्रवण की मृत्यु पर उसके माता-पिता का विलाप मुझे आज भी याद है। उस हृदय को हिला देने वाले सुरों ने मेरे मन को झकझोर दिया। उस ललित छन्द को मैंने बाजे पर बजाना सीख लियां था। मुझे बाजा सीखने का शौक था और पिताजी ने एक बाजा दिला भी दिया था।

दूसरी घटना अन्य एक नाटक के सम्बन्ध में घटी थी।

इन्हीं दिनों कोई नाटक कम्पनी आयी थी और उसका नाटक देखने की इजाज़त मुझे मिली थी। "हरिश्चन्द्र का आख्यान"[1] था। उस नाटक को देखते हुए मैं थकता न था। उसे बार-बार देखने की इच्छा होती थी। लेकिन यों बार-बार जाने कौन देता! पर अपने मन में मैंने उस नाटक को सैकड़ों बार खेला होगा। मुझे हरिश्चन्द्र के सपने आते। 'हरिश्चन्द्र की तरह सत्यवादी सब क्यों नहीं होते?' यह धुन बनी रहती। यह प्रश्न मैं दिन-रात अपने आपको पूछता ही रहता था। सत्य का पालन करते रहना—यह मेरा आदर्श बना। हरिश्चन्द्र की घटना सही होगी, ऐसा मैंने मान लिया। हरिश्चन्द्र पर जैसी विपत्तियाँ पड़ीं, वैसी विपत्तियों को भोगना और सत्य का पालन करना ही वास्तविक सत्य है। मैंने यह मान लिया था कि उनका स्मरण करके मैं खूब रोया हूँ। आज मेरी बुद्धि समझती है कि हरिश्चन्द्र कोई ऐतिहासिक व्यक्ति नहीं था। फिर भी मेरे विचार में हरिश्चन्द्र और श्रवण आज भी जीवित हैं। मैं मानता हूँ कि आज भी उन नाटकों को पढ़ूँ, तो मेरी आँखों से आँसू बह निकलेंगे।

हाईस्कूल में मेरी गिनती मन्दबुद्धि विद्यार्थियों में नहीं थी। शिक्षकों का प्रेम मैं हमेशा ही पा सका था। हर साल माता-पिता के नाम स्कूल से विद्यार्थी की पढ़ाई और उसके आचरण के सम्बन्ध में प्रमाणपत्र भेजे जाते थे। उनमें मेरे आचरण या अभ्यास के खराब होने की टीका कभी नहीं हुई। दूसरी कक्षा के बाद मुझे इनाम भी मिले और पाँचवीं तथा छठी कक्षा में क्रमश: प्रतिमास चार और दस रुपयों की छात्रवृत्ति भी मिली थी। इसमें मेरी होशियारी की अपेक्षा भाग्य का अंश अधिक था। ये छात्रवृत्तियाँ सब विद्यार्थियों के लिए नहीं थीं, बल्कि सोरठवासियों में से

---

1. हिन्दू धर्मग्रन्थों के मुताबिक हरिश्चन्द्र सूर्यवंशी था। अपने दानेश्वरी स्वभाव के लिए, प्रामाणिकता तथा दृढ़ सत्यप्रियता के कारण ख्यातनाम था। विश्वामित्र ने राजा की कसौटी करना चाहा और कठिन कसौटियों द्वारा उसकी परीक्षा ली। यहाँ तक कि अपनी पत्नी को डाकिन कहा और उसकी हत्या करवा डाली। राजा असाधारण हिम्मत तथा सत्यपालन से सारी कसौटियों को पार कर गये।

सर्वप्रथम आने वालों के लिए थीं। चालीस-पचास विद्यार्थियों की कक्षा में उस समय सोरठ प्रदेश के विद्यार्थी कितने हो सकते थे?

मेरा अपना खयाल है कि मुझे अपनी होशियारी का कोई गर्व नहीं था। पुरस्कार या छात्रवृत्ति मिलने पर मुझे आश्चर्य होता था। पर अपने आचरण के विषय में मैं बहुत सजग था। आचरण में दोष आने पर मुझे रुलाई आ ही जाती थी। मेरे हाथों कोई भी ऐसा काम बने, जिससे शिक्षकों को मुझे डाँटना पड़े अथवा शिक्षकों का वैसा खयाल बने, तो वह मेरे लिए असह्य हो जाता था। मुझे याद है कि एक बार मुझे मार खानी पड़ी थी। मार का दु:ख नहीं था, पर मैं दण्ड का पात्र माना गया, इसका मुझे बड़ा दु:ख रहा। मैं खूब रोया। यह प्रसंग पहली या दूसरी कक्षा का है। दूसरा एक प्रसंग सातवीं कक्षा का है। उस समय दोराबजी एदलजी गीमी हेडमास्टर थे। वे विद्यार्थी-प्रेमी थे; क्योंकि वे नियमों का पालन करवाते, व्यवस्थित रीति से काम करते और लेते और अच्छी तरह पढ़ाते थे। उन्होंने उच्च कक्षा के विद्यार्थियों के लिए कसरत-क्रिकेट अनिवार्य कर दिये थे। मुझे इनसे अरुचि थी। इनके अनिवार्य बनने से पहले मैं कभी कसरत, क्रिकेट या फुटबॉल गया ही न था। न जाने में मेरा शर्मीला स्वभाव ही एकमात्र कारण था। अब मैं देखता हूँ कि वह अरुचि मेरी भूल थी। उस समय मेरा यह गलत खयाल बना हुआ था कि शिक्षा के साथ कसरत का कोई सम्बन्ध नहीं है। बाद में मैं समझा कि विद्याभ्यास में व्यायाम का, अर्थात् शारीरिक शिक्षा का, मानसिक शिक्षा के समान ही स्थान होना चाहिए।

फिर भी मुझे कहना चाहिए कि कसरत में न जाने से मुझे नुकसान नहीं हुआ। उसका कारण यह रहा कि मैंने पुस्तकों में खुली हवा में घूमने जाने की सलाह पढ़ी थी और वह मुझे रुची थी। इसके कारण हाईस्कूल की उच्च कक्षा से ही मुझे हवाखोरी की आदत पड़ गयी थी। वह अन्त तक बनी रही। टहलना भी व्यायाम तो है ही, इससे मेरा शरीर अपेक्षाकृत सुगठित बना।

अरुचि का दूसरा कारण था—पिताजी की सेवा करने की तीव्र इच्छा। स्कूल की छुट्टी होते ही मैं सीधा घर पहुँचता और सेवा में लग जाता। जब कसरत अनिवार्य हुई, तो इस सेवा में बाधा पड़ी। मैंने विनती की कि पिताजी की सेवा के लिए मुझे कसरत से छुट्टी दी जाये। पर गीमी साहब छुट्टी क्यों देने लगे? एक शनिवार के दिन सुबह का स्कूल था। शाम को चार बजे कसरत के लिए जाना था। मेरे पास घड़ी नहीं थी। आसमान बादलों से घिरा था, इसलिए समय का कोई अन्दाज़ नहीं रहा। मैं बादलों से धोखा खा गया। जब कसरत के लिए पहुँचा, तो सब जा चुके थे। दूसरे दिन गीमी साहब ने हाज़िरी देखी, तो मैं गैर-हाज़िर पाया गया। मुझसे कारण पूछा गया। मैंने सही-सही कारण बता दिया। उन्होंने उसे सच नहीं माना और मुझ पर एक या दो आने (ठीक रकम का स्मरण नहीं है) का जुर्माना किया। मैं झूठा ठहरा मुझे बहुत दु:ख हुआ। कैसे सिद्ध करूँ कि 'मैं झूठा नहीं हूँ?'

कोई उपाय न रहा। मन मसोसकर रह गया। रोया। समझा कि सच बोलने वाले और सच्चा काम करने वाले को गाफिल भी नहीं रहना चाहिए। अपनी पढ़ाई के समय में इस तरह की मेरी यह पहली और आखिरी गफलत थी। मुझे धुँधली-सी याद है कि आखिर मैं वह जुर्माना माफ करा सका था।

मैंने कसरत से तो मुक्ति प्राप्त कर ही ली। पिताजी ने हेडमास्टर को पत्र लिखा कि स्कूल के समय के बाद वे मेरी उपस्थिति का उपयोग अपनी सेवा के लिए करना चाहते हैं। इस कारण मुझे मुक्ति मिल गयी।

शरीर को व्यायाम न देने की गलती के लिए तो शायद मुझे सज़ा नहीं भोगनी पड़ी, पर दूसरी एक गलती की सज़ा मैं आज तक भोग रहा हूँ। मैं यही जानता था कि पढ़ाई में सुन्दर लेखन आवश्यक नहीं है, यह गलत खयाल मुझे कैसे हो गया था?

इस समय के विद्याभ्यास के दूसरे दो संस्मरण उल्लेखनीय हैं। ब्याह के कारण जो एक साल नष्ट हुआ था, उसे बचा लेने की बात दूसरी कक्षा के शिक्षक ने मेरे सामने रखी थी। उन दिनों परिश्रमी विद्यार्थी को इसके लिए अनुमति मिलती थी। इस कारण तीसरी कक्षा में मैं छह महीने रहा और गरमी की छुट्टियों से पहले होने वाली परीक्षा के बाद मुझे चौथी कक्षा में बैठाया गया। इस कक्षा से थोड़ी पढ़ाई अंग्रेज़ी माध्यम से होने लगती थी। मेरी समझ में कुछ न आता था। भूमिति भी चौथी कक्षा से शुरू होती थी। मैं उसमें पिछड़ा हुआ था ही, तिस पर मैं उसे बिलकुल समझ नहीं पाता था। भूमिति-शिक्षक अच्छी तरह समझाकर पढ़ाते थे, पर मैं कुछ समझ ही न सकता था। मैं अकसर निराश हो जाता। कभी-कभी यह भी सोचता कि एक साल में दो कक्षाएँ करने का विचार छोड़कर मैं तीसरी कक्षा में लौट जाऊँ। पर ऐसा करने में मेरी लाज जाती, और जिन शिक्षक ने मेरी लगन पर भरोसा करके मुझे चढ़ाने की सिफारिश की थी उनकी भी लाज जाती। दोहरी लाज जाने का भय! इस भय से नीचे जाने का विचार तो छोड़ ही दिया। जब प्रयत्न करते-करते मैं युक्लिड के तेरहवें प्रमेय तक पहुँचा, तो अचानक मुझे बोध हुआ कि भूमिति तो सरल से सरल विषय है। जिसमें केवल बुद्धि का सीधा और सरल प्रयोग ही करना है, उसमें कठिनाई क्या है? उसके बाद तो भूमिति मेरे लिए सदा ही एक सरल और सरस विषय बना रहा।

भूमिति की अपेक्षा संस्कृत ने मुझे अधिक परेशान किया। भूमिति में रटने की कोई बात थी ही नहीं, जबकि मेरी दृष्टि से संस्कृत में तो सब रटना ही होता था। यह विषय भी चौथी कक्षा में शुरू हुआ था। छठी कक्षा में मैं हारा। संस्कृत-शिक्षक बहुत कड़े मिज़ाज के थे। विद्यार्थियों को अधिक सिखाने का लोभ रखते थे। संस्कृत-वर्ग और फारसी-वर्ग के बीच एक प्रकार की होड़ रहती थी। फारसी सिखाने वाले मौलवी नरम मिज़ाज के थे। विद्यार्थी आपस में बात करते कि फ़ारसी

तो बहुत आसान है और फारसी-शिक्षक बहुत भले हैं। विद्यार्थी जितना काम करते हैं, उतने से वे सन्तोष कर लेते हैं। मैं भी आसान होने की बात सुनकर ललचाया और एक दिन फारसी के वर्ग में जाकर बैठा। संस्कृत-शिक्षक को दुःख हुआ। उन्होंने मुझे बुलाया और कहा , "यह तो समझ कि तू किनका लड़का है! क्या तू अपने धर्म की भाषा नहीं सीखेगा? तुझे जो कठिनाई हो, सो मुझे बता। मैं तो सब विद्यार्थियों को बढ़िया संस्कृत सिखाना चाहता हूँ। आगे चलकर उसमें रस के घूँट पीने को मिलेंगे। तुझे यों हारना नहीं चाहिए। तू फिर से मेरे वर्ग में बैठ।" मैं शर्माया। शिक्षक के प्रेम की अवमानना न कर सका। आज मेरी आत्मा कृष्णशंकर पंड्या का उपकार मानती है। क्योंकि जितनी संस्कृत मैं उस समय सीखा, उतनी भी न सीखा होता, तो आज संस्कृत शास्त्रों में मैं जितना रस ले सकता हूँ, उतना न ले पाता। मुझे तो इस बात का पश्चात्ताप होता है कि मैं संस्कृत अधिक न सीख सका। क्योंकि बाद में समझा कि किसी भी हिन्दू बालक को संस्कृत का अच्छा अभ्यास किये बिना रहना ही न चाहिए।

अब तो मैं यह मानता हूँ कि भारतवर्ष की उच्च शिक्षा के पाठ्यक्रम में मातृभाषा के अतिरिक्त राष्ट्रभाषा हिन्दी, संस्कृत, फारसी, अरबी और अंग्रेज़ी का स्थान होना चाहिए। भाषाओं की इस संख्या से किसी को डरना नहीं चाहिए। भाषा पद्धतिपूर्वक सिखाई जाए और सब विषयों को अंग्रेज़ी के माध्यम से सीखने-सोचने का बोझ हम पर न हो, तो ऊपर की भाषाएँ सीखना सिर्फ बोझरूप न होगा, बल्कि उसमें बहुत ही आनन्द आएगा और जो व्यक्ति एक भाषा को शास्त्रीय पद्धति से सीख लेता है, उसके लिए दूसरी का ज्ञान सुलभ हो जाता है।

बाल-विवाह

यह लिखते हुए मन अकुलाता है कि तेरह साल की उम्र में मेरा विवाह हुआ था। आज मेरी आँखों के सामने बारह-तेरह वर्ष के बालक मौजूद हैं। उन्हें देखता हूँ और अपने विवाह का स्मरण करता हूँ, तो मुझे अपने ऊपर दया आती है और इन बालकों को मेरी स्थिति से बचने के लिए बधाई देने की इच्छा होती है। तेरहवें वर्ष में हुए अपने विवाह के मूर्खतापूर्ण समर्थन में मुझे एक भी नैतिक दलील सूझ नहीं सकती।

उस समय मेरे मन में अच्छे-अच्छे कपड़े पहनने, बाजे बजने, वर-यात्रा के समय घोड़े पर चढ़ने, बढ़िया भोजन मिलने, एक नयी बालिका के साथ विनोद करने आदि की अभिलाषा के सिवा दूसरी कोई खास बात रही हो, इसका मुझे स्मरण नहीं है।

हम दोनों परस्पर एक-दूसरे को आहिस्ता-आहिस्ता पहचानने लगे और बिना संकोच बोलने लगे। हम दोनों हमवयस्क हैं, लेकिन मैंने तो देखते ही देखते पतित्व

का अधिकार जमाना शुरू कर दिया।

यह बात तो थी ही नहीं कि मैं अपनी पत्नी के लिए आशंका लाऊँ, लेकिन ईर्ष्या कभी कोई कारण देखती है भला?

मुझे हमेशा यह जानना चाहिए कि मेरी स्त्री कहाँ जाती है। इसलिए मेरी अनुमति के बिना वह कहीं जा ही नहीं सकती। यह चीज़ हमारे बीच दुःखद झगड़े की जड़ बन गयी। बिना अनुमति के कहीं भी न जा सकना तो एक तरह की कैद ही हुई। पर कस्तूरबाई ऐसी कैद सहन करने वाली थी ही नहीं। जहाँ इच्छा होती वहाँ मुझसे बिना पूछे ज़रूर जाती। मैं ज्यों-ज्यों दबाव डालता, त्यों-त्यों वह अधिक स्वतन्त्रता से काम लेती, और त्यों-त्यों मैं अधिक चिढ़ता। इससे हम बाल पति-पत्नी जैसे बालकों के बीच बोलचाल का बन्द होना एक मामूली चीज़ बन गयी। कस्तूरबाई ने जो स्वतन्त्रता बरती, उसे मैं निर्दोष मानता हूँ। जिस बालिका के मन में पाप नहीं है, वह देव-दर्शन के लिए जाने पर या किसी से मिलने जाने पर दबाव क्यों सहन करे? अगर मैं उस पर दबाव डालता हूँ, तो वह मुझ पर क्यों न डाले?—यह तो अब समझ में आ रहा है। उस समय तो मुझे अपना पतित्व सिद्ध करना था।

लेकिन पाठक यह न मानें कि हमारे इस गृह-जीवन में कहीं भी मिठास नहीं थी। मेरी वक्रता की जड़ प्रेम में थी। मैं अपनी पत्नी को आदर्श-स्त्री बनाना चाहता था। मेरी यह भावना थी कि वह स्वच्छ बने, स्वच्छ रहे, मैं सीखूँ सो सीखे, मैं पढ़ूँ सो पढ़े, और हम दोनों एक-दूसरे में ओतप्रोत रहें। ऐसी भावना थी।

कस्तूरबाई में यह भावना थी या नहीं, इसका मुझे पता नहीं। वह निरक्षर थी। स्वभाव से सीधी, स्वतन्त्र, मेहनती और मेरे साथ तो कम बोलने वाली थी। उसे अपने अज्ञान का असन्तोष न था। अपने बचपन में मैंने कभी उसकी यह इच्छा नहीं जानी कि मेरी तरह वह भी पढ़ सके तो अच्छा हो।

दुःखद प्रसंग—मैत्री

मैं कह चुका हूँ कि हाईस्कूल में मेरे थोड़े ही विश्वासपात्र मित्र थे। कहा जा सकता है कि ऐसी मित्रता रखने वाले दो मित्र अलग-अलग समय में रहे। एक का सम्बन्ध लम्बे समय तक नहीं टिका, यद्यपि मैंने उस मित्र को छोड़ा नहीं था। मैंने दूसरे की सोहबत की, इसलिए पहले ने मुझे छोड़ दिया। दूसरी सोहबत मेरे जीवन का एक दुःखद प्रकरण है। यह सोहबत बहुत वर्षों तक रही। इस सोहबत को निभाने में मेरी दृष्टि सुधारक की थी। इन भाई की पहली मित्रता मेरे मझले भाई के साथ थी। वे मेरे भाई की कक्षा में थे। मैं देख सका था कि उनमें कई दोष हैं। पर मैंने उन्हें वफादार मान लिया था। मेरी माताजी, मेरे जेठे भाई और मेरी धर्मपत्नी तीनों को यह सोहबत कड़वी लगती थी। पत्नी की चेतावनी को तो मैं अभिमानी

पति क्यों मानने लगा? माता की आज्ञा का उल्लंघन मैं करता ही न था। बड़े भाई की बात मैं हमेशा सुनता था। पर उन्हें मैंने यह कहकर शान्त किया, "उसके जो दोष आप बताते हैं, उन्हें मैं जानता हूँ। उसके गुण तो आप जानते ही नहीं। वह मुझे गलत रास्ते नहीं ले जायेगा; क्योंकि उसके साथ मेरा सम्बन्ध उसे सुधारने के लिए ही है। मुझे यह विश्वास है कि अगर वह सुधर जाये, तो बहुत अच्छा आदमी निकलेगा। मैं चाहता हूँ कि आप मेरे विषय में निर्भय रहें।" मैं नहीं मानता कि मेरी इस बात से उन्हें सन्तोष हुआ, पर उन्होंने मुझ पर विश्वास किया और मुझे मेरे रास्ते जाने दिया।

बाद में मैं देख सका कि मेरा अनुमान ठीक नहीं था। सुधार करने के लिए भी मनुष्य को गहरे पानी में नहीं पैठना चाहिए। जिसे सुधारना है उसके साथ मित्रता नहीं हो सकती। मित्रता में अद्वैत-भाव होता है। संसार में ऐसी मित्रता क्वचित् ही पायी जाती है। मित्रता समान गुण वालों के बीच शोभती और निभती है। मित्र एक-दूसरे को प्रभावित किये बिना रह ही नहीं सकते। अतएव मित्रता में सुधार के लिए बहुत कम अवकाश रहता है। मेरी राय है कि घनिष्ठ मित्रता अनिष्ट है; क्योंकि मनुष्य दोषों को जल्दी ग्रहण करता है। जो आत्मा की, ईश्वर की मित्रता चाहता है, उसे एकाकी रहना चाहिए अथवा समूचे संसार के साथ मित्रता रखनी चाहिए। ऊपर का विचार योग्य हो अथवा अयोग्य, घनिष्ठ मित्रता बढ़ाने का मेरा प्रयोग निष्फल रहा।

जिन दिनों मैं इन मित्र के सम्पर्क में आया, उन दिनों राजकोट में 'सुधारपंथ' का ज़ोर था। मुझे इन मित्र ने बताया कि कई हिन्दू शिक्षक छिपे-छिपे मांसाहार और मद्यपान करते हैं। उन्होंने राजकोट के दूसरे प्रसिद्ध गृहस्थों के नाम भी दिये। मेरे सामने हाईस्कूल में कुछ विद्यार्थियों के नाम भी आये। मुझे तो आश्चर्य भी हुआ और दुःख भी। कारण पूछने पर यह दलील दी गयी—"हम मांसाहार नहीं करते, इसलिए प्रजा के रूप में हम निर्वीर्य हैं। अंग्रेज़ हम पर इसीलिए राज्य करते हैं कि वे मांसाहारी हैं। मैं कितना मज़बूत हूँ और कितना दौड़ सकता हूँ, सो तो तुम जानते ही हो। इसका कारण भी मांसाहार ही है। मांसाहारी को फोड़े नहीं होते, होने पर झट अच्छे हो जाते हैं। हमारे शिक्षक मांस खाते हैं, इतने प्रसिद्ध व्यक्ति खाते हैं, सो क्या बिना समझे खाते हैं? तुम्हें भी खाना चाहिए। खाकर देखो तो मालूम होगा कि तुममें कितनी ताकत आ जाती है!"

ये सब दलीलें किसी एक दिन नहीं दी गयी थीं। अनेक उदाहरणों से सजाकर इस तरह की दलीलें कई बार दी गयीं। यह उसका सारांश है। मेरे मझले भाई तो भ्रष्ट हो चुके थे। उन्होंने इन दलीलों की पुष्टि की। अपने भाई की और इन मित्र की तुलना में मैं तो बहुत दुबला था। उनके शरीर अधिक गठीले थे। उनका शरीर-बल मुझसे कहीं ज़्यादा था। वे हिम्मतवर थे। इन मित्र के पराक्रम मुझे मुग्ध कर देते थे।

वे मनचाहा दौड़ सकते थे। उनकी गति बहुत अच्छी थी। वे खूब लम्बा और ऊँचा कूद सकते थे। मार सहन करने की शक्ति भी उनमें खूब थी। अपनी इस शक्ति का प्रदर्शन भी वे मेरे सामने समय-समय पर करते थे। जो शक्ति अपने में नहीं होती, उसे दूसरे में देखकर मनुष्य को आश्चर्य होता ही है। वैसा मुझे भी हुआ। आश्चर्य में से मोह पैदा हुआ। मुझमें दौड़ने-कूदने की शक्ति नहीं के बराबर थी। मैं सोचा करता कि मैं भी इन मित्र की तरह बलवान बन जाऊँ, तो कितना अच्छा हो!

इसके अलावा मैं बहुत डरपोक था। चोर, भूत, साँप आदि के डर से घिरा रहता था। रात कहीं अकेले जाने की हिम्मत नहीं थी। अँधेरे में तो कहीं जाता ही न था। दीये के बिना सोना लगभग असम्भव था। पास में सोयी हुई और अब कुछ सयानी बनी हुई पत्नी से भी अपने इस डर की बात मैं कैसे करता? मैं यह समझ चुका था कि वह मुझसे ज़्यादा हिम्मतवाली है, इतना मैं समझ गया था। और इसलिए मैं शर्माता था। साँप-भूत आदि से डरना तो वह जानती ही न थी। अँधेरे में वह अकेली चली जाती थी। मेरे ये मित्र मेरी इन कमज़ोरियों को जानते थे। मुझसे कहा करते थे कि वे तो ज़िन्दा साँपों को भी हाथ से पकड़ लेते हैं। चोर से कभी नहीं डरते। भूत को तो मानते ही नहीं। उन्होंने मुझे जँचाया कि यह सारा प्रताप मांसाहार का है।

इन्हीं दिनों नर्मद का नीचे लिखा पद स्कूलों में गाया जाता था :

अंग्रेज़ो राज्य करे, देशी रहे दबाई,
देशी रहे दबाई, जोने बेनां शरीर भाई,
पेलो पांच हाथ पूरो, पूरो पांचसेंने।

इन सब बातों का मेरे मन पर पूरा-पूरा असर हुआ। मैं पिघला। मैं यह मानने लगा कि मांसाहार अच्छी चीज़ है। उससे मैं बलवान और साहसी बनूँगा। समूचा देश मांसाहार करे, तो अंग्रेज़ों को हराया जा सकता है।

मांसाहार शुरू करने का दिन निश्चित हुआ।

मैं माता-पिता का परम भक्त था। वे चुस्त वैष्णव; अतः मांसाहार छिपके-छिपके करना था। मैं मानता था कि वे मेरे मांसाहार की बात जानेंगे, तो बिना मौत के उनकी तत्काल मृत्यु हो जायेगी। जाने-अनजाने मैं सत्य का सेवक तो था ही। मैं ऐसा नहीं कह सकता कि उस समय मुझे यह ज्ञान न था कि मांसाहार करने में माता-पिता को धोखा देना होगा। यह ज्ञान उस समय मुझे नहीं था; ऐसा तो मैं नहीं कह सकता!

लेकिन मुझे तो सुधार करना था। मांसाहार का शौक नहीं था। यह सोचकर कि उसमें स्वाद है, मैं मांसाहार शुरू नहीं कर रहा था। मुझे तो बलवान और साहसी बनना था, दूसरों को वैसा बनने के लिए न्योतना था और फिर अंग्रेज़ों को हराकर हिन्दुस्तान को स्वतन्त्र करना था। 'स्वराज्य' शब्द उस समय तक मैंने सुना नहीं था। सुधार के इस जोश में होश भूल गया, लेकिन स्वतन्त्रता का अर्थ मैं अच्छी तरह

समझता था।

माता-पिता से कार्य को छुपाना इसमें सत्य का कोई ह्रास नहीं होता। निश्चित दिन आया। वे चुस्त वैष्णव! अतः मांसाहार चुपके-चुपके से करना था। अपनी स्थिति का सम्पूर्ण वर्णन करना मेरे लिए कठिन है। एक तरफ सुधार का उत्साह था, जीवन में महत्त्व का परिवर्तन करने का कुतूहल था, और दूसरी तरफ चोर की तरह छिपकर काम करने की शर्म थी। मुझे याद नहीं पड़ता कि इसमें मुख्य वस्तु क्या थी। हम नदी की तरफ एकान्त की खोज में चले। दूर जाकर ऐसा कोना खोजा, जहाँ कोई देख न सके, और वहाँ मैंने कभी न देखी हुई वस्तु—मांस—देखी! साथ में भटियारखाने की डबलरोटी थी। दोनों में से एक भी चीज़ मुझे भाती नहीं थी। बकरे का मांस चमड़े-जैसा लगता था। खाना असम्भव हो गया। मुझे कै होने लगी। खाना छोड़ देना पड़ा।

मेरी वह रात बहुत बुरी बीती। नींद नहीं आयी। सपने में ऐसा भास होता था, मानो शरीर के अन्दर बकरा ज़िन्दा हो और रो रहा हो। मैं चौंक उठता, पछताता और फिर सोचता कि मुझे तो मांसाहार करना ही है, हिम्मत नहीं हारनी है! मित्र भी हार खाने वाले नहीं थे। उन्होंने अब मांस को अलग-अलग ढंग से पकाने, सजाने और ढँकने का प्रबन्ध किया। नदी किनारे ले जाने के बदले किसी बावरची के साथ बातचीत करके छिपे-छिपे एक सरकारी डाक-बंगले पर ले जाने की व्यवस्था की और वहाँ कुर्सी, मेज़ वगैरा सामान के प्रलोभन में मुझे डाला। इसका असर हुआ। डबलरोटी की नफरत कुछ कम पड़ी, बकरे की माया छूटी और मांस का तो कह नहीं सकता, पर मांस वाले पदार्थों में स्वाद आने लगा। इस तरह एक साल बीता होगा और इस बीच पाँच-छह बार मांस खाने को मिला होगा; क्योंकि डाक-बंगला सदा सुलभ न रहता था और मांस के स्वादिष्ट माने जाने वाले बढ़िया पदार्थ भी सदा तैयार नहीं हो सकते थे। 'सुधारा' के लिए मेरे पास तो फूटी कौड़ी भी नहीं थी, इसलिए मैं कुछ दे नहीं सकता था। इस खर्च की व्यवस्था उन मित्रों को ही करनी होती थी। उन्होंने कहाँ से, कैसे व्यवस्था की, इसका मुझे आज तक पता नहीं है। उनका इरादा तो मुझे मांस की आदत लगा देने का—भ्रष्ट करने का—था, इसलिए पैसा वे अपने पास से खर्च करते थे। पर उनके पास भी कोई अकूत खज़ाना नहीं था, इसलिए ऐसी दावतें कभी-कभी ही हो सकती थीं।

जब-जब ऐसा भोजन मिलता, तब-तब घर पर तो भोजन हो ही नहीं सकता था। जब माताजी भोजन के लिए बुलातीं, तब 'आज भूख नहीं है, खाना हज़म नहीं हुआ है' ऐसे बहाने बनाने पड़ते थे। ऐसा कहते समय हर बार मुझे भारी आघात पहुँचता था। यह झूठ, सो भी माँ के सामने! और अगर माता-पिता को पता चले कि लड़के मांसाहारी हो गये हैं, तब तो उन पर बिजली ही टूट पड़ेगी। ये विचार मेरे दिल को कुरेदते रहते थे, इसलिए मैंने निश्चय किया : 'मांस खाना आवश्यक है,

उसका प्रचार करके हम हिन्दुस्तान को सुधारेंगे; पर माता-पिता को धोखा देना और झूठ बोलना तो मांस न खाने से भी बुरा है। इसलिए माता-पिता के जीते-जी मांस नहीं खाना चाहिए। उनकी मृत्यु के बाद, स्वतन्त्र होने पर खुले तौर से मांस खाना चाहिए और जब तक वह समय न आवे, तब तक मांसाहार का त्याग करना चाहिए।' अपना यह निश्चय मैंने मित्र को जता दिया और तब से मांसाहार जो छूटा, सो सदा के लिए छूट गया। माता-पिता कभी यह जान ही न पाये कि उनके दो पुत्र मांसाहार कर चुके हैं।

माता-पिता को धोखा न देने के शुभ विचार से मैंने मांसाहार छोड़ा, पर वह मित्रता नहीं छोड़ी। मैं मित्र को सुधारने चला था, पर खुद ही गिरा और गिरावट का मुझे होश तक न रहा।

इसी सोहबत के कारण मैं पत्नी की तरफ की वफादारी भी चूक जाता तथा व्यभिचार में भी फँस जाता। एक बार मेरे ये मित्र मुझे वेश्याओं की बस्ती में ले गये। वहाँ मुझे योग्य सूचनायें देकर एक स्त्री के मकान में भेजा। हिसाब हो चुका था। उस कोठरी में मैं तो बिलकुल अंधा बन गया। मुझे बोलने का भी होश न रहा। पर औरत ने गुस्से में आकर मुझे दो-चार खरी-खोटी सुनायी और दरवाज़े की राह दिखायी।

उस समय तो मुझे जान पड़ा कि मेरी मर्दानगी को बट्टा लगा; और मैंने चाहा कि धरती जगह दे तो मैं उसमें समा जाऊँ। पर इस तरह बचने के लिए मैंने सदा ही भगवान् का आभार माना है।

हम दम्पती के बीच जो कुछ मतभेद पैदा होता या कलह होता, उसका एक कारण यह मित्रता भी थी। मैं जैसा प्रेमी वैसा ही वहमी पति था। मेरे वहम को बढ़ाने वाली यह मित्रता थी; क्योंकि मित्र की सच्चाई के बारे में मुझे कोई सन्देह था ही नहीं। इस मित्र की बातों में आकर मैंने अपनी धर्मपत्नी को कितने ही कष्ट पहुँचाये हैं। इस हिंसा के लिए मैंने अपने को कभी माफ नहीं किया है। ऐसे दुःख हिन्दू स्त्री ही सहन करती है, और इस कारण मैंने स्त्री को सदा सहनशीलता की मूर्ति के रूप में देखा है। नौकर पर झूठा शक किया जाये तो वह नौकरी छोड़ देता है, पुत्र पर ऐसा शक हो तो वह पिता का घर छोड़ देता है, मित्रों के बीच शक पैदा हो तो मित्रता टूट जाती है, स्त्री को पति पर शक हो तो वह मन मसोस कर बैठी रहती है, पर अगर पति पत्नी पर शक करे तो पत्नी बेचारी का तो भाग्य ही फूट जाता है। वह कहाँ जाये? हिन्दू स्त्री अदालत में जाकर बँधी हुई गाँठ को कटवा भी नहीं सकती। इस तरह का न्याय मैंने दिया, इसके दुःख को मैं कभी नहीं भूल सकता। मेरी धर्मपत्नी को इस तरह की स्थिति में रखने के लिए मैं अपने आपको कभी भी माफ नहीं कर सकता या नहीं भूल सकता हूँ। इस सन्देह की जड़ तो तभी कटी, जब मुझे अहिंसा का सूक्ष्म ज्ञान हुआ, यानी जब मैं ब्रह्मचर्य की महिमा को समझा और यह समझा

कि पत्नी पति की दासी नहीं, अपितु उसकी सहचारिणी है, सहधर्मिणी है, दोनों एक-दूसरे के सुख-दुःख के समान साझेदार हैं, और भला-बुरा करने की जितनी स्वतन्त्रता पति को है, उतनी ही पत्नी को है। सन्देह के उस काल को जब मैं याद करता हूँ तो मुझे अपनी मूर्खता और विषयान्ध निर्दयता पर क्रोध आता है और मित्रता-विषयक अपनी मूर्खता पर दया आती है।

चोरी और प्रायश्चित्त

मांसाहार के समय के और उससे पहले के कुछ दोषों का वर्णन अभी रह गया है। ये दोष विवाह से पहले के अथवा उसके तुरन्त बाद के हैं।

अपने एक रिश्तेदार के साथ मुझे बीड़ी पीने का शौक लगा। हम दोनों में से किसी को यह खयाल तो नहीं था कि बीड़ी पीने में कोई फायदा है अथवा उसकी गन्ध में आनन्द है। पर हमें लगा कि सिर्फ धुआँ उड़ाने में ही कुछ मज़ा है। मेरे काकाजी को बीड़ी पीने की आदत थी। उन्हें और दूसरों को धुआँ उड़ाते देखकर हमें भी बीड़ी फूँकने की इच्छा हुई। गाँठ में पैसे तो थे नहीं, इसलिए काकाजी पीने के बाद बीड़ी के जो 'ठूँठ' फेंक देते, हमने उन्हें चुराना शुरू किया।

पर बीड़ी के ये ठूँठ हर समय तो मिल नहीं सकते थे, और उनमें से बहुत धुआँ भी नहीं निकलता था। इसलिए नौकर की जेब में पड़े दो-चार पैसों में से हमने एकाध पैसा चुराने की आदत डाली, और हम बीड़ी खरीदने लगे। पर सवाल यह पैदा हुआ कि उसे संभाल कर रखें कहाँ! हम जानते थे कि बड़ों के देखते तो बीड़ी पी नहीं सकते। जैसे-तैसे दो-चार पैसे चुराकर कुछ हफ्ते काम चलाया। इस बीच सुना कि एक प्रकार का पौधा होता है (उसका नाम तो मैं भूल गया हूँ), जिसके डंठल बीड़ी की तरह जलते हैं और फूँके जा सकते हैं। हमने उन्हें प्राप्त किया और फूँकने लगे!

पर हमें सन्तोष नहीं हुआ। अपनी पराधीनता हमें अखरने लगी। हमें दुःख इस बात का था कि बड़ों की आज्ञा के बिना हम कुछ भी नहीं कर सकते थे। हम ऊब गये और हमने आत्महत्या करने का निश्चय कर लिया!

पर आत्महत्या कैसे करें? ज़हर कौन दे? हमने सुना कि धतूरे के बीज खाने से मृत्यु होती है। हम जंगल में जाकर बीज ले आये। शाम का समय तय किया। केदारनाथजी के मन्दिर की दीपमाला में घी चढ़ाया, दर्शन किये और एकान्त खोज लिया। पर ज़हर खाने की हिम्मत न हुई। अगर तुरन्त ही मृत्यु न हुई तो क्या होगा? मरने से लाभ क्या? क्यों न पराधीनता ही सह ली जाये? फिर भी दो-चार बीज खाये। अधिक खाने की हिम्मत ही न पड़ी। दोनों मौत से डरे और यह निश्चय किया कि रामजी के मन्दिर में जाकर दर्शन करके शान्त हो जायें और आत्महत्या की बात भूल जायें।

मेरी समझ में आया कि आत्महत्या का विचार करना सरल है, आत्महत्या करना सरल नहीं। इसलिए कोई आत्महत्या करने की धमकी देता है तो मुझ पर उसका बहुत कम असर होता है, अथवा यह कहना ठीक होगा कि कोई असर होता ही नहीं।

आत्महत्या के इस विचार का परिणाम यह हुआ कि हम दोनों जूठी बीड़ी चुराकर पीने की और नौकर के पैसे चुराकर बीड़ी खरीदने और फूँकने की आदत भूल गये। फिर बड़ेपन में बीड़ी पीने की कभी इच्छा नहीं हुई। मैंने हमेशा यह माना है कि यह आदत जंगली, गन्दी और हानिकारक है। दुनिया में बीड़ी का इतना ज़बरदस्त शौक क्यों है, इसे मैं कभी समझ नहीं सका हूँ। रेलगाड़ी के जिस डिब्बे में बहुत बीड़ी पी जाती है, वहाँ बैठना मेरे लिए मुश्किल हो जाता है और उसके धुएँ से मेरा दम घुटने लगता है।

ऊपर के दोष के अलावा मुझसे चोरी का दूसरा जो दोष हुआ, उसे मैं अधिक गम्भीर मानता हूँ। बीड़ी के दोष के समय मेरी उम्र बारह-तेरह साल की रही होगी; शायद इससे भी कम हो। दूसरी चोरी के समय मेरी उम्र पन्द्रह साल की रही होगी। यह चोरी मेरे मांसाहारी भाई के सोने के कड़े के टुकड़े की थी। उन पर मामूली-सा, लगभग पच्चीस रुपये का कर्ज़ हो गया था। मेरे भाई के हाथ में सोने का ठोस कड़ा था। उसमें से एक तोला सोना काट लेना मुश्किल न था।

कड़ा कटा। कर्ज़ अदा हुआ। पर मेरे लिए यह बात असह्य हो गयी। मैंने निश्चय किया कि आगे कभी चोरी करूँगा ही नहीं। मुझे लगा कि पिताजी के सम्मुख अपना दोष स्वीकार भी कर लेना चाहिए। पर जीभ न खुली। पिताजी स्वयं मुझे पीटेंगे, इसका डर तो था ही नहीं। मुझे याद नहीं पड़ता कि उन्होंने कभी हममें से किसी भाई को पीटा हो! पर खुद दुखी होंगे, मैंने सोचा कि यह जोखिम उठाकर भी दोष कबूल कर ही लेना चाहिए, उसके बिना शुद्धि नहीं होगी।

आखिर मैंने तय किया कि चिट्ठी लिखकर दोष स्वीकार किया जाये और क्षमा माँग ली जाये। मैंने चिट्ठी लिखकर हाथों-हाथ दी। चिट्ठी में सारा दोष स्वीकार किया और सज़ा चाही। आग्रहपूर्वक विनती की कि वे अपने को दु:ख में न डालें, और भविष्य में फिर ऐसा अपराध न करने की प्रतिज्ञा की।

मैंने काँपते हाथों चिट्ठी पिताजी के हाथ में दी। मैं उनके तख्त के सामने बैठ गया। उन दिनों वे भगन्दर की बीमारी से पीड़ित थे, इस कारण बिस्तर पर ही पड़े रहते थे। खटिया के बदले लकड़ी का तख्त काम में लाते थे।

उन्होंने चिट्ठी पढ़ी। आँखों में मोती की बूँदें टपकीं। चिट्ठी भीग गयी। उन्होंने क्षण भर के लिए आँखें मूँदीं, चिट्ठी फाड़ डाली और स्वयं पढ़ने के लिए जो उठ बैठे थे, सो वापस लेट गये।

मैं भी रोया। पिताजी का दु:ख समझ सका। अगर मैं चित्रकार होता तो वह

चित्र आज सम्पूर्णता से खींच सकता! आज भी वह मेरी आँखों के सामने इतना स्पष्ट है।

मोती की बूँदों के उस प्रेमबाण ने मुझे बेध डाला। मैं शुद्ध बना! इस प्रेम को तो अनुभवी ही जान सकता है।

रामबाण वाग्यां रे होय ते जाणे *

मेरे लिए यह अहिंसा का पदार्थ पाठ था। उस समय तो मैंने इसमें पिता के प्रेम के सिवा और कुछ नहीं देखा, पर आज मैं इसे शुद्ध अहिंसा के नाम से पहचान सकता हूँ। ऐसी अहिंसा के व्यापक रूप धारण कर लेने पर उसके स्पर्श से कौन बच सकता है? ऐसी व्यापक अहिंसा की शक्ति की थाह लेना असम्भव है।

इस प्रकार की शान्त क्षमा पिताजी के स्वभाव के विरुद्ध थी। मैंने सोचा था कि वे क्रोध करेंगे, कटु वचन कहेंगे, शायद अपना सिर पीट लेंगे। पर उन्होंने इतनी अपार शान्ति जो धारण की, मेरे विचार में उसका कारण अपराध की सरल स्वीकृति थी। जो मनुष्य अधिकारी के सम्मुख स्वेच्छा से, निष्कपट भाव से अपना अपराध स्वीकार कर लेता है और फिर कभी वैसा अपराध न करने की प्रतिज्ञा करता है, वह शुद्धतम प्रायश्चित्त करता है।

मैं जानता हूँ कि मेरी इस स्वीकृति से पिताजी मेरे विषय में निर्भय बने और उनका महान् प्रेम और भी बढ़ गया।

पिताजी की बीमारी, मृत्यु और शर्म

उस समय मैं सोलह वर्ष का था। हम ऊपर देख चुके है कि पिताजी भगन्दर की बीमारी के कारण बिलकुल शय्यावश थे। उनकी सेवा में अधिकतर माताजी, घर का एक पुराना नौकर और मैं रहते थे। मेरे जिम्मे 'नर्स' का काम था। उनका घाव धोना, उसमें दवा डालना, मरहम लगाने के समय पर मरहम लगाना, उन्हें दवा पिलाना और जब घर पर दवा तैयार करनी हो, तो तैयार करना, यह मेरा खास काम था। रात में हमेशा उनके पैर दबाना और इजाज़त देने पर अथवा उनके सो जाने पर सोना—यह मेरा नियम था। मुझे यह सेवा बहुत प्रिय थी। मुझे स्मरण नहीं है कि इसमें किसी भी दिन चूका होऊँ। खाने-पीने के बाद का मेरा समय स्कूल में अथवा पिताजी की सेवा में बीतता था। जिस दिन उनकी आज्ञा मिलती और उनकी तबीयत ठीक रहती, उस दिन शाम को टहलने जाता था।

अवसान की घोर रात्रि समीप आयी। रात के साढ़े दस या ग्यारह बजे होंगे। मैं पैर दबा रहा था। चाचाजी ने मुझसे कहा, "जा, अब मैं बैठूँगा।" मैं खुश हुआ और सीधा शयन-गृह में पहुँचा। पत्नी तो बेचारी गहरी नींद में थी। पर मैं सोने कैसे देता? मैंने उसे जगाया। पाँच-सात मिनट बीते होंगे, नौकर ने आकर किवाड़

* राम की भक्ति का बाण जिसे लगा हो, वही जान सकता है।

खटखटाया—"उठो, बापू बहुत बीमार हैं।" मैं जानता था कि वे बहुत बीमार तो थे ही, इसलिए यहाँ 'बहुत बीमार' का विशेष अर्थ समझ गया। एकदम बिस्तर से कूद पड़ा।

"कह तो सही, बात क्या है?"

जवाब मिला, "बापू गुज़र गये!"

मेरा पछताना किस काम आता? मैं बहुत शर्माया। बहुत दुखी हुआ। दौड़कर पिताजी के कमरे में पहुँचा। बात मेरी समझ में आयी कि अगर मैं विषयान्ध न होता, तो इस अन्तिम घड़ी में यह वियोग मुझे नसीब न होता।

इस काले दाग को मैं आज तक मिटा नहीं सका, भूल नहीं सका। और मैंने हमेशा माना है कि यद्यपि माता-पिता के प्रति मेरी अपार भक्ति थी, उसके लिए मैं सब कुछ छोड़ सकता था, तथापि सेवा के समय भी मेरा मन विषय को छोड़ नहीं सकता था। यह उस सेवा में रही हुई अक्षम्य त्रुटि थी। इससे मुक्त होने में मुझे बहुत समय लगा, और मुक्त होने से पहले कई धर्म-संकट सहने पड़े।

जिन बाल-दम्पती को चेतना हो, वे इस दृष्टान्त से चेतें।

धर्म की झाँकी

मैं वैष्णव सम्प्रदाय में जन्मा था, इसलिए हवेली में जाने के प्रसंग बार-बार आते थे। पर उसके प्रति श्रद्धा उत्पन्न नहीं हुई। हवेली का वैभव मुझे अच्छा नहीं लगा। हवेली में चलने वाली अनीति की बातें सुनकर मन उसके प्रति उदासीन बन गया। वहाँ से मुझे कुछ भी न मिला।

पर जो हवेली से न मिला, वह मुझे अपनी धाय रम्भा से मिला। रम्भा हमारे परिवार की पुरानी नौकरानी थी। उसका प्रेम मुझे आज भी याद है। मैं ऊपर कह चुका हूँ कि मुझे भूत-प्रेत आदि से डर लगता था। रम्भा ने मुझे समझाया कि इसकी दवा रामनाम है। मुझे तो रामनाम से भी अधिक श्रद्धा रम्भा पर थी, इसलिए बचपन में भूत-प्रेतादि के भय से बचने के लिए मैंने रामनाम जपना शुरू किया। यह जप बहुत समय तक नहीं चला। पर बचपन में जो बीज बोया गया, वह नष्ट नहीं हुआ। आज रामनाम मेरे लिए अमोघ शक्ति है। मैं मानता हूँ कि उसके मूल में रम्भाबाई का बोया हुआ बीज ही है।

पिताजी की बीमारी का थोड़ा समय पोरबन्दर में बीता था। वहाँ वे रामजी के मन्दिर में रोज़ रात के समय रामायण सुनते थे। सुनाने वाले रामचन्द्रजी के परम भक्त थे। लाधा महाराज का कण्ठ मीठा था। वे दोहा-चौपाई गाते और अर्थ समझाते थे। खुद उसके रस में तल्लीन हो जाते थे तथा श्रोताजनों को भी रस-तल्लीन कर देते थे। उस समय मेरी उम्र तेरह साल की रही होगी, पर याद पड़ता है कि उनके पाठ में मुझे खूब रस आता था। यह रामायण-श्रवण रामायण के प्रति मेरे अत्यधिक

प्रेम की बुनियाद है। आज मैं तुलसीदास की रामायण को भक्तिमार्ग का सर्वोत्तम ग्रन्थ मानता हूँ।

राजकोट में मुझे अनायास ही सब सम्प्रदायों के प्रति समान-भाव रखने की शिक्षा मिली। मैंने हिन्दू धर्म के प्रत्येक सम्प्रदाय का आदर करना सीखा; क्योंकि माता-पिता वैष्णव मन्दिर में, शिवालय में और राम-मन्दिर में भी जाते और भाइयों को भी साथ ले जाते या भेजते थे।

फिर पिताजी के पास जैन धर्माचार्यों में से भी कोई-न-कोई हमेशा आते रहते थे। पिताजी उन्हें भिक्षा भी देते थे। वे पिताजी के साथ धर्म और व्यवहार की बातें किया करते थे। इसके सिवा, पिताजी के मुसलमान और पारसी मित्र भी थे। वे अपने-अपने धर्म की चर्चा करते और पिताजी उनकी बातें सम्मानपूर्वक और अकसर रसपूर्वक सुना करते थे। 'नर्स' होने के कारण ऐसी चर्चा के समय मैं अकसर हाज़िर रहता था। इस सारे वातावरण का प्रभाव मुझ पर यह पड़ा कि मुझमें सब धर्मों के लिए समान-भाव पैदा हो गया।

एक ईसाई धर्म अपवाद रूप था। उसके प्रति कुछ अरुचि थी। उसका कारण था। उन दिनों कुछ ईसाई हाईस्कूल के कोने पर खड़े होकर व्याख्यान दिया करते थे। वे हिन्दू देवताओं की और हिन्दू धर्म को मानने वालों की बुराई करते थे। मुझे वह असह्य मालूम हुआ। मैं एकाध बार ही व्याख्यान सुनने के लिए खड़ा रहा होऊँगा। दूसरी बार फिर वहाँ खड़े रहने की इच्छा ही न हुई। उन्हीं दिनों एक प्रसिद्ध हिन्दू के ईसाई बनने की बात सुनी। गाँव में चर्चा थी कि उन्हें ईसाई धर्म की दीक्षा देते समय गोमांस खिलाया गया और शराब पिलायी गयी। उनकी पोशाक भी बदल दी गयी और ईसाई बनने के बाद वे भाई कोट-पतलून और अंग्रेज़ी टोपी पहनने लगे। इन बातों से मुझे पीड़ा पहुँची। जिस धर्म के कारण गोमांस खाना पड़े, शराब पीनी पड़े और अपनी पोशाक बदलनी पड़े, उसे धर्म कैसे कहा जाये? मेरे मन ने यह दलील दी। फिर यह भी सुनने में आया कि जो भाई ईसाई बने थे, उन्होंने अपने पूर्वजों के धर्म की, रीति-रिवाजों की और देश की निन्दा करना शुरू कर दिया था। इन सब बातों से मेरे मन में ईसाई धर्म के प्रति अरुचि उत्पन्न हो गयी।

इस तरह यद्यपि दूसरे धर्मों के प्रति समभाव जागा, फिर भी यह नहीं कहा जा सकता कि मुझमें ईश्वर के प्रति आस्था थी।

पर एक चीज़ ने मन में जड़ जमा ली—यह संसार नीति पर टिका हुआ है। नीतिमात्र का समावेश सत्य में है। सत्य को तो खोजना ही होगा। दिन-पर-दिन सत्य की महिमा मेरे निकट बढ़ती गयी। सत्य की व्याख्या विस्तृत होती गयी और अभी भी हो रही है।

फिर, नीति का एक छप्पय दिल में बस गया। उपकार का बदला अपकार नहीं, उपकार ही हो सकता है—यह एक जीवन-सूत्र ही बन गया। उसने मुझ पर

साम्राज्य चलाना शुरू किया। इसके अनगिनत प्रयोग किये। वह चमत्कारी छप्पय यह है:

पाणी आपने पाय, भलुं भोजन तो दीजे;
आवी नमावे शीश, दंडवत कोडे कीजे।
आपण घासे दाम, काम महोरोनुं करीए;
आप उगारे प्राण, ते तणा दुःखमां मरीए।
गुण केडे तो गुण दश गणो, मन, वाचा, कर्मे करी;
अवगुण केडे जो गुण करे, ते जगमां जीत्यो सही।*

विलायत की तैयारी

मैट्रिक्युलेशन की परीक्षा में उत्तीर्ण हो जाने के उपरान्त बड़ों की इच्छा थी कि पास हो जाने पर मुझे आगे कॉलेज की पढ़ाई करनी चाहिए। कॉलेज बम्बई में भी था और भावनगर में भी। भावनगर का खर्च कम था, इसलिए भावनगर के शामलदास कॉलेज में भर्ती होने का निश्चय हुआ। कॉलेज में मुझे कुछ आता न था। सब कुछ मुश्किल मालूम होता था। अध्यापकों के व्याख्यानों में न रस आता और न मैं उन्हें समझ पाता। इसमें दोष अध्यापकों का नहीं, मेरी कमज़ोरी का ही था। उस समय के शामलदास कॉलेज के अध्यापक तो प्रथम पंक्ति के माने जाते थे। पहला सत्र पूरा करके मैं घर आया।

कुटुम्ब के पुराने मित्र और सलाहकार एक विद्वान्, व्यवहार-कुशल ब्राह्मण मावजी दवे थे। पिताजी के स्वर्गवास के बाद भी उन्होंने कुटुम्ब के साथ सम्बन्ध बनाये रखा था। वे छुट्टी के इन दिनों में घर आये। माताजी और बड़े भाई के साथ बातचीत करते हुए उन्होंने मेरी पढ़ाई के बारे में पूछताछ की। जब सुना कि मैं शामलदास कॉलेज में हूँ, तो बोले, "ज़माना बदल गया है। तुम भाइयों में से कोई कबा गांधी की गद्दी संभालना चाहे, तो बिना पढ़ाई के वह नहीं होगा। यह लड़का अभी पढ़ रहा है, इसलिए गद्दी संभालने का बोझ इससे उठवाना चाहिए। इसे चार-पाँच साल तो अभी बी०ए० होने में लग जायेंगे और इतना समय देने पर भी इसे 50-60 रुपये की नौकरी मिलेगी, दीवानगीरी नहीं। और अगर उसके बाद इसे मेरे लड़के की तरह वकील बनायें तो थोड़े वर्ष और लग जायेंगे। और तब तक तो

* जो हमें पानी पिलाये, उसे हम अच्छा भोजन करायें। जो आकर हमारे सामने सिर नवाये, उसे हम उमंग से दण्डवत् प्रणाम करें। जो हमारे लिए एक पैसा खर्च करे, उसका हम मुहरों की कीमत का काम कर दें। जो हमारे प्राण बचावे, उसका दुःख दूर करने के लिए हम अपने प्राण तक निछावर कर दें। जो हमारा उपकार करे, उसका तो हमें मन, वचन और कर्म से दस गुना उपकार करना ही चाहिए। लेकिन जग में सच्चा और सार्थक जीना उसी का है, जो अपकार करने वाले के प्रति भी उपकार करता है।

दीवानगीरी के लिए वकील भी बहुत-से तैयार हो चुकेंगे। आपको इसे विलायत भेजना चाहिए। नये आये हुए बैरिस्टरों को देखो, वे कैसे ठाठ से रहते हैं! वे चाहें तो उन्हें दीवानगीरी आज मिल सकती है। मेरी तो सलाह है कि आप मोहनदास को इसी साल विलायत भेज दीजिये। विलायत में मेरे बेटे केवलराम के कई दोस्त हैं; वह उनके नाम सिफारिशी पत्र दे देगा, तो इसे वहाँ कोई कठिनाई नहीं होगी।''

जोशीजी ने (मावजी दवे को हम इसी नाम से पुकारते थे) मेरी तरफ देखकर मुझसे ऐसे लहज़े में पूछा, मानो उनकी सलाह के स्वीकृत होने में उन्हें कोई शंका ही न हो :

''क्यों, तुझे विलायत जाना अच्छा लगेगा या यहीं पढ़ते रहना?'' मुझे जो भाता था वही मैंने बता दिया। मैं कॉलेज की कठिनाइयों से डर तो गया ही था। मैंने कहा, ''मुझे विलायत भेजें, तो बहुत ही अच्छा है।''

बड़े भैया सोच में पड़ गये। मुझे भेजने के लिए रुपयों का बन्दोबस्त-प्रबन्ध कैसे किया जाये? इतना ही नहीं; मुझ जैसे नवयुवा को विदेश कैसे भेजा जाये?

माताजी कैसे समझतीं? उन्होंने सब तरह की पूछताछ शुरू कर दी थी। कोई कहता, नौजवान लोग विलायत जाकर बिगड़ जाते हैं; कोई कहता, वे मांसाहार करने लगते हैं; कोई कहता, वहाँ शराब के बिना तो चलता ही नहीं। माताजी ने मुझे ये सारी बातें सुनायीं। इन सारी बातों का क्या? मैंने कहा, ''पर तू मेरा विश्वास नहीं करेगी? मैं तुझे धोखा नहीं दूँगा। शपथपूर्वक कहता हूँ कि मैं इन तीनों चीज़ों से बचूँगा। अगर ऐसा खयाल होता, तो जोशीजी क्यों जाने देते?''

माताजी बोलीं, ''मुझे तेरा विश्वास है। पर दूर देश में क्या होगा? मेरी तो अक्ल काम नहीं करती। मैं बेचरजी स्वामी से पूछूँगी।''

बेचरजी स्वामी मोढ़ बनियों में से बने हुए एक जैन साधु थे। जोशीजी की तरह वे भी हमारे सलाहकार थे। उन्होंने मदद की। वे बोले, ''मैं इस लड़के से इन तीनों चीज़ों के व्रत लिवाऊँगा। फिर इसे जाने देने में कोई हानि नहीं होगी।'' उन्होंने प्रतिज्ञा लिवायी और मैंने मांस, मदिरा तथा स्त्री-संग से दूर रहने की प्रतिज्ञा की। माताजी ने आज्ञा दी।

हाईस्कूल में सभा हुई। राजकोट का एक युवक विलायत जा रहा है, यह आश्चर्य का विषय बना। मैं जवाब के लिए कुछ लिखकर ले गया था। जवाब देते समय उसे मुश्किल से पढ़ पाया। मुझे इतना याद है कि मेरा सिर घूम रहा था और शरीर काँप रहा था।

माताजी की आज्ञा और आशीर्वाद लेकर और पत्नी की गोद में कुछ महीनों का बालक छोड़कर मैं उमंगों के साथ बम्बई पहुँचा। पहुँच तो गया, पर वहाँ मित्रों ने भाई को बताया कि जून-जुलाई में हिन्द महासागर में तूफान आते हैं और मेरी यह पहली ही समुद्री यात्रा है, इसलिए नवम्बर में रवाना करना चाहिए।

इस बीच जाति में खलबली मची। जाति की सभा बुलायी गयी। मुझसे जवाब-तलब किया जाना चाहिए। मुझे पंचायत में हाज़िर रहने का हुक्म मिला। मैं गया। मैं नहीं जानता कि मुझमें अचानक हिम्मत कहाँ से आ गयी। हाज़िर रहने में मुझे न तो संकोच हुआ, न डर लगा। जाति के सरपंच के साथ दूर का कुछ रिश्ता भी था। पिताजी के साथ उनका सम्बन्ध अच्छा था। उन्होंने मुझसे कहा :

''जाति का खयाल है कि तूने विलायत जाने का जो विचार किया है, वह ठीक नहीं है। हमारे धर्म में समुद्र पार करने की मनाही है, तिस पर यह भी सुना जाता है कि वहाँ धर्म की रक्षा नहीं हो पाती। वहाँ साहब लोगों के साथ खाना-पीना पड़ता है।''

मैंने जवाब दिया, ''मुझे तो लगता है कि विलायत जाने में लेशमात्र भी अधर्म नहीं है। मुझे तो वहाँ जाकर विद्याध्ययन ही करना है। फिर जिन बातों का आपको डर है, उनसे दूर रहने की प्रतिज्ञा मैंने अपनी माताजी के सम्मुख ली है, इसलिए मैं उनसे दूर रह सकूँगा।''

सरपंच बोले, ''पर हम तुझसे कहते हैं कि वहाँ धर्म की रक्षा हो ही नहीं सकती। तू जानता है कि तेरे पिताजी के साथ मेरा कैसा सम्बन्ध था? तुझे मेरी बात माननी चाहिए।''

मैंने जवाब में कहा, ''आपके साथ के सम्बन्ध को मैं जानता हूँ। आप पिताजी के समान हैं। पर इस बारे में मैं लाचार हूँ। विलायत जाने का अपना निश्चय मैं बदल नहीं सकता। जो विद्वान् ब्राह्मण मेरे पिताजी के मित्र और सलाहकार हैं, वे मानते हैं कि मेरे विलायत जाने में कोई दोष नहीं है। मुझे अपनी माताजी और अपने भाई की अनुमति भी मिल चुकी है।''

''पर तू जाति का हुक्म नहीं मानेगा?''

''मैं लाचार हूँ। मेरा खयाल है कि इसमें जाति को दखल नहीं देना चाहिए।''

इस जवाब से सरपंच गुस्सा हुए। मुझे दो-चार बातें सुनायीं। मैं स्तब्ध बैठा रहा। सरपंच ने आदेश दिया :

''यह लड़का आज से जातिच्युत माना जायेगा। जो कोई इसकी मदद करेगा अथवा इसे बिदा करने जायेगा, पंच उससे जवाब-तलब करेंगे और उससे सवा रुपया दण्ड का लिया जायेगा।''

मुझ पर इस निश्चय का कोई असर नहीं हुआ। मैंने सरपंच से बिदा ली। अब सोचना यह था कि इस निश्चय का मेरे भाई पर क्या असर होगा! सौभाग्य से वे दृढ़ रहे और मुझे लिख भेजा कि जाति के निश्चय के बावजूद वे मुझे विलायत जाने से नहीं रोकेंगे।

मित्रों ने मेरे लिए जगह भी त्र्यम्बकराय मजूमदार (जूनागढ़ के वकील का नाम) की कोठरी में ही रखी थी। उनसे मेरे विषय में कह भी दिया था। वे तो प्रौढ़

उम्र के अनुभवी सज्जन थे। मैं दुनिया के अनुभव से शून्य अठारह साल का नौजवान था। मजूमदार ने मित्रों से कहा, "आप इसकी फिक्र न करें।"

इस तरह 1888 के सितम्बर महीने की 4 तारीख को मैंने बम्बई का बन्दरगाह छोड़ा।

स्टीमर में

अंग्रेज़ी में बातें करने की मुझे आदत ही न थी। दूसरे दर्जे के सैलून में मजूमदार को छोड़कर दूसरे सब मुसाफिर अंग्रेज़ थे। मैं उनके साथ बोल न पाता था। वे मुझसे बोलने का प्रयत्न करते, तो मैं समझ न पाता; और समझ लेता, तो जवाब क्या देना था, सो सूझता न था। बोलने से पहले हर एक वाक्य को जमाना पड़ता था। कांटे-चम्मच से खाना आता न था, और किस पदार्थ में मांस नहीं है, यह पूछने की हिम्मत नहीं होती थी। इसलिए मैं खाने की मेज़ पर तो कभी गया ही नहीं। अपनी कोठरी में ही खाता था। अपने साथ खास करके जो मिठाई वगैरा लाया था, उन्हीं से मैंने काम चलाया। मजूमदार को तो कोई संकोच नहीं था। वे सबके साथ घुलमिल गये थे। डेक पर भी आज़ादी से जाते थे। मैं सारे दिन कोठरी में बैठा रहता था। कभी-कदास, जब डेक पर थोड़े लोग होते, तो कुछ देर वहाँ जाकर बैठ लेता था। मजूमदार मुझे समझाते कि सबके साथ घुलो-मिलो, आज़ादी से बातचीत करो; वे मुझसे यह भी कहते कि वकील की जीभ खूब चलनी चाहिए। वकील के नाते वे अपने अनुभव सुनाते और कहते कि अंग्रेज़ी हमारी भाषा नहीं है, उसमें गलतियाँ तो होंगी ही, फिर भी खुलकर बोलते रहना चाहिए। पर मैं अपनी भीरुता छोड़ न पाता था।

मुझ पर दया करके एक भले अंग्रेज़ ने मुझसे बातचीत शुरू की। वे उम्र में बड़े थे। मैं क्या खाता हूँ, कौन हूँ, कहाँ जा रहा हूँ, किसी से बातचीत क्यों नहीं करता, आदि प्रश्न वे पूछते रहते। उन्होंने मुझे खाने की मेज़ पर जाने की सलाह दी। मांस न खाने के मेरे आग्रह की बात सुनकर वे हँसे और मुझ पर तरस खाकर बोले, "यहाँ तो (पोर्टसईद पहुँचने से पहले तक) ठीक है, पर बिस्के की खाड़ी में पहुँचने पर तुम अपने विचार बदल लोगे। इंग्लैण्ड में तो इतनी ठण्ड पड़ती है कि मांस खाये बिना चलता ही नहीं।"

मैंने कहा, "मैंने सुना है कि वहाँ लोग मांसाहार के बिना रह सकते हैं?"

वे बोले, "इसे गलत समझो। अपने परिचितों में मैं ऐसे किसी आदमी को नहीं जानता, जो मांस न खाता हो। सुनो, मैं शराब पीता हूँ, पर तुम्हें पीने के लिए नहीं कहता। लेकिन मैं समझता हूँ कि तुम्हें मांस तो खाना ही चाहिए।"

मैंने कहा, "इस सलाह के लिए मैं आपका आभार मानता हूँ, पर मांस न खाने के लिए मैं अपनी माताजी से वचनबद्ध हूँ। इस कारण मैं मांस नहीं खा सकता।

अगर उसके बिना काम ही न चला, तो मैं वापस हिन्दुस्तान चला जाऊँगा, पर मांस तो कभी न खाऊँगा।''

बिस्के की खाड़ी आयी। वहाँ भी मुझे न तो मांस की ज़रूरत मालूम हुई और न मदिरा की।

हम साउदेम्प्टन बन्दरगाह पर पहुँचे। मुझे याद है कि उस दिन शनिवार था। जहाज़ पर मैं काली पोशाक पहनता था। मित्रों ने मेरे लिए सफेद फलालेन के कोट-पतलून भी बनवा दिये थे। उन्हें मैंने विलायत में उतरते समय पहनने का विचार कर रखा था, यह समझकर कि सफेद कपड़े अधिक अच्छे लगेंगे! मैं फलालेन का सूट पहनकर उतरा। सितम्बर के आखिरी दिन थे। मैंने वहाँ इस पोशाक में एक अपने को ही देखा। मेरी पेटियाँ और उनकी चाबियाँ तो ग्रिण्डले कम्पनी के एजेण्ट ले गये थे। सबकी तरह मुझे भी करना चाहिए, यह समझकर मैंने तो अपनी चाबियाँ भी दे दी थीं!

मेरे पास चार सिफारिशी पत्र थे—डॉक्टर प्राणजीवन मेहता के नाम, दलपतराम शुक्ल के नाम, प्रिन्स रणजीत सिंहजी के नाम और दादाभाई नौरोजी के नाम। जहाज़ में किसी ने सलाह दी थी कि विक्टोरिया होटल में ठहरना चाहिए। इस कारण मजूमदार और मैं उस होटल में पहुँचे। मैं तो अपनी सफेद पोशाक की शर्म से ही गड़ा जा रहा था। तिस पर होटल में पहुँचने पर पता चला कि अगले दिन रविवार होने से ग्रिण्डले के यहाँ से सामान सोमवार तक नहीं आयेगा। इससे मैं परेशान हुआ।

मैंने डॉ० मेहता को साउदेम्पटन से एक तार भेजा था।

सात-आठ बजे डॉक्टर मेहता आये। उन्होंने प्रेमभरा विनोद किया। मुझे फलालेन में देखकर हँस पड़े। मैंने अनजाने रेशमी रोओं वाली उनकी टोपी देखने के खयाल से उठायी और उस पर उलटा हाथ फेरा। इससे टोपी के रोएँ खड़े हो गये। डॉक्टर मेहता ने देखा, मुझे तुरन्त ही रोका। पर अपराध तो हो चुका था। उनके रोकने का नतीजा तो यही निकल सकता था कि दुबारा वैसा अपराध न हो।

समझिये कि यहीं से यूरोप के रीति-रिवाजों के सम्बन्ध में मेरी शिक्षा का श्रीगणेश हुआ। डॉक्टर मेहता हँसते-हँसते बहुत-सी बातें समझाते जाते थे। किसी की चीज़ छूनी नहीं चाहिए; किसी से जान-पहचान होने पर जो प्रश्न हिन्दुस्तान में यों ही पूछे जा सकते हैं, वे यहाँ नहीं पूछे जा सकते; बातें करते समय ऊँची आवाज़ से नहीं बोल सकते; हिन्दुस्तान में अंग्रेज़ों से बात करते समय 'सर' कहने का जो रिवाज है, वह यहाँ अनावश्यक है; 'सर' तो नौकर अपने मालिक से अथवा अपने बड़े अफसर से कहता है। फिर उन्होंने होटल में रहने के खर्च की भी चर्चा की और सुझाया कि किसी निजी कुटुम्ब में रहने की ज़रूरत पड़ेगी। इस विषय में अधिक विचार सोमवार पर छोड़ा गया।

होटल में तो हम दोनों को यही लगा कि यहाँ कहाँ आ फँसे! होटल महँगा भी था। माल्टा से एक सिन्धी यात्री जहाज़ पर सवार हुए थे। मजूमदार उनसे अच्छे घुलमिल गये थे। वे सिन्धी यात्री लन्दन के अच्छे जानकार थे। उन्होंने हमारे लिए दो कमरे किराये पर लेने की ज़िम्मेदारी उठायी। हम सहमत हुए और सोमवार को जैसे ही सामान मिला, बिल चुकाकर उक्त सिन्धी सज्जन द्वारा ठीक किये कमरों में हमने प्रवेश किया।

मुझे याद है कि मेरे हिस्से का होटल का बिल लगभग तीन पौण्ड हुआ था। मैं तो उसे देखकर चकित ही रह गया। तीन पौण्ड देने पर भी भूखा रहा। होटल की कोई चीज़ मुझे रुचती नहीं थी। एक चीज़ ली और वह नहीं रुची; दूसरी ली; पर दाम तो दोनों के ही चुकाने चाहिए। यह कहना ठीक होगा कि अभी तो मेरा काम बम्बई से लाये हुए पाथेय से ही चल रहा था।

इस कमरे में भी मैं बहुत परेशान रहा। देश की याद खूब आती थी। माता का प्रेम मूर्तिमान होता था। रात पड़ती और मैं रोना शुरू करता। घर की अनेक स्मृतियों की चढ़ाई के कारण नींद तो आ ही कैसे सकती थी? इस दुःख की चर्चा किसी से की भी नहीं जा सकती थी; करने से लाभ ही क्या था? मैं स्वयं नहीं जानता था कि किस उपाय से मुझे आश्वासन मिलेगा! यहाँ के लोग विचित्र, रहन-सहन विचित्र, घर भी विचित्र, घरों में रहने का ढंग भी विचित्र! अंग्रेज़ी रहन-सहन तथा रीति-रिवाजों में मैं नया पाठी था, अतः सतत् सतर्क रहना पड़ता था। तिस पर खाने-पीने का परहेज़; और खाने योग्य आहार सूखा तथा नीरस लगता था। इस कारण मेरी दशा सरौते के बीच सुपारी जैसी हो गयी। विलायत में रहना मुझे अच्छा नहीं लगता था और देश को लौटा नहीं जा सकता था! विलायत पहुँच जाने पर तो तीन साल वहाँ पूरे करने का ही मेरा आग्रह था।

भाग 2

लंदन में विद्यार्थी के रूप में

लंदन में

डॉक्टर मेहता सोमवार को मुझसे मिलने विक्टोरिया होटल पहुँचे। वहाँ उन्हें हमारा नया पता मिला; इससे वे नयी जगह आकर मिले। डॉक्टर मेहता ने हमारे कमरे वगैरा देखे और सिर हिलाया, "यह जगह काम की नहीं। इस देश में आकर पढ़ने की अपेक्षा यहाँ के जीवन और रीति-रिवाज का अनुभव प्राप्त करना ही अधिक महत्त्व का है। इसके लिए परिवार में रहना ज़रूरी है। पर अभी तो मैंने सोचा है कि तुम्हें कुछ तालीम मिल सके, इसके लिए मेरे एक मित्र के घर रहो। मैं तुम्हें वहाँ ले जाऊँगा।"

मैंने आभारपूर्वक उनका सुझाव मान लिया। मैं मित्र के घर पहुँचा। उनके स्वागत-सत्कार में कोई कमी नहीं थी। उन्होंने मुझे अपने सगे भाई की तरह रखा, अंग्रेज़ी रीति-रिवाज सिखाये; यह कह सकता हूँ कि अंग्रेज़ी में थोड़ी बातचीत करने की आदत उन्होंने डलवाई।

मेरे भोजन का प्रश्न बहुत विकट हो गया। बिना नमक और मसालों वाली साग-सब्जी रुचती नहीं थी। घर की मालकिन मेरे लिए कुछ बनावे तो क्या बनावे? सवेरे तो ओटमील* की लपसी बनती। उससे पेट कुछ भर जाता। पर दोपहर और शाम को मैं हमेशा भूखा रहता। मित्र मुझे रोज़ मांस खाने के लिए समझाते। मैं प्रतिज्ञा की आड़ लेकर चुप हो जाता। दोपहर को सिर्फ रोटी, पत्तों वाली एक भाजी और मुरब्बे पर गुज़र करता था! यही खुराक शाम के लिए भी थी। मैं देखता कि रोटी के तो दो-तीन टुकड़े ही लेने की रीत है। इससे अधिक माँगते शर्म लगती थी। मुझे डटकर खाने की आदत थी। भूख तेज़ थी और खूब खुराक चाहती थी। दोपहर या शाम को दूध नहीं मिलता था। मेरी यह हालत देखकर एक दिन मित्र चिढ़ गये और बोले, "अगर तुम मेरे सगे भाई होते, तो मैं तुम्हें निश्चय ही वापस भेज देता। यहाँ की हालत जाने बिना निरक्षर माता के सामने की गयी प्रतिज्ञा का मूल्य ही क्या? वह तो प्रतिज्ञा ही नहीं कही जा सकती। मैं तुमसे कहता हूँ कि कानून इसे प्रतिज्ञा नहीं मानेगा। ऐसी प्रतिज्ञा से चिपटे रहना तो निरा अंधविश्वास कहा जायेगा। और ऐसे अंधविश्वास में फँसे रहकर तुम इस देश से अपने देश में

---

* जई का आटा

कुछ भी न ले जा सकोगे। तुम तो कहते हो कि तुमने मांस खाया है। तुम्हें वह अच्छा भी लगा है। जहाँ खाने की ज़रूरत नहीं थी वहाँ खाया, और जहाँ खाने की खास ज़रूरत है वहाँ छोड़ा। यह कैसा आश्चर्य है!''

मैं टस-से-मस नहीं हुआ।

ऐसी बहस रोज़ हुआ करती। मेरे पास छत्तीस रोगों को मिटाने वाला एक नन्ना ही था। मित्र मुझे जितना समझाते, मेरी दृढ़ता उतनी ही बढ़ती जाती। मैं रोज भगवान् से रक्षा की याचना करता और मुझे रक्षा मिलती। मैं नहीं जानता था कि ईश्वर कौन है। पर रम्भा की दी हुई श्रद्धा अपना काम कर रही थी।

एक दिन मित्र ने मेरे सामने बेन्थम का ग्रन्थ पढ़ना शुरू किया। उपयोगितावाद वाला अध्याय पढ़ा। मैं घबराया। भाषा ऊँची थी। मैं मुश्किल से समझ पाता। उन्होंने उसका विवेचन किया। मैंने उत्तर दिया :

''मैं आपसे माफी चाहता हूँ। मैं ऐसी सूक्ष्म बातें समझ नहीं पाता। मैं स्वीकार करता हूँ कि मांस खाना चाहिए, पर मैं अपनी प्रतिज्ञा का बन्धन तोड़ नहीं सकता। उसके लिए मैं कोई दलील नहीं दे सकता। मुझे विश्वास है कि दलील में मैं आपको कभी जीत नहीं सकता। पर मूर्ख समझकर अथवा हठी समझकर इस मामले में मुझे छोड़ दीजिये। मैं आपके प्रेम को समझता हूँ। आपका आशय समझता हूँ। आपको मैं अपना परम हितैषी मानता हूँ। मैं यह भी देख रहा हूँ कि आपको दुःख होता है, इसी से आप इतना आग्रह करते हैं। पर मैं लाचार हूँ। मेरी प्रतिज्ञा नहीं टूट सकती।''

मित्र देखते रहे। उन्होंने पुस्तक बन्द कर दी। ''बस, अब मैं बहस नहीं करूँगा,'' कहकर वे चुप हो गये। मैं खुश हुआ। इसके बाद उन्होंने बहस करना छोड़ दिया।

पर मेरे बारे में उनकी चिन्ता दूर न हुई। वे बीड़ी पीते थे, शराब पीते थे। लेकिन मुझसे कभी नहीं कहा कि इनमें से एक का भी मैं सेवन करूँ। उलटे, वे मना ही करते रहे। उन्हें चिन्ता यह थी कि मांसाहार के अभाव में मैं कमज़ोर हो जाऊँगा और इंग्लैण्ड में निश्चिन्ततापूर्वक रह न सकूँगा।

इस तरह एक महीने तक मैंने नौसिखुए के रूप में उम्मीदवारी की। मित्र का घर रिचमन्ड में था, इसलिए मैं हफ्ते में एक या दो बार ही लन्दन जा पाता था। डॉक्टर मेहता और भाई दलपतराम शुक्ल ने सोचा कि अब मुझे किसी कुटुम्ब में रहना चाहिए। भाई शुक्ल ने वेस्ट केन्सिंग्टन में एक एँग्लो-इण्डियन का घर खोज निकाला और मुझे वहाँ रखा। घर की मालकिन एक विधवा थी। उससे मैंने मांस त्याग की बात कही। बुढ़िया ने मेरी सार-संभाल की ज़िम्मेदारी ली। मैं वहाँ रहने लगा।

वहाँ भी मुझे रोज़ भूखा रहना पड़ता था। मैंने घर से मिठाई वगैरा खाने की

चीज़ें मँगाई थीं, पर वे अभी आयी नहीं थीं। सब कुछ फीका लगता था। बुढ़िया हमेशा पूछती; पर वह करे क्या? तिस पर मैं अभी तक शर्माता था। जितना रखती थी, उतना ही खाता था। बुढ़िया के दो लड़कियाँ थीं। वे आग्रह करके थोड़ी अधिक रोटी देतीं। पर वे बेचारी क्या जानें कि उनकी समूची रोटी खाने पर ही मेरा पेट भर सकता था!

लेकिन अब मैं होशियारी पकड़ने लगा था। अभी पढ़ाई शुरू नहीं हुई थी। मुश्किल से समाचारपत्र पढ़ने लगा था। यह भी भाई शुक्ल का प्रताप था। हिन्दुस्तान में मैंने समाचारपत्र कभी पढ़े नहीं थे। पर बराबर पढ़ते रहने के अभ्यास से उन्हें पढ़ने का शौक मैं पैदा कर सका था। 'डेली न्यूज', 'डेली टेलिग्राफ' और 'पेलमेल गजेट' इन पत्रों को सरसरी निगाह से देख जाता था। पर शुरू-शुरू में तो इसमें मुश्किल से एक घण्टा खर्च होता होगा।

मैंने घूमना शुरू किया। मुझे निरामिष अर्थात् अन्नाहार देने वाले भोजनगृह की खोज करनी थी। घर की मालकिन ने भी कहा था कि खास लन्दन में ऐसे गृह मौजूद हैं। मैं रोज़ दस-बारह मील चलता था। किसी मामूली से भोजनगृह में जाकर पेट भर रोटी खा लेता था। पर उससे सन्तोष न होता था। इस तरह भटकता हुआ एक दिन मैं फैरिंग्डन स्ट्रीट पहुँचा और वहाँ 'वेजिटेरियन रेस्टरां' (अन्नाहारी भोजनालय) का नाम पढ़ा। वहाँ मुझे वह आनन्द हुआ, जो बालक को मनचाही चीज़ मिलने से होता है। हर्ष-विभोर होकर अन्दर घुसने से पहले मैंने दरवाज़े के पास की शीशे वाली खिड़की में बिक्री की पुस्तकें देखीं। उनमें मुझे सॉल्ट की 'अन्नाहार की हिमायत' नामक पुस्तक दीखी। एक शिलिंग में मैंने वह खरीद ली और फिर भोजन करने बैठा। विलायत आने के बाद यहाँ पहली बार भरपेट भोजन मिला। ईश्वर ने मेरी भूख मिटायी।

सॉल्ट की पुस्तक पढ़ी। मुझ पर उसकी अच्छी छाप पड़ी। इस पुस्तक को पढ़ने के दिन से मैं स्वेच्छापूर्वक, अर्थात् विचारपूर्वक, अन्नाहार में विश्वास करने लगा। माता के निकट की गयी प्रतिज्ञा अब मुझे विशेष आनन्द देने लगी। और जिस तरह अब तक मैं यह मानता था कि सब मांसाहारी बनें, तो अच्छा हो और पहले केवल सत्य की रक्षा के लिए लेकिन बाद में प्रतिज्ञा-पालन के लिए ही मैं मांस त्याग करता था और भविष्य में किसी दिन स्वयं आज़ादी से, प्रकट रूप में, मांस खाकर दूसरों को खाने वालों के दल में सम्मिलित करने की उमंग रखता था, उसी तरह अब स्वयं अन्नाहारी रहकर दूसरों को वैसा बनाने का लोभ मुझमें जगा।

'सभ्य' पोशाक में

इस बीच मेरे उन मित्र को तो मेरी चिन्ता बनी ही रही। उन्होंने मुझे नाटक दिखाने के लिए न्योता दिया। वहाँ जाने से पहले मुझे उनके साथ हॉबर्न भोजनगृह

में भोजन करना था। मेरे मित्र को ऐसा खयाल था कि भोजनगृह में मर्यादा के कारण भी मैं चुप रहूँगा। सैकड़ों के बीच हम दो मित्र एक मेज़ के सामने बैठे। मित्र ने पहली 'प्लेट' मँगाई। वह 'सूप' की थी। मैं परेशान हुआ। मित्र से क्या पूछता ? मैंने तो परोसने वाले को अपने पास बुलाया।

मित्र समझ गये। चिढ़कर मुझसे पूछा :

"क्या है?"

मैंने धीरे-से संकोचपूर्वक कहा :

"मैं जानना चाहता हूँ कि इसमें मांस है या नहीं?"

"ऐसे गृह में यह जंगलीपन नहीं चल सकता। अगर तुम्हें अब भी यही किचकिच करनी हो तो तुम बाहर जाकर किसी छोटे-से भोजनगृह में खा लो और बाहर ही मेरी राह देखो।"

मैं इस प्रस्ताव से खुश होकर उठा। पास ही एक अन्नाहार वाला भोजनगृह था। पर वह तो बन्द हो चुका था। मैं भूखा रहा। हम नाटक देखने गये। मित्र ने उक्त घटना के बारे में एक भी शब्द मुँह से न निकाला। मेरे पास तो कहने को था ही क्या?

लेकिन यह हमारे बीच का अन्तिम मित्र-युद्ध था। न हमारा सम्बन्ध टूटा, न उसमें कटुता आयी। उनके सारे प्रयत्नों के मूल में रहे हुए प्रेम को मैं पहचान सका था। इस कारण विचार और आचार की भिन्नता के रहते हुए भी उनके प्रति मेरा आदर बढ़ गया।

पर मैंने सोचा कि मुझे उनका डर दूर करना चाहिए। मैंने निश्चय किया कि मैं जंगली नहीं रहूँगा। सभ्य के लक्षण ग्रहण करूँगा और दूसरे प्रकार से समाज में समरस होने योग्य बनकर अन्नाहार की अपनी विचित्रता को छिपा लूँगा।

मैंने 'सभ्यता' सीखने के लिए अपनी सामर्थ्य से परे का और छिछला रास्ता पकड़ा।

विलायती होने पर भी बम्बई के कटे-सिले कपड़े अच्छे अंग्रेज़ समाज में शोभा नहीं देंगे, इस विचार से मैंने 'आर्मी और नेवी' स्टोर में कपड़े सिलवाये। उन्नीस शिलिंग की (उस जमाने के लिहाज़ से तो यह कीमत बहुत ही कही जायेगी) 'चिमनी' टोपी सिर पर पहनी। इतने से सन्तोष न हुआ, तो बॉण्ड स्ट्रीट में, जहाँ शौकीन लोगों के कपड़े सिलते थे, दस पौण्ड पर बत्ती रखकर शाम की पोशाक सिलवायी। भोले और बादशाही दिलवाले बड़े भाई से मैंने दोनों जेबों में लटकाने लायक सोने की एक बढ़िया चेन मँगवायी और वह मिल भी गयी। बँधी-बँधायी टाई पहनना शिष्टाचार में शुमार न था, इसलिए टाई बाँधने की कला हस्तगत की। देश में आईना हजामत के दिन ही देखने को मिलता था, पर यहाँ तो बड़े आईने के सामने खड़े रहकर ठीक से टाई बाँधने में और बालों में पट्टी

डालकर सीधी माँग निकालने में रोज़ लगभग दस मिनट तो बरबाद होते ही थे। बाल मुलायम नहीं थे, इसलिए उन्हें अच्छी तरह मुड़े हुए रखने के लिए ब्रश (झाड़ू ही समझिये!) के साथ रोज़ लड़ाई चलती थी। और टोपी पहनते तथा निकालते समय हाथ तो मानो माँग को सहेजने के लिए सिर पर पहुँच ही जाता था और बीच-बीच में समाज में बैठे-बैठे, माँग पर हाथ फिराकर बालों को व्यवस्थित रखने की एक और सभ्य क्रिया बराबर चलती ही रहती थी।

पर इतनी टीमटाम ही काफी न थी। अकेली सभ्य पोशाक से सभ्य थोड़े ही बना जा सकता था? मैंने सभ्यता के दूसरे कई बाहरी गुण भी जान लिये थे और मैं उन्हें सीखना चाहता था। सभ्य पुरुष को नाचना जानना चाहिए। उसे फ्रेंच अच्छी तरह जान लेनी चाहिए; क्योंकि फ्रेंच इंग्लैण्ड के पड़ोसी फ्रांस की भाषा थी, और सारे यूरोप की राष्ट्रभाषा भी थी। और मुझे यूरोप में घूमने की इच्छा थी। इसके अलावा सभ्य पुरुष को लच्छेदार भाषण करना भी आना चाहिए। मैंने नृत्य सीखने का निश्चय किया। एक कक्षा में भर्ती हुआ। एक सत्र के करीब तीन पौण्ड जमा किये। कोई तीन हफ्तों में करीब छह सबक सीखे होंगे। पैर ठीक से तालबद्ध पड़ते न थे। पियानो बजाता था, पर वह क्या कह रहा है, कुछ समझ में न आता था। तो अब क्या किया जाये? अब तो बाबाजी की बिल्ली वाला किस्सा हुआ। चूहों को भगाने के लिए बिल्ली, बिल्ली के लिए गाय और गाय के लिए आदमी—यों बाबाजी का परिवार बढ़ा; उसी तरह मेरे लोभ का परिवार भी बढ़ा। वायलिन बजाना सीख लूँ तो सुर और ताल का खयाल हो जाये। तीन पौण्ड वायलिन खरीदने में गँवाये और कुछ उसकी शिक्षा के लिए भी दिये। भाषण करना सीखने के लिए एक तीसरे शिक्षक का घर खोजा। उन्हें भी एक गिन्नी तो भेंट की ही। बेल की 'स्टैण्डर्ड एलोक्युशनिस्ट' पुस्तक खरीदी। पिट से एक भाषण पढ़ना शुरू किया।

इन बेल साहब ने मेरे कान में घण्टी (बेल) बजायी। मैं जागा।

मुझे कौन-सा इंग्लैण्ड में जीवन बीताना है? लच्छेदार भाषण करना सीखकर मैं क्या करूँगा? नाच-नाचकर मैं सभ्य कैसे बनूँगा? वायलिन तो अपने देश में भी सीखा जा सकता है! मैं तो विद्यार्थी हूँ। मुझे विद्या-धन बढ़ाना चाहिए। मुझे अपने पेशे से सम्बन्ध रखने वाली तैयारी करनी चाहिए। मैं अपने सदाचार से सभ्य समझा जाऊँ तो ठीक है, नहीं तो मुझे यह लोभ छोड़ना चाहिए।

इन विचारों की धुन में मैंने उपर्युक्त आशय के उद्‌गारों वाला पत्र भाषण शिक्षक को भेज दिया। उनसे मैंने दो या तीन पाठ पढ़े थे। नृत्य-शिक्षिका को भी ऐसा ही पत्र लिखा। वायलिन शिक्षिका के घर वायलिन लेकर पहुँचा। उन्हें जिस दाम भी वह बिके, बेच डालने की इजाज़त दे दी। उनके साथ कुछ मित्रता का-सा सम्बन्ध हो गया था। इस कारण मैंने उनसे अपने मोह की चर्चा की। नाच आदि के जंजाल में से निकल जाने की मेरी बात उन्होंने पसन्द की।

सभ्य बनने की मेरी यह सनक तीन महीने तक चली होगी। पोशाक की टीमटाम तो बरसों चली। पर अब मैं विद्यार्थी बना।

फेरफार

कोई यह न माने कि नाच आदि के मेरे प्रयोग उस समय की मेरी स्वच्छन्दता के सूचक हैं। पाठकों ने देखा होगा कि उनमें कुछ समझदारी थी। मोह के इस समय में भी मैं एक हद तक सावधान था। पाई-पाई का हिसाब रखता था। खर्च का अंदाज़ रखता था।

अपनी रहन-सहन पर मेरा कुछ अंकुश था, इस कारण मैं देख सका कि मुझे कितना खर्च करना चाहिए।

अब तक मैं कुटुम्बों में रहता था, उसके बदले अपना ही कमरा लेकर रहने का मैंने निश्चय किया, और यह भी तय किया कि काम के अनुसार और अनुभव प्राप्त करने के लिए अलग-अलग मुहल्लों में घर बदलता रहूँगा। घर मैंने ऐसी जगह पसन्द किये कि जहाँ से काम की जगह पर आधे घण्टे में पैदल पहुँचा जा सके और गाड़ी-भाड़ा बचे। इससे पहले जहाँ जाना होता वहाँ का गाड़ी-भाड़ा हमेशा चुकाना पड़ता और घूमने के लिए अलग से समय निकालना पड़ता था। अब काम पर जाते हुए ही घूमने की व्यवस्था जम गयी, और बचत भी हुई। और इस व्यवस्था के कारण मैं रोज़ आठ-दस मील तक आसानी से घूम लेता था। खासकर इस एक आदत के कारण मैं विलायत में शायद ही कभी बीमार पड़ा होऊँगा। मेरा शरीर काफी कस गया। कुटुम्ब में रहना छोड़कर मैंने दो कमरे किराये पर लिये। एक सोने के लिए और दूसरा बैठक के रूप में। यह फेरफार की दूसरी मंज़िल कही जा सकती है। तीसरा फेरफार अभी होना शेष था।

इस तरह आधा खर्च बचा। लेकिन समय का क्या हो? मैं जानता था कि बैरिस्टरी की परीक्षा के लिए बहुत पढ़ना ज़रूरी नहीं है; इसलिए मुझे बेफिक्री थी। पर मेरी कच्ची अंग्रेज़ी मुझे दु:ख देती थी। मैंने सोचा मुझे बैरिस्टर बनने के अलावा कुछ और भी पढ़ना चाहिए। ऑक्सफर्ड केम्ब्रिज की पढ़ाई का पता लगाया। कई मित्रों से मिला। मैंने देखा कि वहाँ जाने से खर्च बहुत बढ़ जायेगा और पढ़ाई लम्बी चलेगी। मैं तीन साल से अधिक रह नहीं सकता था। किसी मित्र ने कहा, "अगर तुम्हें कोई कठिन परीक्षा ही देनी हो तो तुम लन्दन की मैट्रिकुलेशन पास कर लो। उसमें मेहनत काफी करनी पड़ेगी और साधारण ज्ञान बढ़ेगा। खर्च बिलकुल नहीं बढ़ेगा।" मुझे यह सुझाव अच्छा लगा। पर परीक्षा के विषय देखकर मैं चौंका। लेटिन और दूसरी एक भाषा अनिवार्य थी। लेटिन कैसे सीखी जाये? पर मित्र ने सुझाया, "वकील के लिए लेटिन बहुत उपयोगी है। लेटिन जानने वाले के लिए कानूनी किताबें समझना आसान हो जाता है, और 'रोमन लॉ' की परीक्षा में एक

प्रश्नपत्र तो केवल लेटिन भाषा में ही होता है। इसके सिवा, लेटिन जानने से अंग्रेज़ी भाषा पर प्रभुत्व बढ़ता है।'' इन सब दलीलों का मुझ पर असर हुआ। मैंने सोचा, मुश्किल हो चाहे न हो, पर लेटिन तो सीख ही लेनी है। फ्रेंच की शुरू की हुई पढ़ाई को पूरा करना है। इसलिए निश्चय किया कि दूसरी भाषा फ्रेंच हो। मैट्रिक्युलेशन एक प्राइवेट वर्ग चलता था। उसमें भर्ती हो गया। हर छठे महीने परीक्षा होती थी। मेरे पास मुश्किल से पाँच महीने का समय था। यह काम मेरे बूते के बाहर था। परिणाम यह हुआ कि सभ्य बनने की जगह मैं अत्यन्त उद्यमी विद्यार्थी बन गया। समय-पत्रक बनाया। एक-एक मिनट का उपयोग किया। पर मेरी बुद्धि या स्मरणशक्ति ऐसी नहीं थी कि दूसरे विषयों के अतिरिक्त लेटिन और फ्रेंच की तैयारी कर सकूँ। परीक्षा में बैठा। लेटिन में फेल हो गया। दु:ख तो हुआ, पर हिम्मत नहीं हारा। लेटिन में रुचि पैदा हो गयी थी। मैंने सोचा कि दूसरी बार परीक्षा में बैठने से फ्रेंच अधिक अच्छी हो जायेगी और विज्ञान में नया विषय ले लूँगा। प्रयोगों के अभाव में रसायन-शास्त्र मुझे रुचता ही न था। यद्यपि अब देखता हूँ कि उसमें खूब रस आना चाहिए था। इसलिए लन्दन की मैट्रिक के लिए भी पहली बार इसी को पसन्द किया था। इस बार प्रकाश और उष्णता (Light और Heat) का विषय लिया। यह विषय आसान माना जाता था। मुझे भी आसान प्रतीत हुआ।

पुन: परीक्षा देने की तैयारी के साथ ही रहन-सहन में अधिक सादगी लाने का प्रयत्न शुरू किया। मैंने अनुभव किया कि अभी मेरे कुटुम्ब की गरीबी के अनुरूप मेरा जीवन सादा नहीं बना है। भाई की तंगी के और उनकी उदारता के विचारों ने मुझे व्याकुल बना दिया। ज़रूरत पड़ने पर वे पैसे अवश्य भेज ही देते थे। जो लोग हर महीने 15 पौण्ड या 8 पौण्ड खर्च करते थे, उन्हें तो छात्रवृत्तियाँ मिलती थीं। मैं देखता था कि मुझसे भी अधिक सादगी से रहने वाले लोग हैं। मैं ऐसे गरीब विद्यार्थियों के सम्पर्क में ठीक-ठीक आया था। एक विद्यार्थी लन्दन की गरीब बस्ती में हफ्ते के दो शिलिंग देकर एक कोठरी में रहता था, और लोकार्ट की कोको की सस्ती दुकान में दो पेनी का कोको और रोटी खाकर अपना गुज़ारा करता था। उससे स्पर्धा करने की तो मेरी शक्ति नहीं थी, पर मैंने अनुभव किया कि मैं अवश्य ही दो के बदले एक कमरे में रह सकता हूँ और आधी रसोई अपने हाथ से भी बना सकता हूँ। इस प्रकार मैं हर महीने चार या पाँच पौण्ड में अपना निर्वाह कर सकता हूँ। सादी रहन-सहन पर पुस्तकें भी पढ़ चुका था। दो कमरे छोड़ दिये और हफ्ते के आठ शिलिंग पर एक कमरा किराये से लिया। एक अंगीठी खरीदी और सुबह का भोजन हाथ से बनाना शुरू किया। इसमें मुश्किल से बीस मिनट खर्च होते थे। ओटमील की लपसी बनाने और कोको के लिए पानी उबालने में कितना समय लगता? दोपहर का भोजन बाहर कर लेता और शाम को फिर कोको बनाकर रोटी के साथ खा लेता। इस तरह मैं एक से सवा शिलिंग के अन्दर रोज़ के अपने भोजन

की व्यवस्था करना सीख गया। जीवन सादा बन जाने से समय अधिक बचा। दूसरी बार परीक्षा में बैठा और पास हुआ।

पर पाठक यह न मानें कि सादगी से मेरा जीवन नीरस बना होगा। उलटे, इन फेरफारों के कारण मेरी आन्तरिक और बाह्य स्थिति के बीच एकता पैदा हुई, कौटुम्बिक स्थिति के साथ मेरी रहन-सहन का मेल बैठा, जीवन अधिक सारमय बना और मेरे आत्मानन्द का पार न रहा।

घर से मिठाई-मसाले वगैरा जो मँगाये थे, सो लेने बन्द कर दिये और मन ने दूसरा मोड़ पकड़ा। इस कारण मसालों का प्रेम कम पड़ गया, और जो सब्जी रिचमंड में मसाले के अभाव में बेस्वाद मालूम होती थी, वह अब सिर्फ उबली हुई भी स्वादिष्ट लगने लगी। ऐसे अनेक अनुभवों से मैंने यह सीखा कि स्वाद का सच्चा स्थान जीभ नहीं, बल्कि मन है।

आर्थिक दृष्टि तो मेरे सामने थी ही। उन दिनों एक पंथ ऐसा था, जो चाय-कॉफी को हानिकारक मानता था और कोको का समर्थन करता था। मैं यह समझ चुका था कि केवल उन्हीं वस्तुओं का सेवन करना योग्य है, जो शरीर-व्यापार के लिए आवश्यक हैं। इस कारण मुख्यत: मैंने चाय और कॉफी का त्याग किया और कोको को अपनाया।

प्रयोगों के साथ उप-प्रयोग तो बहुत हुए। कभी स्टार्च वाला आहार छोड़ा, कभी सिर्फ डबल-रोटी और फल पर ही रहा और कभी पनीर, दूध और अण्डों का ही सेवन किया।

यह आखिरी प्रयोग उल्लेखनीय है। यह पन्द्रह दिन भी नहीं चला। स्टार्चरहित आहार का समर्थन करने वालों ने अण्डों की खूब स्तुति की थी और यह सिद्ध किया था कि अण्डे मांस नहीं हैं। यह तो स्पष्ट ही है कि अण्डे खाने में किसी जीवित प्राणी को दु:ख नहीं पहुँचता। इस दलील के भुलावे में आकर मैंने माताजी के सम्मुख की हुई प्रतिज्ञा के रहते भी अण्डे खाये, पर मेरा वह मोह क्षणिक था। प्रतिज्ञा का नया अर्थ करने का मुझे अधिकार न था। अर्थ तो प्रतिज्ञा कराने वाली माता का ही माना जा सकता था। मांस न खाने की प्रतिज्ञा कराने वाली माता को अण्डों का तो खयाल ही नहीं हो सकता था, इसे मैं जानता था। इस कारण प्रतिज्ञा के रहस्य का बोध होते ही मैंने अण्डे छोड़े और प्रयोग भी छोड़ा।

इस समय तक के मेरे प्रयोग आर्थिक और आरोग्य की दृष्टि से होते थे। विलायत में उन्होंने धार्मिक स्वरूप ग्रहण नहीं किया था। धार्मिक दृष्टि से मेरे कठिन प्रयोग दक्षिण अफ्रीका में हुए, जिनकी छानबीन आगे करनी होगी।

मुझमें नवधर्मी जोश आ गया था। इस कारण उस समय मैं जिस बस्ती में रहता था, उसमें मैंने अन्नाहारी मण्डल की स्थापना करने का निश्चय किया। इस बस्ती का नाम बेजवॉटर था। इसमें सर एडविन आर्नल्ड रहते थे। मैंने उन्हें उपसभापति

बनने को निमन्त्रित किया। वे बने। डॉ० ओल्डफील्ड सभापति बने। मैं मन्त्री बना। यह संस्था कुछ समय तक तो अच्छी चली; पर कुछ महीनों के बाद इसका अन्त हो गया; क्योंकि मैंने अमुक मुद्दत के बाद अपने रिवाज के अनुसार वह बस्ती छोड़ दी। पर इस छोटे और अल्प अवधि के अनुभव से मुझे संस्थाओं का निर्माण करने और उन्हें चलाने का कुछ अनुभव प्राप्त हुआ।

लज्जाशीलता—मेरी ढाल

अन्नाहारी मण्डल की कार्यकारिणी में मुझे चुन तो लिया गया था और उसमें मैं हर बार हाज़िर भी रहता था, पर बोलने के लिए जीभ खुलती ही न थी।

मैं कह सकता हूँ कि मेरा यह शर्मीला स्वभाव दक्षिण अफ्रीका पहुँचने पर ही दूर हुआ। बिलकुल दूर हो गया, ऐसा तो आज भी नहीं कहा जा सकता। बोलने से बचा जा सके, तो ज़रूर बच जाता हूँ। बिना पूर्व तैयारी के बोलना यह मेरे लिए असम्भव था। अपने इस शर्मीले स्वभाव के कारण मेरी फजीहत तो हुई, पर मेरा कोई नुकसान नहीं हुआ; बल्कि अब तो मैं देख सकता हूँ कि मुझे फायदा हुआ है। पहले बोलने का यह संकोच मेरे लिए दुःखकर था, अब वह सुखकर हो गया है। एक बड़ा फायदा तो यह हुआ कि मैं शब्दों का मितव्यय करना सीखा।

अनुभव ने मुझे यह भी सिखाया है कि सत्य के प्रत्येक पुजारी के लिए मौन का सेवन इष्ट है। मनुष्य जाने-अनजाने भी प्रायः अतिशयोक्ति करता है, अथवा जो कहने योग्य है उसे छिपाता है, या दूसरे ढंग से कहता है। ऐसे संकटों से बचने के लिए भी मितभाषी होना आवश्यक है। कम बोलने वाला बिना विचारे नहीं बोलेगा; वह अपने प्रत्येक शब्द को तौलेगा। अकसर मनुष्य बोलने के लिए अधीर हो जाता है। इन सब लोगों के बोलने से दुनिया को लाभ होता हो, ऐसा क्वचित् ही पाया जाता है। पर उतने समय की बर्बादी तो स्पष्ट ही देखी जा सकती है। इसलिए यद्यपि आरम्भ में मुझे अपनी लज्जाशीलता दुःख देती थी, यह लज्जाशीलता मेरी ढाल थी। उससे मुझे परिपक्व बनने का लाभ मिला। सत्य की अपनी पूजा में मुझे उससे सहायता मिली।

असत्यरूपी विष

चालीस साल पहले विलायत जाने वाले हिन्दुस्तानी विद्यार्थी आज की तुलना में कम थे। स्वयं विवाहित होने पर भी अपने को कुँआरा बताने का उनमें रिवाज-सा पड़ गया था। उस देश में स्कूल या कॉलेज में पढ़ने वाले कोई विद्यार्थी विवाहित नहीं होते। विवाहित के लिए विद्यार्थी-जीवन नहीं होता। भारत के युवकों को यह स्वीकार करते हुए शर्म मालूम होती है कि वे विवाहित हैं। विवाह की बात छिपाने का दूसरा एक कारण यह है कि अगर विवाह प्रकट हो जाये, तो जिस कुटुम्ब में

रहते हैं, उसकी जवान लड़कियों के साथ घूमने-फिरने और हँसी-मज़ाक करने का मौका नहीं मिलता। यह हँसी-मजाक अधिकतर निर्दोष होता है। माता-पिता इस तरह की मित्रता पसन्द भी करते हैं। वहाँ युवक और युवतियों के बीच ऐसे सहवास की आवश्यकता भी मानी जाती है; क्योंकि वहाँ तो प्रत्येक युवक को अपनी सहधर्मचारिणी स्वयं खोज लेनी होती है। अतएव विलायत में जो सम्बन्ध स्वाभाविक माना जाता है, उसे हिन्दुस्तान का नवयुवक विलायत पहुँचते ही जोड़ना शुरू कर दे, तो परिणाम भयंकर ही होगा। कई बार ऐसे परिणाम प्रकट भी हुए हैं। फिर भी हमारे नवयुवक इस मोहिनी माया में फँसे पड़े थे। हमारे नवयुवकों ने उस सोहबत के लिए असत्याचरण पसन्द किया, जो अंग्रेज़ों की दृष्टि से कितना ही निर्दोष होते हुए भी हमारे लिए त्याज्य है। इस फँदे में मैं भी फँस गया। विवाहित और एक लड़के का बाप होते हुए भी मैंने अपने को कुँआरा बताने में संकोच नहीं किया! पर इसका स्वाद मैंने थोड़ा ही चखा।

बेंटनर में जिस परिवार में मैं रहता था, वैसे परिवार में घर की बेटी हो तो वह, सभ्यता के विचार से ही सही, मेरे समान विदेशी को घूमाने ले जाती। मालकिन की लड़की मुझे बेंटनर के आस-पास की सुन्दर पहाड़ियों पर ले गयी। वैसे मेरी चाल कुछ धीमी नहीं थी, पर उसकी चाल मुझसे भी तेज़ थी। इसलिए मुझे उसके पीछे-पीछे घिसटना पड़ा। वह तो रास्ते भर बातों के फव्वारे उड़ाती चली, जबकि मेरे मुँह से कभी 'हाँ' या कभी 'ना' की आवाज़ भर निकलती थी। बहुत हुआ तो 'कितना सुन्दर है!' कह देता। इससे ज़्यादा बोल न पाता। वह तो हवा में उड़ती जाती और मैं यह सोचता रहता कि वापस घर कब पहुँचूँगा! इतने में हम एक पहाड़ी की चोटी पर जा खड़े हुए। पर अब उतरा कैसे जाये? अपने ऊँची एड़ी वाले बूटों के बावजूद बीस-पच्चीस साल की वह रमणी बिजली की तरह ऊपर से नीचे उतर गयी, जबकि मैं शर्मिंदा होकर अभी यही सोच रहा था कि ढाल पर कैसे उतरा जाये! वह नीचे खड़ी हँसती है; मुझे हिम्मत बँधाती है; ऊपर आकर हाथ का सहारा देकर नीचे ले जाने को कहती है! मैं इतना पस्तहिम्मत तो कैसे बनता? मुश्किल से पैर जमाता हुआ, कहीं कुछ बैठता हुआ, मैं नीचे उतरा। उसने मज़ाक में 'शा...ब्बा... श!' कहकर मुझ शर्माये हुए को और अधिक शर्मिंदा किया। इस तरह के मज़ाक से मुझे शर्मिंदा करने का उसे हक था।

लेकिन हर जगह मैं इस तरह कैसे बच पाता? ईश्वर मेरे अन्दर से असत्य का विष निकालना चाहता था। बेंटनर की तरह ही ब्राइटन भी समुद्र-किनारे हवाखोरी का मुकाम है। एक बार मैं वहाँ गया था। जिस होटल में मैं ठहरा था, उसमें साधारण-खुशहाल स्थिति की एक विधवा बुढ़िया भी हवाखोरी के लिए आकर टिकी थी। यह मेरा पहले वर्ष का समय था—बेंटनर के पहले का। यहाँ सूची में खाने की सभी चीज़ों के नाम फ्रेंच भाषा में लिखे थे। मैं उन्हें समझता न था। मैं

बुढ़ियावाली मेज़ पर ही बैठा था। बुढ़िया ने देखा कि मैं अजनबी हूँ और कुछ परेशानी में भी हूँ। तुरन्त ही वह सहायता के लिए आयी।

"तुम अजनबी-से मालूम होते हो! किसी परेशानी में भी हो? अभी तक कुछ खाने को भी नहीं मँगाया है?"

मैं भोजन के पदार्थों की सूची पढ़ रहा था और परोसने वाले से पूछने की तैयारी कर रहा था। इसलिए मैंने उस भद्र महिला को धन्यवाद दिया और कहा, "यह सूची मेरी समझ में नहीं आ रही है। मैं अन्नाहारी हूँ। इसलिए यह जानना ज़रूरी है कि इनमें से कौन-सी चीज़ें निर्दोष हैं।"

उस महिला ने कहा, "तो लो, मैं तुम्हारी मदद करती हूँ और सूची समझा देती हूँ। तुम्हारे खाने लायक चीज़ें मैं तुम्हें बता सकूँगी।"

मैंने धन्यवादपूर्वक उसकी सहायता स्वीकार की। यहाँ से हमारा जो सम्बन्ध जुड़ा, सो मेरे विलायत में रहने तक और उसके बाद भी बरसों तक बना रहा। उसने मुझे लन्दन का अपना पता दिया और हर रविवार को अपने घर भोजन के लिए आने का न्योता! वह दूसरे अवसरों पर भी मुझे अपने यहाँ बुलाती थी, प्रयत्न करके मेरा शर्मीलापन छुड़ाती थी, जवान स्त्रियों से जान-पहचान कराती थी और उनसे बातचीत करने को ललचाती थी। उसके घर रहने वाली एक स्त्री के साथ बहुत बातें करवाती थी। कभी-कभी हमें अकेला भी छोड़ देती थी।

आरम्भ में मुझे यह सब बहुत कठिन लगा। बात करना सूझता न था। विनोद भी क्या किया जाये! पर वह बुढ़िया मुझे प्रवीण बनाती रही। मैं तालीम पाने लगा। हर रविवार की राह देखने लगा। उस स्त्री के साथ बातें करना भी मुझे अच्छा लगने लगा।

बुढ़िया भी मुझे लुभाती जाती। उसे इस संग में रस आने लगा। उसने तो हम दोनों का हित ही चाहा होगा!

अब मैं क्या करूँ? मैंने सोचा : 'क्या ही अच्छा होता, अगर मैं इस भद्र महिला से अपने विवाह की बात कह देता? उस दशा में क्या वह चाहती कि किसी के साथ मेरा ब्याह हो? अब भी देर नहीं हुई है। मैं सच-सच कह दूँ, तो अधिक संकट से बच जाऊँगा।' यह सोचकर मैंने उसे एक पत्र लिखा। अपनी स्मृति के आधार पर नीचे उसका सार देता हूँ:

"जब से हम ब्राइटन में मिले, आप मुझ पर प्रेम रखती रही हैं। माँ जिस तरह अपने बेटे की चिन्ता रखती है, उसी तरह आप मेरी चिन्ता रखती हैं। आप तो यह भी मानती हैं कि मुझे ब्याह करना चाहिए, और इसी खयाल से आप मेरा परिचय युवतियों से कराती हैं। ऐसे सम्बन्ध के अधिक आगे बढ़ने से पहले ही मुझे आपसे यह कहना चाहिए कि मैं आपके प्रेम के योग्य नहीं हूँ। मैं जब आपके घर आने लगा, तभी मुझे आपसे कह देना चाहिए था कि मैं विवाहित हूँ। मैं जानता हूँ कि हिन्दुस्तान के जो विद्यार्थी विवाहित होते हैं, वे इस देश में ब्याह की बात प्रकट नहीं

करते। इससे मैंने भी उस रिवाज का अनुकरण किया। पर अब मैं देखता हूँ कि मुझे अपने विवाह की बात बिलकुल छिपानी नहीं चाहिए थी। मुझे साथ में यह भी कह देना चाहिए कि मेरा ब्याह बचपन में हुआ है और मेरा एक लड़का भी है। आपसे इस बात को छिपाने का अब मुझे बहुत दु:ख होता है; पर अब भगवान् ने सच कह देने की हिम्मत दी है, इससे मुझे आनन्द होता है। क्या आप मुझे माफ करेंगी? जिस बहन के साथ आपने मेरा परिचय कराया है, उसके साथ मैंने कोई अनुचित छूट नहीं ली, इसका विश्वास मैं आपको दिलाता हूँ। मुझे इस बात का पूरा-पूरा खयाल है कि मुझे ऐसी छूट नहीं लेनी चाहिए। पर आप तो स्वाभाविक रूप से यह चाहती हैं कि किसी के साथ मेरा सम्बन्ध जुड़ जाये। आपके मन में यह बात आगे न बढ़े, इसके लिए भी मुझे आपके सामने सत्य प्रकट कर देना चाहिए।

''यदि इस पत्र के मिलने पर आप मुझे अपने यहाँ आने के लिए अयोग्य समझेंगी, तो मुझे उससे ज़रा भी बुरा नहीं लगेगा। आपकी ममता के लिए तो मैं आपका चिरऋणी बन चुका हूँ। मुझे स्वीकार करना चाहिए कि अगर आप मेरा त्याग न करेंगी, तो मुझे खुशी होगी। यदि अब भी आप मुझे अपने घर आने योग्य मानेंगी, तो उसे मैं आपके प्रेम की एक नयी निशानी समझूँगा और उस प्रेम के योग्य बनने का सदा प्रयत्न करता रहूँगा।''

पाठक समझ लें कि यह पत्र मैंने क्षण भर में नहीं लिख डाला था। न जाने कितने मसविदे तैयार किये होंगे। पर यह पत्र भेजकर मैंने अपने सिर का एक बड़ा बोझ उतार डाला।

लगभग लौटती डाक से मुझे उस विधवा बहन का उत्तर मिला। उसने लिखा था :

''खुले दिल से लिखा तुम्हारा पत्र मिला। हम दोनों खुश हुईं और खूब हँसीं। तुमने जिस असत्य से काम लिया, वह तो क्षमा के योग्य ही है। पर तुमने अपनी सही स्थिति प्रकट कर दी, यह अच्छा ही हुआ। मेरा न्योता कायम है। अगले रविवार को हम अवश्य तुम्हारी राह देखेंगी, तुम्हारे बाल-विवाह की बातें सुनेंगी और तुम्हारा मज़ाक उड़ाने का आनन्द भी लूटेंगी। विश्वास रखो कि हमारी मित्रता तो जैसी थी, वैसी ही रहेगी।''

इस प्रकार मैंने अपने अन्दर घुसे हुए असत्य के विष को बाहर निकाल दिया, और फिर तो अपने विवाह आदि की बात करने में मुझे कहीं घबराहट नहीं हुई।

बहुत करके मेरे विलायत निवास के आखिरी साल में, यानी 1890 के साल में पोर्टस्मथ में अन्नाहारियों का एक सम्मेलन हुआ था। उसमें मुझे और एक हिन्दुस्तानी मित्र को निमन्त्रित किया गया था।

पोर्टस्मथ खलासियों का बन्दरगाह कहलाता है। वहाँ बहुतेरे घर दुराचारिणी स्त्रियों के होते हैं। वे स्त्रियाँ वेश्या नहीं होतीं, न निर्दोष ही होती हैं। ऐसे ही एक घर

में हम लोग टिके थे। इसका यह मतलब नहीं कि स्वागत-समिति ने जान-बूझकर ऐसे घर ठीक किये थे।

रात पड़ी। हम सभा से घर लौटे। भोजन के बाद ताश खेलने बैठे। विलायत में अच्छे-भले घरों में भी इस तरह गृहिणी मेहमानों के साथ ताश खेलने बैठती है। ताश खेलते हुए निर्दोष विनोद तो सब कोई करते हैं। लेकिन यहाँ तो बीभत्स विनोद शुरू हुआ। मैं नहीं जानता था कि मेरे साथी इसमें निपुण हैं। मुझे इस विनोद में रस आने लगा। मैं भी इसमें शरीक हो गया। वाणी में से क्रिया में उतरने की तैयारी थी। ताश एक तरफ धरे ही जा रहे थे। लेकिन मेरे भले साथी के मन में राम बसे। उन्होंने कहा, "अरे, तुममें यह कलियुग कैसा! तुम्हारा यह काम नहीं है। तुम यहाँ से भागो!"

मैं शर्माया। सावधान हुआ। हृदय में उन मित्र का उपकार माना। माता के सम्मुख की हुई प्रतिज्ञा याद आयी। मैं भागा। काँपता-काँपता अपनी कोठरी में पहुँचा। छाती धड़क रही थी। कातिल के हाथ से बचकर निकले हुए शिकार की जैसी दशा होती है, वैसी ही मेरी हुई।

उन दिनों मैं यह बिलकुल नहीं जानता था कि धर्म क्या है, ईश्वर क्या है, और वह हममें किस प्रकार का काम करता है। उस समय तो लौकिक दृष्टि से मैं यही समझा कि ईश्वर ने मुझे बचा लिया है। मैंने यह अनुभव किया है कि जब हम सारी आशा छोड़कर बैठ जाते हैं, हमारे दोनों हाथ टिक जाते हैं, तब कहीं-न-कहीं से मदद आ पहुँचती है। स्तुति, उपासना, प्रार्थना वहम नहीं है, बल्कि हमारा खाना-पीना, चलना-बैठना जितना सच है, उससे भी अधिक सच यह चीज़ है। यह कहने में अतिशयोक्ति नहीं कि यही सच है, और सब झूठ है।

धर्मों का परिचय

विलायत में रहते मुझे कोई एक साल हुआ होगा। इस बीच दो थियॉसॉफिस्ट मित्रों से मेरी पहचान हुई। दोनों सगे भाई थे और अविवाहित थे। उन्होंने मुझसे गीताजी की चर्चा की। वे एडविन आर्नल्ड का गीताजी का अनुवाद 'दि साँग सिलेश्यल' पढ़ रहे थे। पर उन्होंने मुझे अपने साथ संस्कृत में गीता पढ़ने के लिए न्योता दिया। मैं शर्माया; क्योंकि मैंने गीता संस्कृत में या मातृभाषा में (गुजराती में) पढ़ी ही नहीं थी। मुझे उनसे कहना पड़ा कि मैंने गीता पढ़ी ही नहीं है, पर मैं उसे आपके साथ पढ़ने को तैयार हूँ। संस्कृत का मेरा अभ्यास भी नहीं के बराबर ही है। मैं उसे इतना ही समझ पाऊँगा कि अनुवाद में कोई गलत अर्थ होगा, तो उसे सुधार सकूँगा। इस प्रकार मैंने उन भाइयों के साथ गीता पढ़ना शुरू किया। दूसरे अध्याय के अन्तिम श्लोक में से

ध्यायतो विषयान्पुंसः संगस्तेषूपजायते।
संगात्संजायते कामः कामात्क्रोधोऽभिजायते॥

क्रोधाद् भवति सम्मोहः सम्मोहात्स्मृतिविभ्रमः।
स्मृतिभ्रंशाद् बुद्धिनाशो बुद्धिनाशात्प्रणश्यति॥*

इन श्लोकों का मेरे मन पर गहरा असर पड़ा। उनकी भनक मेरे कानों में गूँजती ही रही। उस समय मुझे लगा कि भगवद्गीता अमूल्य ग्रन्थ है। यह मान्यता धीरे- धीरे बढ़ती गयी, और आज तत्त्वज्ञान के लिए मैं उसे सर्वोत्तम ग्रन्थ मानता हूँ। निराशा के समय में इस ग्रन्थ ने मेरी अमूल्य सहायता की है।

इन्हीं भाइयों ने मुझे सुझाया कि मैं आर्नल्ड का 'बुद्ध-चरित' 'दि लाईट ऑफ एशिया' पढ़ूँ। उस समय तक तो मुझे सर एडविन आर्नल्ड के गीता के अनुवाद का ही पता था। मैंने 'बुद्ध-चरित' भगवद्गीता से भी अधिक रसपूर्वक पढ़ा। पुस्तक हाथ में लेने के बाद उसे समाप्त करके ही छोड़ सका।

एक बार ये भाई मुझे ब्लैवट्स्की लॉज में भी ले गये। वहाँ मैडम ब्लैवट्स्की के और मिसेज एनी बेसेंट के दर्शन कराये। मिसेज़ बेसेंट हाल ही में थियॉसॉफिकल सोसायटी में दाखिल हुई थीं। इससे समाचारपत्रों में इस सम्बन्ध की जो चर्चा चलती थी, उसे मैं दिलचस्पी के साथ पढ़ा करता था। इन भाइयों ने मुझे सोसायटी में दाखिल होने का भी सुझाव दिया। मैंने नम्रतापूर्वक इनकार किया और कहा, "मेरा धर्मज्ञान नहीं के बराबर है, इसलिए मैं किसी भी पंथ में सम्मिलित होना नहीं चाहता।" मेरा कुछ ऐसा खयाल है कि इन्हीं भाइयों के कहने से मैंने ब्लैवट्स्की की पुस्तक 'की टु थियॉसॉफी' (थियॉसॉफी की कुंजी) पढ़ी थी। उससे हिन्दू धर्म की पुस्तकें पढ़ने की इच्छा पैदा हुई और पादरियों के मुँह से सुना हुआ यह खयाल दिल से निकल गया कि हिन्दू धर्म अन्धविश्वासों से भरा हुआ है।

इन्हीं दिनों एक अन्नाहारी छात्रावास में मुझे मैन्चेस्टर के एक ईसाई सज्जन मिले। उन्होंने मुझसे धर्म की चर्चा की। मैंने उन्हें राजकोट का अपना संस्मरण सुनाया। वे सुनकर दुखी हुए। उन्होंने कहा, "मैं स्वयं अन्नाहारी हूँ। मद्यपान भी नहीं करता। यह सच है कि बहुत-से ईसाई मांस खाते हैं और शराब पीते हैं; पर इस धर्म में दो में से एक भी वस्तु का सेवन करना कर्त्तव्यरूप नहीं है। मेरी सलाह है कि आप बाइबल[1] पढ़ें।" मैंने उनकी यह सलाह मान ली। उन्होंने बाइबल खरीदकर

---

* विषयों का चिन्तन करने वाले पुरुष को उन विषयों में आसक्ति पैदा होती है। फिर आसक्ति से कामना पैदा होती है और कामना से क्रोध पैदा होता है। क्रोध से मूढ़ता पैदा होती है, मूढ़ता से स्मृति-लोप होता है और स्मृति-लोप से बुद्धि नष्ट होती है। और जिसकी बुद्धि नष्ट हो जाती है, उसका खुद का नाश हो जाता है।

1. ईसाईयों की धर्मपुस्तक। यह दो विभागों में बँटा है—प्रथम 'पुराना इकरार' 'उसमें इसु ख्रिस्त के जन्म से पूर्व के समय के कुछ ग्रन्थों का समावेश किया गया है; जिसकी शुरुआत होती है 'जेनेसिस-सृष्टिमण्डन से'। दूसरा खण्ड है 'नये इकरार का' इसु ख्रिस्त के जन्म के उपरान्त के समय के ग्रन्थों का समावेश है। प्रथम चार ग्रन्थ 'गोस्पेल्स' कहे जाते हैं। उसमें इसके जीवन तथा प्रवचनों का संग्रह है।

मुझे दी। मैंने उसे पढ़ना शुरू किया, पर मैं 'पुराना इकरार' (ओल्ड टेस्टामेण्ट) तो पढ़ ही न सका। 'जेनेसिस'—सृष्टि रचना—के प्रकरण के बाद तो पढ़ते समय मुझे नींद ही आ जाती। मुझे याद है कि 'मैंने बाइबल पढ़ी है' यह कह सकने के लिए मैंने बिना रस के और बिना समझे, दूसरे प्रकरण बहुत कष्टपूर्वक पढ़े थे। 'नम्बर्स' नामक प्रकरण पढ़ते-पढ़ते मेरा जी उचट गया था।

पर जब 'नये इकरार'[1] (न्यू टेस्टामेण्ट) पर आया, तो कुछ और ही असर हुआ। ईसा के 'गिरि-प्रवचन' का मुझ पर बहुत अच्छा प्रभाव पड़ा। उसे मैंने हृदय में बसा लिया। बुद्धि ने गीताजी के साथ उसकी तुलना की। 'जो तुझसे कुरता माँगे, उसे अंगरखा भी दे दे', 'जो तेरे दाहिने गाल पर तमाचा मारे, बायाँ गाल भी उसके सामने कर दे'—यह पढ़कर मुझे अपार आनन्द हुआ। शामल भट्ट[2] के छप्पय की याद आ गयी—"जो आपको जल देता है, उसको अच्छा भोजन दें" आदि मेरे बाल मन ने गीता, आर्नल्डकृत बुद्ध-चरित और ईसा के वचनों का एकीकरण किया। मन को यह बात जँच गयी कि त्याग में धर्म है।

मैं धर्म के इस परिचय से आगे न बढ़ सका। अपनी परीक्षा की पुस्तकों के अलावा दूसरा कुछ पढ़ने की फुरसत मैं नहीं निकाल सका। पर मेरे मन ने यह निश्चय किया कि मुझे धर्म-पुस्तकें पढ़नी चाहिएँ और सब मुख्य धर्मों का परिचय प्राप्त कर लेना चाहिए।

---

1. इसु का प्रवचन, पहाड़ पर दिया गया था, देखें मेथ्यु, प्र. 5 से 7।

2. शामल भट्ट 18वीं सदी में गुजराती के एक प्रसिद्ध कवि हो गये हैं। छप्पय पर उनका जो प्रभुत्व था, उसके कारण गुजरात में यह कहावत प्रचलित हो गयी है कि 'छप्पय तो शामल के'।

भाग 3

भारत में बैरिस्टर के रूप में

वापस हिन्दुस्तान में

परीक्षायें पास करके मैं 10 जून, 1891 के दिन बैरिस्टर कहलाया। 11 जून को ढाई शिलिंग देकर इंग्लैण्ड के हाईकोर्ट में अपना नाम दर्ज कराया और 12 जून को हिन्दुस्तान के लिए रवाना हुआ।

पर मेरी निराशा और मेरे भय की कोई सीमा न थी। मैं वकालत कर सकूँ ऐसा तो मुझे कुछ भी नहीं आता था, ऐसा महसूस हुआ। मैंने अनुभव किया कि कानून तो मैं निश्चय ही पढ़ चुका हूँ, पर ऐसी कोई भी चीज़ मैंने सीखी नहीं है, जिससे मैं वकालत कर सकूँ।

इतना ही नहीं; बल्कि हिन्दुस्तान के कानून तो मैं मुद्दल ही नहीं जानता था। हिन्दू शास्त्र, इस्लामी कानून कैसे होंगे, यह भी नहीं जानता था; न मैंने अर्ज़ी दावा करना ही सीखा। मैं तो बहुत ही परेशान हुआ। वकील की हैसियत से आजीविका कमाने की शक्ति प्राप्त करने में भी मुझे महा आशंका उत्पन्न हुई।

एडन से बम्बई के बन्दर में समुद्र तूफानी था। सब लोग बीमार थे, अकेला मैं मौज में था। तूफान देखने के लिए डेक पर खड़ा रहता। भीग भी जाता।

मेरे विचार में बाहर का यह तूफान मेरे अन्दर के तूफान के चिह्नरूप था। पर जिस तरह बाहरी तूफान के रहते मैं शान्त रह सका, मुझे लगता है कि अन्दर के तूफान के लिए भी वही बात कही जा सकती है।

मैं माँ के दर्शनों के लिए अधीर हो रहा था। जब हम घाट पर पहुँचे, मेरे बड़े भाई वहाँ मौजूद ही थे।

माता के स्वर्गवास का मुझे कुछ पता न था। बड़े भाई ने माता के स्वर्गवास का समाचार मुझे नहीं दिया था। मुझे यह खबर विलायत में ही मिल सकती थी, पर आघात को हलका करने के विचार से बम्बई पहुँचने तक मुझे इसकी कोई खबर न देने का निश्चय बड़े भाई ने कर रखा था। मैं अपने दु:ख पर परदा डालना चाहता हूँ। पिता की मृत्यु से मुझे जो आघात पहुँचा था, उसकी तुलना में माता की मृत्यु की खबर से मुझे बहुत अधिक आघात पहुँचा। मेरे बहुतेरे मनोरथ मिट्टी में मिल गये। पर मुझे याद है कि इस मृत्यु का समाचार सुनकर मैं फूट-फूटकर रोया न था। मैं अपने आँसुओं को भी रोक सका था, और मैंने अपना रोज़ का कामकाज इस तरह शुरू कर दिया था, मानो माता की मृत्यु हुई ही न हो!

संसार-प्रवेश

मेरी समुद्र-यात्रा को लेकर जाति का झगड़ा मौजूद ही था। उसमें दो तड़ें पड़ गयीं थीं। एक पक्ष ने मुझे तुरन्त जाति में ले लिया। दूसरा पक्ष न लेने पर डटा रहा।

जाति की जिस तड़ से मैं बहिष्कृत रहा, उसमें प्रवेश करने का प्रयत्न मैंने कभी नहीं किया, न मैंने जाति के किसी मुखिया के प्रति मन में कोई रोष रखा। उनके साथ मैं नम्रता का बरताव करता था। जाति के बहिष्कार-सम्बन्धी कानून का मैं सम्पूर्ण आदर करता था। अपने सास-ससुर के घर अथवा अपनी बहन के घर मैं पानी तक न पीता था। वे छिपे तौर पर पिलाने को तैयार भी होते, पर जो काम खुले तौर से न किया जा सके, उसे छिपकर करने के लिए मेरा मन ही तैयार न होता था।

मेरे इस व्यवहार का परिणाम यह हुआ कि जाति की ओर से मुझे कभी कोई कष्ट नहीं दिया गया। यही नहीं, बल्कि आज तक मैं जाति के एक विभाग में विधिवत् बहिष्कृत माना जाता हूँ, उसके लिए प्रवेश का मैंने कभी प्रयास नहीं किया तथा जाति के किसी भी शेठ के विरुद्ध मैंने अपने मन में कभी रोष की भावना न रखी। मेरे प्रति तिरस्कार से देखने वाले भी समाज में थे, उनके प्रति मैं आदर के साथ पेश आता था। मुझसे यह आशा तक नहीं रखी कि जाति के लिए मैं कुछ-न-कुछ करूँ। मैं ऐसा मानता हूँ कि यह मधुर फल मेरे अप्रतिकार का ही परिणाम है। यदि मैंने जाति में सम्मिलित होने की खटपट की होती, अधिक तड़ें पैदा करने का प्रयत्न किया होता, जाति वालों को छेड़ा-चिढ़ाया होता, तो वे अवश्य मेरा विरोध करते और मैं विलायत से लौटते ही उदासीन और अलिप्त रहने के स्थान पर खटपट के फन्दें में फँस जाता और केवल मिथ्यात्व का पोषण करने वाला बन जाता।

राजकोट में तुरन्त धन्धा शुरू करता हूँ, तो हँसी होती है। मेरे पास ज्ञान तो इतना भी न था कि राजकोट में पास हुए वकील के मुकाबले में खड़ा हो सकूँ, तिस पर फीस उससे दस गुनी लेने का दावा! कौन मूर्ख मुवक्किल मुझे काम देता? अथवा कोई ऐसा मूर्ख मिल भी जाये, तो क्या मैं अपने अज्ञान में धृष्टता और विश्वासघात की वृद्धि करके अपने ऊपर संसार का ऋण और बढ़ा लूँ?

मित्रों की सलाह यह रही कि मुझे कुछ समय के लिए बम्बई जाकर हाईकोर्ट की वकालत का अनुभव प्राप्त करना चाहिए और हिन्दुस्तान के कानून का अध्ययन करना चाहिए और कोई मुकद्दमा मिल सके, तो उसके लिए कोशिश करनी चाहिए। मैं बम्बई के लिए रवाना हुआ।

लेकिन मैं चार-पाँच महीने से अधिक बम्बई में रह ही न सकता था; क्योंकि खर्च बढ़ता जाता था और आमदनी कुछ भी न थी।

इतने में मुझे ममीबाई का मुकद्दमा मिला। स्मॉल कॉज कोर्ट (छोटी अदालत)

में जाना था। मुझसे कहा गया, "दलाल को कमीशन देना पड़ेगा!" मैंने साफ इनकार कर दिया।

मैं टस-से-मस न हुआ। कमीशन मैंने नहीं ही दिया। फिर भी ममीबाई का मुकद्दमा तो मुझे मिला। मुकद्दमा आसान था। मुझे ब्रीफ के (मेहनताने के) रु०30 मिले। मुकद्दमा एक दिन से ज़्यादा चलने वाला न था।

मैंने पहली बार स्मॉल कॉज कोर्ट में प्रवेश किया। मैं प्रतिवादी की तरफ से था, इसलिए मुझे जिरह करनी थी। मैं खड़ा तो हुआ, पर पैर काँपने लगे। सिर चकराने लगा। मुझे ऐसा लगा, मानो अदालत घूम रही है। सवाल कुछ सूझते ही न थे। जज हँसा होगा। वकीलों को तो मज़ा आया ही होगा। पर मेरी आँखों के सामने तो अंधेरा था—मैं देखता क्या?

मैं बैठ गया। दलाल से कहा, "मुझसे यह मुकद्दमा नहीं चल सकेगा। आप पटेल को सौंपिये। मुझे दी हुई फीस वापस ले लीजिये।"

पटेल को उसी दिन के 51 रुपये देकर वकील किया गया। उनके लिए तो वह एक बच्चों का खेल था।

मैं भागा। मुझे याद नहीं कि मुवक्किल जीता या हारा। मैं शर्माया। मैंने निश्चय किया कि जब तक पूरी हिम्मत न आ जाये, कोई मुकद्दमा न लूँगा।

मैंने सोचा कि मैं शिक्षक का काम तो अवश्य ही कर सकता हूँ। मैंने अंग्रेज़ी का अभ्यास काफी किया था। अतएव मैंने सोचा कि यदि किसी हाईस्कूल में मैट्रिक की कक्षा में अंग्रेज़ी सिखाने का काम मिल जाये, तो कर लूँ। खर्च का गड्ढा कुछ तो भरे!

मैंने अखबार में विज्ञापन पढ़ा—"आवश्यकता है, अंग्रेज़ी शिक्षक की; प्रतिदिन एक घण्टे के लिए। वेतन रु० 75।" यह एक प्रसिद्ध हाईस्कूल का विज्ञापन था। मैंने प्रार्थना-पत्र भेजा। मुझे प्रत्यक्ष मिलने की आज्ञा हुई। मैं बड़ी उमंगों के साथ मिलने गया। पर जब आचार्य को पता चला कि मैं बी०ए० नहीं हूँ, तो उन्होंने मुझे खेदपूर्वक बिदा कर दिया।

"पर मैंने लन्दन की मैट्रिकुलेशन परीक्षा पास की है। लेटिन मेरी दूसरी भाषा थी।" मैंने कहा।

"सो ठीक है, पर हमें तो ग्रेज्युएट की आवश्यकता है।"

मैं लाचार हो गया। मेरी हिम्मत छूट गयी। बड़े भाई भी चिन्तित हुए। हम दोनों ने सोचा कि बम्बई में अधिक समय बिताना निरर्थक है। मुझे राजकोट में ही जमना चाहिए।

बम्बई से निराश होकर मैं राजकोट पहुँचा। वहाँ अलग दफ्तर खोला। गाड़ी कुछ चली। अर्ज़ियाँ लिखने का काम मिलने लगा और हर महीने औसत 300 रु० की आमदनी होने लगी। अर्ज़ी-दावे लिखने का यह काम मुझे मेरी होशियारी के

कारण नहीं मिलने लगा था, कारण था वसीला। बड़े भाई के साथ काम करने वाले वकील की वकालत जमी हुई थी। उनके पास तो बहुत महत्त्व के अर्ज़ी-दावे आते अथवा जिन्हें वे महत्त्व का मानते, उनका काम तो बड़े बैरिस्टर के पास ही जाता था। उनके गरीब मुवक्किलों के अर्ज़ी-दावे लिखने का काम मुझे मिलता था।

पहला आघात

पोरबन्दर के भूतपूर्व राणा साहब को गद्दी मिलने से पहले मेरे भाई उनके मन्त्री और सलाहकार थे। उन पर इस आशय का आरोप लगाया गया था कि उन दिनों उन्होंने राणा साहब को गलत सलाह दी थी। उस समय के पोलिटिकल एजेण्ट के पास यह शिकायत पहुँची थी और मेरे भाई के बारे में उनका खयाल खराब हो गया था। इस अधिकारी से मैं विलायत में मिला था। कह सकता हूँ कि वहाँ उन्होंने मुझसे अच्छी दोस्ती कर ली थी। भाई ने सोचा कि इस परिचय का लाभ उठाकर मुझे पोलिटिकल एजेण्ट से दो शब्द कहने चाहिए और उन पर जो खराब असर पड़ा है, उसे मिटाने की कोशिश करनी चाहिए। मुझे बात बिलकुल अच्छी न लगी। मैंने सोचा—मुझको विलायत के न-कुछ-से परिचय का लाभ नहीं उठाना चाहिए। अगर मेरे भाई ने कोई बुरा काम किया है, तो सिफारिश से क्या होगा? अगर नहीं किया है, तो वे विधिवत् प्रार्थना-पत्र भेजें अथवा अपनी निर्दोषता पर विश्वास रखकर निर्भय रहें। यह दलील भाई के गले न उतरी। उन्होंने कहा, "तुम काठियावाड़ को नहीं जानते। दुनियादारी अभी तुम्हें सीखनी है। यहाँ तो वसीले से सारे काम चलते हैं। तुम्हारे समान भाई अपने परिचित अधिकारी से सिफारिश के दो शब्द कहने का मौका आने पर दूर हट जाये, तो यह उचित नहीं कहा जायेगा।"

मैं भाई की इच्छा टाल नहीं सका। अपनी मर्ज़ी के खिलाफ मैं गया। अफसर के पास जाने का मुझे कोई अधिकार न था। मुझे इसका खयाल था कि जाने में मेरा स्वाभिमान नष्ट होगा। फिर भी मैंने उससे मिलने का समय माँगा। मुझे समय मिला और मैं मिलने गया। पुराने परिचय का स्मरण कराया, पर मैंने तुरन्त ही देखा कि विलायत और काठियावाड़ में फर्क है। अपनी कुर्सी पर बैठे हुए अफसर और छुट्टी पर गये अफसर में भी फर्क होता है। अधिकारी ने परिचय की बात मान ली, पर इसके साथ ही वह अधिक अकड़ गया। मैंने उसकी अकड़ को देखा और आँखों में पढ़ा, मानो वे कह रही हों कि 'उस परिचय का लाभ उठाने के लिए तो तुम नहीं आये हो न?' यह समझते हुए भी मैंने अपनी बात शुरू की। साहब अधीर हो गये। बोले, "तुम्हारे भाई प्रपंची हैं। मैं तुमसे ज़्यादा बातें सुनना नहीं चाहता। मुझे समय नहीं है। तुम्हारे भाई को कुछ कहना हो, तो वे विधिवत् प्रार्थना-पत्र दें।" यह उत्तर पर्याप्त था, यथार्थ था। पर गरज तो बावली होती है न? मैं अपनी बात कहे जा रहा था। साहब उठे, "अब तुम्हें जाना चाहिए?"

मैंने कहा, "पर मेरी बात तो पूरी सुन लीजिये!"

साहब खूब चिढ़ गये। "चपरासी, इसे दरवाज़ा दिखाओ!"

चपरासी ने मुझे हाथ से धक्का देकर दरवाज़े के बाहर कर दिया।

साहब गये। चपरासी गया। मैं चला, अकुलाया, खीझा। मैंने तुरन्त एक पत्र घसीटा—"आपने मेरा अपमान किया है। चपरासी के जरिये मुझ पर हमला किया है। आप माफी नहीं माँगेंगे, तो मैं आप पर मानहानि का विधिवत् दावा करूँगा।" थोड़ी ही देर में साहब का सवार जवाब दे गया। उसका सार यह था :

"तुमने मेरे साथ असभ्यता का व्यवहार किया। जाने के लिए कहने पर भी तुम नहीं गये, इससे मैंने ज़रूर अपने चपरासी को तुम्हें दरवाज़ा दिखाने के लिए कहा। चपरासी के कहने पर भी तुम दफ्तर से बाहर नहीं गये, तब उसने तुम्हें दफ्तर से बाहर कर देने के लिए आवश्यक बल का उपयोग किया। तुम्हें जो करना हो, सो करने के लिए तुम स्वतन्त्र हो।"

यह जवाब जेब में डालकर मैं मुँह लटकाये घर लौटा। भाई को सारा हाल सुनाया। वे दुखी हुए। पर वे मुझे क्या तसल्ली देते? उन्होंने वकील मित्रों से चर्चा की। मैं कौन दावा दायर करना जानता था? उन दिनों सर फीरोजशाह मेहता अपने किसी मुकद्दमे के सिलसिले में बम्बई से राजकोट आये हुए थे। मेरे जैसा नया बैरिस्टर उनसे कैसे मिल सकता था? पर उन्हें बुलाने वाले वकील के द्वारा पत्र भेजकर मैंने उनकी सलाह पुछवायी। उनका उत्तर था—"गांधी से कहिये, ऐसे अनुभव तो सब वकील-बैरिस्टरों को हुए होंगे। तुम अभी नये ही हो। विलायत की खुमारी अभी तुम पर सवार है। तुम अंग्रेज़ अधिकारियों को पहचानते नहीं हो। अगर तुम्हें सुख से रहना हो और दो पैसे कमाने हों, तो मिली हुई चिट्ठी फाड़ डालो और जो अपमान हुआ है उसे पी जाओ। मामला चलाने से तुम्हें एक पाई का भी लाभ न होगा। उलटे, तुम बर्बाद हो जाओगे। तुम्हें अभी जीवन का अनुभव प्राप्त करना है।"

मुझे यह सिखावन ज़हर की तरह कड़वी लगी, पर उस कड़वे घूँट को पी जाने के सिवा और कोई उपाय न था। मैं अपमान को भूल तो न सका, पर मैंने उसका सदुपयोग किया। मैंने नियम बना लिया : "मैं फिर कभी अपने को ऐसी स्थिति में नहीं पड़ने दूँगा, इस तरह किसी की सिफारिश न करूँगा।" इस नियम का मैंने कभी उल्लंघन नहीं किया। इस आघात ने मेरे जीवन की दिशा बदल दी।

मेरा उक्त अधिकारी के यहाँ जाना अवश्य दोषयुक्त था। पर अधिकारी की अधीरता, उसके रोष और उद्धतता के सामने मेरा दोष छोटा हो गया। दोष का दण्ड चपरासी का धक्का न था।

मेरा ज़्यादातर काम तो उसी की अदालत में रहता था। खुशामद मैं कर ही नहीं सकता था। मैं इस अधिकारी को अनुचित रीत से रिझाना नहीं चाहता था। उसे

नालिश की धमकी देकर मैं नालिश करूँ और उसे कुछ भी न लिखूँ, यह भी मुझे अच्छा न लगा।

इस बीच मुझे काठियावाड़ के रियासती षड्यन्त्रों का भी कुछ अनुभव हुआ। काठियावाड़ अनेक छोटे-छोटे राज्यों का प्रदेश है। यहाँ मुत्सद्दियों का बड़ा समाज होना स्वाभाविक ही था। राज्यों के बीच सूक्ष्म षड्यन्त्र चलते, पदों की प्राप्ति के लिए साजिशें होतीं, राजा कच्चे कान का और परवश रहता। साहबों के अर्दलियों तक की खुशामद की जाती। सरिश्तेदार तो साहब से सवाया होता; सरिश्तेदार की इच्छा ही कानून थी। सरिश्तेदार की आमदनी साहब की आमदनी से ज़्यादा मानी जाती थी। सम्भव है, इसमें अतिशयोक्ति हो, पर सरिश्तेदार के अल्प-वेतन की तुलना में उसका खर्च अवश्य ही अधिक होता था।

यह वातावरण मुझे विष-सा प्रतीत हुआ। मैं अपनी स्वतन्त्रता की रक्षा कैसे कर सकूँगा, इसकी चिन्ता बराबर बनी रहती। मैं उदासीन हो गया। भाई ने मेरी उदासीनता देखी। एक विचार यह आया कि कहीं नौकरी कर लूँ, तो मैं इन खटपटों से मुक्त रह सकता हूँ। पर बिना खटपट के दीवान का या न्यायाधीश का पद कैसे मिल सकता था?

वकालत करने में साहब के साथ का झगड़ा बाधक बनता था।

मैं अकुलाया।

इसी बीच भाई के पास पोरबन्दर की एक मेमन फर्म का संदेशा आया : "दक्षिण अफ्रीका में हमारा व्यापार है। हमारी फर्म बड़ी है। वहाँ हमारा एक बड़ा मुकद्दमा चल रहा है। चालीस हज़ार पौण्ड का दावा है। मामला बहुत लम्बे समय से चल रहा है। हमारे पास अच्छे-से-अच्छे वकील-बैरिस्टर हैं। अगर आप अपने भाई को भेजें, तो वे हमारी मदद करें और उन्हें भी कुछ मदद मिल जाये। वे हमारा मामला हमारे वकील को अच्छी तरह समझा सकेंगे। इसके सिवा वे नया देश देखेंगे और कई नये लोगों से उनकी जान-पहचान होगी।"

मैंने पूछा, "आप मेरी सेवायें कितने समय के लिए चाहते हैं? आप मुझे वेतन क्या देंगे?"

"हमें एक साल से अधिक आपकी ज़रूरत नहीं रहेगी। आपको पहले दर्ज़े का मार्गव्यय देंगे और निवास तथा भोजन-खर्च के अलावा 105 पौण्ड देंगे।"

इसे वकालत नहीं कह सकते। यह नौकरी थी। पर मुझे तो जैसे भी बने, हिन्दुस्तान छोड़ना था। नया देश देखने को मिलेगा और अनुभव प्राप्त होगा सो अलग। भाई को 105 पौण्ड भेजूँगा, तो घर का खर्च चलाने में कुछ मदद होगी। यह सोचकर मैंने वेतन के बारे में बिना कुछ झिक-झिक किये ही सेठ अब्दुल करीम का प्रस्ताव स्वीकार कर लिया और मैं दक्षिण अफ्रीका जाने के लिए तैयार हो गया।

भाग 4

दक्षिण अफ्रीका में

दक्षिण अफ्रीका पहुँचा

नेटाल के बन्दरगाह को डरबन कहते हैं और वह नेटाल बन्दर के नाम से भी पहचाना जाता है। मुझे लेने के लिए अब्दुल्ला सेठ आये थे। स्टीमर के घाट (डक) पर पहुँचने पर जब नेटाल के लोग अपने मित्रों को लेने स्टीमर पर आये, तभी मैं समझ गया कि यहाँ हिन्दुस्तानियों की अधिक इज़्ज़त नहीं है। अब्दुल्ला सेठ को पहचानने वाले उनके साथ जैसा बर्ताव करते थे, उसमें भी मुझे एक प्रकार की असभ्यता दिखाई पड़ी थी, जो मुझे व्यथित करती थी। अब्दुल्ला सेठ इस असभ्यता को सह लेते थे। वे उसके आदी बन गये थे। मुझे जो देखते, वे कुछ कुतूहल की दृष्टि से देखते थे। अपनी पोशाक के कारण मैं दूसरे हिन्दुस्तानियों से कुछ अलग पड़ जाता था। मैंने उस समय 'फ्रॉक कोट' वगैरा पहने थे और सिर पर बंगाली ढंग की पगड़ी पहनी थी।

अब्दुल्ला सेठ मुझे घर ले गये। उनके कमरे की बगल में एक कमरा था, वह उन्होंने मुझे दिया। न वे मुझे समझते, और न मैं उन्हें समझता। उन्होंने अपने भाई के दिये हुए पत्र पढ़े और वे ज़्यादा घबराये। उन्हें जान पड़ा कि भाई ने तो उनके घर एक सफेद हाथी ही बाँध दिया है। मेरी साहबी रहन-सहन उन्हें खर्चीली मालूम हुई। उस समय मेरे लिए कोई खास काम न था। उनका मुकद्दमा तो ट्रान्सवाल में चल रहा था। मुझे तुरन्त वहाँ भेजकर क्या करते? इसके अलावा, मेरी होशियारी या ईमानदारी का विश्वास भी किस हद तक किया जाये? प्रिटोरिया में वे मेरे साथ रह नहीं सकते थे। प्रतिवादी प्रिटोरिया में रहता था। मुझ पर उसका अनुचित प्रभाव पड़ जाये तो क्या हो? यदि वे मुझे इस मुकद्दमे का काम न सौंपे, तो दूसरे काम तो उनके कारकुन मुझसे बहुत अच्छा कर सकते थे। कारकुनों से गलती हो, तो उन्हें उलाहना दिया जा सकता था, पर मैं गलती करूँ तो? अतएव यदि मुकद्दमे का काम न सौंपा जाता, तो मुझे घर बैठे खिलाने की नौबत आती।

अब्दुल्ला सेठ बहुत कम पढ़े-लिखे थे, पर उनके पास अनुभव का ज्ञान बहुत था। उनकी बुद्धि तीव्र थी और स्वयं उन्हें इसका भान था। बातचीत करने लायक अंग्रेज़ी का ज्ञान प्राप्त कर लिया था। पर अपनी इस अंग्रेज़ी के द्वारा वे अपना सब काम निकाल लेते थे। वे बैंक के मैनेजरों से बातचीत करते थे, यूरोपियन व्यापारियों के साथ सौदे कर लेते थे और वकीलों को अपने मामले समझा सकते थे। हिन्दुस्तानी

उनकी बहुत इज़्ज़त करते थे। उन दिनों उनकी फर्म हिन्दुस्तानियों की फर्मों में सबसे बड़ी अथवा बड़ी फर्मों में एक तो थी ही।

वे दूसरे या तीसरे दिन मुझे डरबन की अदालत दिखाने ले गये। वहाँ कुछ जान-पहचान करायी। अदालत में मुझे अपने वकील के पास बैठाया। मजिस्ट्रेट मुझे बार-बार देखता रहा। उसने मुझे पगड़ी उतारने के लिए कहा। मैंने इनकार किया और अदालत छोड़ दी।

मेरे भाग्य में यहाँ भी लड़ाई ही बदी थी।

मैंने पगड़ी के किस्से को लेकर अपने और पगड़ी के बचाव में समाचारपत्रों के नाम एक पत्र लिखा। अखबारों में मेरी पगड़ी की खूब चर्चा हुई। 'अनवेलकम विजिटर'—'अवांछित अतिथि'—शीर्षक से अखबारों में मेरी चर्चा हुई, और तीन-चार दिन के अन्दर ही मैं अनायास दक्षिण अफ्रीका में प्रसिद्धि पा गया। किसी ने मेरा पक्ष लिया और किसी ने मेरी धृष्टता की खूब निन्दा की।

मेरी पगड़ी तो लगभग दक्षिण अफ्रीका में अन्त तक बनी रही।

प्रिटोरिया जाते हुए

इतने में फर्म के वकील की तरफ से पत्र मिला कि मुकद्दमे की तैयारी की जानी चाहिए और खुद अब्दुल्ला सेठ को प्रिटोरिया जाना चाहिए अथवा किसी को वहाँ भेजना चाहिए।

अब्दुल्ला सेठ ने वह पत्र मुझे पढ़ने को दिया और पूछा, "आप प्रिटोरिया जायेंगे?" मैंने कहा, "मुझे मामला समझाइयें, तभी कुछ कह सकूँगा। अभी तो मैं नहीं जानता कि मुझे वहाँ क्या करना होगा।" उन्होंने अपने मुनीमों से कहा कि वे मुझे मामला समझा दें।

मैं सातवें या आठवें दिन डरबन से रवाना हुआ। मेरे लिए पहले दर्जे का टिकट कटाया गया। वहाँ रेल में सोने की सुविधा के लिए पाँच शिलिंग का अलग टिकट काटना होता था। अब्दुल्ला सेठ ने उसे काटने का आग्रह किया, पर मैंने हठवश, अभिमानवश और पाँच शिलिंग बचाने के विचार से बिस्तर का टिकट काटने से इनकार कर दिया।

अब्दुल्ला सेठ ने मुझे चेताया, "देखिये, यह देश दूसरा है, हिन्दुस्तान नहीं है। खुदा की मेहरबानी है। आप पैसे की कंजूसी न कीजिये। आवश्यक सुविधा प्राप्त कर लीजिये।"

मैंने उन्हें धन्यवाद दिया और निश्चिन्त रहने को कहा।

ट्रेन लगभग नौ बजे नेटाल की राजधानी मेरित्सबर्ग पहुँची। यहाँ बिस्तर दिया जाता था। रेलवे के किसी नौकर ने आकर पूछा, "आपको बिस्तर की ज़रूरत है?"

मैंने कहा, "मेरे पास अपना बिस्तर है।"

वह चला गया। इस बीच एक यात्री आया। उसने मेरी तरफ देखा। मुझे भिन्न वर्ण का पाकर वह परेशान हुआ, बाहर निकला और एक-दो अफसरों को लेकर आया। किसी ने मुझे कुछ न कहा। आखिर एक अफसर आया। उसने कहा, "इधर आओ। तुम्हें आखिरी डिब्बे में जाना है।"

मैंने कहा, "मेरे पास पहले दर्जे का टिकट है।"

उसने जवाब दिया, "इसकी कोई बात नहीं। मैं तुमसे कहता हूँ कि तुम्हें आखिरी डिब्बे में जाना है।"

"मैं कहता हूँ कि मुझे इस डिब्बे में डरबन से बैठाया गया है और मैं इसी में जाने का इरादा रखता हूँ।"

अफसर ने कहा, "यह नहीं हो सकता। तुम्हें उतरना पड़ेगा, और न उतरे तो सिपाही उतारेगा।"

मैंने कहा, "तो फिर सिपाही भले उतारे, मैं खुद तो नहीं उतरूँगा।"

सिपाही आया। उसने मेरा हाथ पकड़ा और मुझे धक्का देकर नीचे उतारा। मेरा सामान उतार लिया। मैंने दूसरे डिब्बे में जाने से इनकार कर दिया। ट्रेन चल दी। मैं वेटिंग रूम में बैठ गया। अपना 'हैण्ड बैग' साथ में रखा। बाकी सामान को हाथ न लगाया। रेलवे वालों ने उसे कहीं रख दिया। सर्दी का मौसम था। दक्षिण अफ्रीका की सर्दी ऊँचाई वाले प्रदेशों में बहुत तेज़ होती है। मेरित्सबर्ग इसी प्रदेश में था। इससे ठण्ड खूब लगी। मेरा ओवरकोट मेरे सामान में था। पर सामान माँगने की हिम्मत न हुई। फिर अपमान हो तो? ठण्ड से मैं काँपता रहा। कमरे में दीया न था। आधी रात के करीब एक यात्री आया। जान पड़ा कि वह कुछ बात करना चाहता है, पर मैं बात करने की मन:स्थिति में न था।

मैंने अपने धर्म का विचार किया : 'या तो मुझे अपने अधिकारों के लिए लड़ना चाहिए या लौट जाना चाहिए, नहीं तो जो अपमान हों, उन्हें सहकर प्रिटोरिया पहुँचना चाहिए और मुकद्दमा खत्म करके देश लौट जाना चाहिए। मुकद्दमा अधूरा छोड़कर भागना तो नामर्दी होगी। मुझे जो कष्ट सहना पड़ा है, सो तो ऊपरी कष्ट है। वह गहराई तक पैठे हुए महारोग का लक्षण है। यह महारोग है रंग-द्वेष। यदि मुझमें इस गहरे रोग को मिटाने की शक्ति हो, तो उस शक्ति का उपयोग मुझे करना चाहिए। ऐसा करते हुए स्वयं जो कष्ट सहने पड़ें, सो सब सहने चाहिएँ और उनका विरोध रंग-द्वेष को मिटाने की दृष्टि से ही करना चाहिए।'

यह निश्चय करके मैंने दूसरी ट्रेन में, जैसे भी हो, आगे ही जाने का फैसला किया।

सवेरे ही सवेरे मैंने जनरल मैनेजर को शिकायत का लम्बा तार भेजा। दादा अब्दुल्ला को भी खबर भेजी। अब्दुल्ला सेठ तुरन्त जनरल मैनेजर से मिले। जनरल मैनेजर ने अपने आदमियों के व्यवहार का बचाव किया, पर बतलाया कि मुझे बिना

किसी रुकावट के मेरे स्थान तक पहुँचाने के लिए स्टेशन मास्टर को कह दिया गया है। अब्दुल्ला सेठ ने मेरित्सबर्ग के हिन्दू व्यापारियों को भी मुझसे मिलने और मेरी सुख-सुविधा का खयाल रखने का तार भेजा और दूसरे स्टेशनों पर भी इसी आशय के तार रवाना किये। इससे व्यापारी मुझे मिलने स्टेशन पर आये। उन्होंने अपने ऊपर पड़ने वाले कष्टों की कहानी मुझे सुनायी और मुझसे कहा कि आप पर जो बीती है, उसमें आश्चर्य की कोई बात नहीं है। जब हिन्दुस्तानी लोग पहले या दूसरे दर्ज़े में सफर करते हैं तो अधिकारियों और यात्रियों की तरफ से रुकावट खड़ी होती ही है। दिन ऐसी ही बातें सुनने में बीता। रात पड़ी। ट्रेन आयी। मेरे लिए जगह तैयार ही थी। बिस्तर का जो टिकट मैंने डरबन में कटाने से इनकार किया था, वह मेरित्सबर्ग में कटाया। ट्रेन मुझे चार्ल्सटाउन की ओर ले चली।

ट्रेन सुबह चार्ल्सटाउन पहुँचती थी। उन दिनों चार्ल्सटाउन से जोहानिस्बर्ग पहुँचने के लिए ट्रेन नहीं थी, घोड़ों की सिकरम थी और बीच में एक रात स्टैण्डरटन में रुकना पड़ता था। मेरे पास सिकरम का टिकट था। मेरे एक दिन देर से पहुँचने के कारण वह टिकट रद्द नहीं होता था। इसके सिवा, अब्दुल्ला सेठ ने सिकरम वाले के नाम चार्ल्सटाउन के पते पर तार भी कर दिया था। लेकिन एजेण्ट को तो बहाना ही खोजना था, इसलिए मुझे निरा अजनबी समझकर उसने कहा, "आपका टिकट तो रद्द हो चुका है।" मैंने उचित उत्तर दिया। पर टिकट रद्द होने की बात तो मुझे दूसरे ही कारण से कही गयी थी। यात्री सब सिकरम के अन्दर ही बैठते थे। लेकिन मैं तो 'कुली' की गिनती में था। अजनबी दिखाई पड़ता था। इसलिए सिकरम वाले की नीयत यह थी कि मुझे गोरे यात्रियों के पास न बैठाना पड़े तो अच्छा हो। सिकरम के बाहर, अर्थात् कोचवान की बगल में दायें-बायें दो बैठकें थीं। उनमें से एक पर सिकरम कम्पनी का एक गोरा मुखिया बैठता था। वह अन्दर बैठा और मुझे कोचवान की बगल में बैठाया। मैं समझ गया कि यह निरा अन्याय है—अपमान है। पर मैंने इस अपमान को पी जाना उचित समझा। मैं ज़ोर-ज़बरदस्ती से अन्दर बैठ सकूँ, ऐसी स्थिति थी ही नहीं। अगर तकरार में पड़ूँ तो सिकरम चली जाये और मेरा एक दिन और टूट जाये; और फिर दूसरे दिन क्या हो, सो तो दैव ही जाने! इसलिए मैं समझदारी से काम लेकर बाहर बैठ गया। पर मन में तो बहुत झुँझलाया।

लगभग तीन बजे सिकरम पारडीकोप पहुँची। अब उस गोरे मुखिया ने चाहा कि जहाँ मैं बैठा था वहाँ वह बैठे। उसे सिगरेट पीनी थी। थोड़ी हवा भी खानी होगी। इसलिए उसने एक मैला-सा बोरा, जो वहीं कोचवान के पास पड़ा था, उठा लिया और पैर रखने के पटिये पर बिछाकर मुझसे कहा, "सामी, तू यहाँ बैठ। मुझे कोचवान के पास बैठना है।" मैं इस अपमान को सहने में असमर्थ था। इसलिए मैंने डरते-डरते उससे कहा, "तुमने मुझे यहाँ बैठाया और मैंने वह अपमान सह लिया। मेरी जगह तो अन्दर थी, पर तुम अन्दर बैठ गये और मुझे यहाँ बैठाया। अब

तुम्हें बाहर बैठने की इच्छा हुई है और सिगरेट पीनी है, इसलिए तुम मुझे अपने पैरों के पास बैठाना चाहते हो। मैं अन्दर जाने को तैयार हूँ, पर तुम्हारे पैरों के पास बैठने को तैयार नहीं।''

मैं मुश्किल से इतना कह पाया था कि मुझ पर तमाचों की वर्षा होने लगी, और वह गोरा मेरी बाँह पकड़कर मुझे नीचे खींचने लगा। बैठक के पास ही पीतल के सीखचे थे। मैंने भूत की तरह उन्हें पकड़ लिया और निश्चय किया कि कलाई चाहे उखड़ जाये, पर सीखचे न छोड़ूँगा। मुझ पर जो बीत रही थी, उसे अन्दर बैठे हुए यात्री देख रहे थे। वह गोरा मुझे गालियाँ दे रहा था, खींच रहा था, मार भी रहा था। पर मैं चुप था। वह बलवान् था और मैं बलहीन। यात्रियों में से कइयों को दया आयी और उनमें से कुछ बोल उठे, ''अरे भाई, उस बेचारे को वहाँ बैठा रहने दो। उसे नाहक मारो मत। उसकी बात सच है। वहाँ नहीं तो उसे हमारे पास अन्दर बैठने दो।'' गोरे ने कहा, ''हरगिज़ नहीं।'' पर थोड़ा शर्मिन्दा वह ज़रूर हुआ। अतएव उसने मुझे मारना बन्द कर दिया और मेरी बाँह छोड़ दी। दो-चार गालियाँ तो ज़्यादा दीं, पर एक होटेण्टाट नौकर दूसरी तरफ बैठा था, उसे अपने पैरों के सामने बैठाकर खुद बाहर बैठ गया। यात्री अन्दर बैठ गये। सीटी बजी। सिकरम चली। मेरी छाती तो धड़क ही रही थी। मुझे शक हो रहा था कि मैं ज़िन्दा मुकाम पर पहुँच सकूँगा या नहीं। वह गोरा मेरी ओर बराबर घूरता ही रहा। अँगुली दिखाकर बड़बड़ाता रहा, ''याद रख, स्टैण्डरटन पहुँचने दे, फिर तुझे मज़ा चखाऊँगा।'' मैं तो गूँगा ही बैठा रहा और भगवान् से अपनी रक्षा के लिए प्रार्थना करता रहा।

रात हुई। स्टैण्डरटन पहुँचे। कई हिन्दुस्तानी चेहरे दिखाई दिये। मुझे कुछ तसल्ली हुई। नीचे उतरते ही हिन्दुस्तानी भाइयों ने कहा, ''हम आपको ईसा सेठ की दुकान पर ले जाने के लिए ही खड़े हैं। हमें दादा अब्दुल्ला का तार मिला है।'' मैं बहुत खुश हुआ। उनके साथ सेठ ईसा हाजी सुमार की दुकान पर पहुँचा। सेठ और उनके मुनीम-गुमाश्तों ने मुझे चारों ओर से घेर लिया। मैंने अपनी बीती उन्हें सुनायी। वे बहुत दुखी हुए और अपने कड़वे अनुभवों का वर्णन करके उन्होंने मुझे आश्वस्त किया। मैं सिकरम कम्पनी के एजेण्ट को अपने साथ हुए व्यवहार की जानकारी देना चाहता था। मैंने एजेण्ट के नाम चिट्ठी लिखी। उस गोरे ने जो धमकी दी थी, उसकी चर्चा की और यह आश्वासन चाहा कि सुबह आगे की यात्रा शुरू होने पर मुझे दूसरे यात्रियों के पास अन्दर ही जगह दी जाये। चिट्ठी एजेण्ट को भेज दी। एजेण्ट ने मुझे सन्देशा भेजा, ''स्टैण्डरटन से बड़ी सिकरम जाती है और कोचवान वगैरा बदल जाते हैं। जिस आदमी के खिलाफ आपने शिकायत की है, वह कल नहीं रहेगा। आपको दूसरे यात्रियों के पास ही जगह मिलेगी।'' इस सन्देश से मुझे थोड़ी बेफिक्री हुई। मुझे मारने वाले उस गोरे पर किसी तरह का कोई मुकद्दमा चलाने का तो मैंने विचार ही नहीं किया था। इसलिए मार का यह प्रकरण

यहीं समाप्त हो गया। सवेरे ईसा सेठ के लोग मुझे सिकरम पर ले गये। मुझे मुनासिब जगह मिली और बिना किसी हैरानी के मैं उस रात जोहानिस्बर्ग पहुँच गया।

स्टैण्डरटन छोटा-सा गाँव है। जोहानिस्बर्ग विशाल नगर है। अब्दुल्ला सेठ ने तार तो वहाँ भी दे ही दिया था। मुझे मुहम्मद कासिम कमरुद्दीन की दुकान का नाम-पता भी दिया था। उनका आदमी सिकरम के पड़ाव पर पहुँचा था, पर न मैंने उसे देखा और न वह मुझे पहचान सका। मैंने होटल में जाने का विचार किया। दो-चार होटलों के नाम जान लिये थे। गाड़ी की। गाड़ी वाले से कहा कि ग्राण्ड नैशनल होटल में ले चलो। वहाँ पहुँचने पर मैनेजर के पास गया। जगह माँगी। मैनेजर ने क्षणभर मुझे निहारा, फिर शिष्टाचार की भाषा में कहा, ''मुझे खेद है, सब कमरे भरे पड़े हैं।'' और मुझे बिदा किया। इसलिए मैंने गाड़ीवाले से मुहम्मद कासिम कमरुद्दीन की दुकान पर ले चलने को कहा। वहाँ अब्दुलगनी सेठ मेरी राह देख रहे थे। उन्होंने मेरा स्वागत किया। मैंने होटल की अपनी बीती उन्हें सुनायी। वे खिलखिलाकर हँस पड़े। बोले, ''वे हमें होटल में कैसे उतरने देंगे?''

मैंने पूछा, ''क्यों नहीं?''

''सो तो आप कुछ दिन रहने के बाद जान जायेंगे। इस देश में तो हमीं रह सकते हैं; क्योंकि हमें पैसे कमाने हैं। इसीलिए नाना प्रकार के अपमान सहन करते हैं और पड़े हुए हैं।'' यों कहकर उन्होंने ट्रान्सवाल में हिन्दुस्तानियों पर गुज़रने वाले कष्टों का इतिहास कह सुनाया।

इन अब्दुलगनी सेठ का परिचय हमें आगे और भी करना होगा। उन्होंने कहा, ''यह देश आपके समान लोगों के लिए नहीं है। देखिये, कल आपको प्रिटोरिया जाना है। वहाँ आपको तीसरे दर्ज़े में ही जगह मिलेगी। ट्रान्सवाल में नेटाल से अधिक कष्ट हैं। यहाँ हमारे लोगों को पहले या दूसरे दर्जे का टिकट दिया ही नहीं जाता।''

मैंने कहा, ''आपने इसके लिए पूरी कोशिश नहीं की होगी।''

''हमने पत्र-व्यवहार तो किया है, पर हमारे अधिकतर लोग पहले-दूसरे दर्जे में बैठना भी कहाँ चाहते हैं?''

मैंने रेलवे के नियम माँगे। उन्हें पढ़ा। उनमें इस बात की गुंजाइश थी। ट्रान्सवाल के मूल कानून सूक्ष्मतापूर्वक नहीं बनाये जाते थे। रेलवे के नियमों का तो पूछना ही क्या था? मैंने सेठ से कहा, ''मैं तो फर्स्ट क्लास में ही जाऊँगा। और वैसे न जा सका तो प्रिटोरिया यहाँ से 37 मील ही तो है। मैं वहाँ घोड़ागाड़ी करके चला जाऊँगा।''

अब्दुलगनी सेठ ने उससे लगने वाले खर्च और समय की तरफ मेरा ध्यान खींचा। पर मेरे विचार से वे सहमत हुए। मैंने स्टेशन मास्टर को पत्र भेजा। उसमें मैंने अपने बैरिस्टर होने की बात लिखी; यह भी सूचित किया कि मैं हमेशा पहले दर्जे में ही सफर करता हूँ; प्रिटोरिया तुरन्त पहुँचने की आवश्यकता की तरफ भी

उनका ध्यान खींचा, और उन्हें लिखा कि उनके उत्तर की प्रतीक्षा करने जितना समय मेरे पास नहीं रहेगा, अतएव पत्र का जवाब पाने के लिए मैं खुद ही स्टेशन पर पहुँचूँगा और पहले दर्जे का टिकट पाने की आशा रखूँगा।

इसमें मेरे मन में थोड़ा पेच था। मेरा यह खयाल था कि स्टेशन मास्टर लिखित उत्तर तो 'ना' का ही देगा। फिर, 'कुली' बैरिस्टर कैसे रहते होंगे, इसकी भी वह कोई कल्पना न कर सकेगा। इसलिए अगर मैं पूरे साहबी ठाठ में उसके सामने जाकर खड़ा रहूँगा और उससे बात करूँगा, तो वह समझ जायेगा और शायद मुझे टिकट दे देगा। अतएव मैं फ्रॉक कोट, नेकटाई वगैरा डालकर स्टेशन पहुँचा। स्टेशन मास्टर के सामने मैंने गिन्नी निकालकर रखी और पहले दर्जे का टिकट माँगा।

उसने कहा, "आपने ही मुझे चिट्ठी लिखी है?"

मैंने कहा, "जी हाँ। यदि आप मुझे टिकट देंगे, तो मैं आपका एहसान मानूँगा। मुझे आज प्रिटोरिया पहुँचना ही चाहिए।"

स्टेशन मास्टर हँसा। उसे दया आयी। वह बोला, "मैं ट्रान्सवालर नहीं हूँ। मैं हॉलैन्डर हूँ। आपकी भावना को मैं समझ सकता हूँ। आपके प्रति मेरी सहानुभूति है। मैं आपको टिकट देना चाहता हूँ। पर एक शर्त है—अगर रास्ते में गार्ड आपको उतार दे और तीसरे दर्जे में बैठाये, तो आप मुझे फाँसिये नहीं; यानी आप रेलवे कम्पनी पर दावा न कीजिये। मैं चाहता हूँ कि आपकी यात्रा निर्विघ्न पूरी हो। आप सज्जन हैं, यह तो मैं देख ही सकता हूँ।" यों कहकर उसने टिकट काट दिया। मैंने उसका उपकार माना और उसे निश्चिन्त किया। अब्दुलगनी सेठ मुझे बिदा करने आये थे। यह कौतुक देखकर वे प्रसन्न हुए, उन्हें आश्चर्य हुआ। पर मुझे चेताया, "आप भली-भाँति प्रिटोरिया पहुँच जायें, तो समझूँगा कि बेड़ा पार हुआ। मुझे डर है कि गार्ड आपको पहले दर्जे में आराम से बैठने नहीं देगा; और गार्ड ने बैठने भी दिया, तो यात्री नहीं बैठने देंगे।"

मैं तो पहले दर्जे के डिब्बे में बैठा। ट्रेन चली। जर्मिस्टन पहुँचने पर गार्ड टिकट जाँचने आया। मुझे देखते ही खीझ उठा। अँगुली से इशारा करके मुझसे कहा, "तीसरे दर्जे में जाओ।" मैंने पहले दर्जे का अपना टिकट दिखाया। उसने कहा, "कोई बात नहीं; जाओ, तीसरे दर्जे में।"

इस डिब्बे में एक ही अंग्रेज़ यात्री था। उसने गार्ड को आड़े हाथों लिया, "तुम इस भले आदमी को क्यों परेशान करते हो? देखते नहीं हो, इनके पास पहले दर्जे का टिकट है? मुझे इनके बैठने से तनिक भी कष्ट नहीं है।"

यों कहकर उसने मेरी तरफ देखा और कहा, "आप इतमीनान से बैठे रहिये।"

गार्ड बड़बड़ाया, "आपको कुली के साथ बैठना है, तो मेरा क्या बिगड़ता है?" और चल दिया।

रात करीब आठ बजे ट्रेन प्रिटोरिया पहुँची।

प्रिटोरिया में पहला दिन

सन् 1893 का प्रिटोरिया स्टेशन सन् 1914 के प्रिटोरिया स्टेशन से बिलकुल भिन्न था। धीमी रोशनी वाली बत्तियाँ जल रही थीं। यात्री भी अधिक नहीं थे। मैंने सब यात्रियों को जाने दिया और सोचा कि टिकट कलेक्टर को थोड़ी फुरसत होने पर अपना टिकट दूँगा और यदि वह मुझे किसी छोटे-से होटल का या ऐसे मकान का पता देगा तो वहाँ चला जाऊँगा या फिर रात स्टेशन पर ही पड़ा रहूँगा। इतना पूछने के लिए भी मन बढ़ता न था; क्योंकि अपमान होने का डर था।

स्टेशन खाली हुआ। मैंने टिकट कलेक्टर को टिकट देकर पूछताछ शुरू की। उसने सभ्यता से उत्तर दिये, पर मैंने देखा कि वह मेरी अधिक मदद नहीं कर सकता था। उसकी बगल में एक अमेरिकन हब्शी सज्जन खड़े थे। उन्होंने मुझसे बातचीत शुरू की : "मैं देख रहा हूँ कि आप बिलकुल अजनबी हैं और यहाँ आपका कोई मित्र नहीं है। अगर आप मेरे साथ चलें, तो मैं आपको एक छोटे-से होटल में ले चलूँगा। उसका मालिक अमेरिकन है और मैं उसे अच्छी तरह जानता हूँ। मेरा खयाल है कि वह आपको टिका लेगा।"

मुझे थोड़ा शक तो हुआ, पर मैंने इस सज्जन का उपकार माना और उनके साथ जाना स्वीकार किया। वे मुझे जॉन्स्टन के फेमिली होटल में ले गये। पहले उन्होंने मि० जॉन्स्टन को एक ओर ले जाकर थोड़ी बात की। मि० जॉन्स्टन ने मुझे एक रात के लिए टिकाना कबूल किया, और वह भी इस शर्त पर कि भोजन मेरे कमरे में पहुँचा देंगे।

मि० जॉन्स्टन ने कहा, "मैं आपको विश्वास दिलाता हूँ कि मेरे मन में तो काले-गोरे का कोई भेद नहीं है, पर मेरे ग्राहक सब गोरे ही हैं। यदि मैं आपको भोजनगृह में भोजन कराऊँ तो मेरे ग्राहक बुरा मानेंगे और शायद वे चले जायेंगे।"

मैंने जवाब दिया, "आप मुझे एक रात के लिए रहने दे रहे हैं, इसे भी मैं आपका उपकार मानता हूँ। इस देश की स्थिति से मैं कुछ-कुछ परिचित हो चुका हूँ। मैं आपकी कठिनाई को समझ सकता हूँ। मुझे आप खुशी से मेरे कमरे में खाना दीजिये। कल तक मैं दूसरा प्रबन्ध कर लेने की आशा रखता हूँ।"

मुझे कमरा दिया गया। मैंने उसमें प्रवेश किया। एकान्त मिलने पर भोजन की राह देखता हुआ मैं विचारों में डूब गया। इस होटल में अधिक यात्री नहीं रहते थे। कुछ देर बाद भोजन के साथ वेटर को आता देखने के बदले मैंने मि० जॉन्स्टन को देखा। उन्होंने कहा, "मैंने आपको कमरे में खाना देने की बात कही थी। पर मैंने उसमें शर्म महसूस की, इसलिए अपने ग्राहकों से आपके विषय में बातचीत करके उनकी राय जानी। आप भोजनगृह में बैठकर भोजन करें तो उन्हें कोई आपत्ति नहीं

है। इसके अलावा, आप यहाँ जितने दिन भी रहना चाहें रहें, उनकी ओर से कोई रुकावट नहीं होगी। इसलिए अब आप चाहें तो भोजनगृह में आइये और जब तक जी चाहे यहाँ रहिये।''

मैंने फिर उनका उपकार माना और मैं भोजनगृह में गया। निश्चिन्त होकर भोजन किया।

ख्रिस्ती सम्बन्धी (ईसाईयों से सम्पर्क)

दूसरे दिन सवेरे मैं वकील के घर गया। उनका नाम था, ए०डब्ल्यू० बेकर। उनसे मिला। अब्दुल्ला सेठ ने मुझे उनके बारे में कुछ बता दिया था। इसलिए हमारी पहली मुलाकात से मुझे कोई आश्चर्य न हुआ। वे मुझसे प्रेमपूर्वक मिले और मेरे बारे में कुछ बातें पूछीं, जो मैंने उन्हें बतला दीं। उन्होंने कहा, ''बैरिस्टर के नाते तो आपका यहाँ कोई उपयोग हो न सकेगा। इस मुकद्दमे के लिए हमने अच्छे-से-अच्छे बैरिस्टर कर रखे हैं। मुकद्दमा लम्बा है और गुत्थियों से भरा हुआ है। इसलिए आपसे मैं आवश्यक तथ्य आदि प्राप्त करने का ही काम ले सकूँगा। पर इतना फायदा अवश्य होगा कि अपने मुवक्किल के साथ पत्र-व्यवहार करने में मुझे अब आसानी हो जायेगी, और तथ्यादि की जो जानकारी मुझे प्राप्त करनी होगी, वह मैं आपके द्वारा मँगवा सकूँगा। यह फायदा ज़रूर है। आपके लिए अभी तक मैंने कोई मकान तो तलाश नहीं किया है। सोचा था कि आपको देखने के बाद खोज लूँगा। यहाँ रंगभेद बहुत है, इसलिए घर मिलना आसान नहीं है। पर मैं एक बहन को जानता हूँ। वह गरीब है, भटियारे की स्त्री है। मेरा खयाल है कि वह आपको टिका लेगी। उसे भी कुछ मदद हो जायेगी। चलिये, हम उसके यहाँ चलें।''

यों कहकर वे मुझे वहाँ ले गये। मि० बेकर ने उस बहन को एक ओर ले जाकर उससे कुछ बातें कीं, और उसने मुझे टिकाना स्वीकार किया। हफ्ते के पैंतीस शिलिंग देने का निश्चय हुआ।

मि० बेकर वकील थे और कट्टर पादरी भी थे। वे अभी जीवित हैं, और आजकल केवल पादरी का ही काम करते हैं। वकालत उन्होंने छोड़ दी है। रुपये-पैसे से सुखी हैं। उन्होंने मेरे साथ अब तक पत्र-व्यवहार जारी रखा है। पत्रों का विषय एक ही होता है। वे अपने पत्रों में अलग-अलग ढंग से ईसाई धर्म की उत्तमता की चर्चा करते हैं, और इस बात का प्रतिपादन करते हैं कि ईसा को ईश्वर का एकमात्र पुत्र और तारनहार माने बिना परम शान्ति नहीं मिल सकती।

हमारी पहली ही मुलाकात में मि० बेकर ने धर्म-सम्बन्धी मेरी मन:स्थिति जान ली। मैंने उन्हें बता दिया, ''मैं जन्म से हिन्दू हूँ। इस धर्म का भी मुझे अधिक ज्ञान नहीं है। दूसरे धर्मों का ज्ञान भी कम ही है। मैं कहाँ हूँ, क्या मानता हूँ, मुझे क्या मानना चाहिए, यह सब मैं नहीं जानता। अपने धर्म का अध्ययन मैं गम्भीरता से

करना चाहता हूँ। दूसरे धर्मों का अध्ययन भी यथाशक्ति करने का मेरा इरादा है।''

यह सब सुनकर मि० बेकर खुश हुए और बोले, ''मैं स्वयं 'साउथ अफ्रीका जनरल मिशन' का एक डायरेक्टर हूँ। मैंने अपने खर्च से एक गिरजाघर बनाया है। उसमें समय-समय पर धर्म-सम्बन्धी व्याख्यान दिया करता हूँ। मैं रंगभेद को नहीं मानता। मेरे साथ काम करने वाले कुछ साथी भी हैं। हम प्रतिदिन एक बजे कुछ मिनट के लिए मिलते हैं और आत्मा की शान्ति तथा प्रकाश (ज्ञान के उदय) के लिए प्रार्थना करते हैं। उसमें आप आयेंगे तो मुझे खुशी होगी। वहाँ मैं अपने साथियों से भी आपकी पहचान करा दूँगा। वे सब आपसे मिलकर प्रसन्न होंगे और मुझे विश्वास है कि उनका समागम आपको भी अच्छा लगेगा।

मैंने मि० बेकर को धन्यवाद दिया और अपने बसभर रोज़ एक बजे उनके मण्डल में प्रार्थना के लिए पहुँचना स्वीकार किया।

दूसरे दिन एक बजे मैं मि० बेकर के प्रार्थना समाज में गया। वहाँ मिस हेरिस, मिस गेब, मि० कोट्स आदि से परिचय हुआ। मिस हेरिस और मिस गेब दोनों प्रौढ़ अवस्था की कुमारिकायें थीं। मि० कोट्स क्वेकर थे। ये दोनों कुमारिकायें साथ रहती थीं। उन्होंने मुझे हर रविवार को चार बजे की चाय के लिए अपने घर आने का निमन्त्रण दिया। मि० कोट्स जब मिलते तो मुझे हर रविवार को उन्हें हफ्ते भर की अपनी धार्मिक डायरी सुनानी पड़ती। कौन-कौन-सी पुस्तकें मैंने पढ़ीं, मेरे मन पर उनका क्या प्रभाव पड़ा, इसकी चर्चा होती।

मि० कोट्स एक साफ दिलवाले चुस्त नवजवान क्वेकर थे। उनके साथ मेरा गाढ़ा सम्बन्ध हो गया था। हम बहुत बार एक साथ घूमने भी जाया करते थे। वे मुझे दूसरे ईसाईयों के घर भी ले जाते थे।

मि० कोट्स ने मुझे पुस्तकों से लाद दिया। जैसे-जैसे वे मुझे पहचानते जाते, वैसे-वैसे उन्हें अच्छी लगने वाली पुस्तकें वे मुझे पढ़ने को देते रहते। मैंने भी केवल श्रद्धावश ही उन पुस्तकों को पढ़ना स्वीकार किया।

सन् 1893 के वर्ष में मैंने ऐसी पुस्तकें बहुत पढ़ीं।

पर मि० कोट्स हारने वाले आदमी नहीं थे। उनके प्रेम का पार न था। उन्होंने मेरे गले में वैष्णवी कण्ठी देखी। तुलसी के मनके की माला, उन्हें यह वहम जान पड़ा और वे दुखी हुए। बोले, ''यह वहम तुम जैसों को शोभा नहीं देता। लाओ, इसे तोड़ दूँ।''

''यह कण्ठी नहीं टूट सकती; माताजी की प्रसादी है।''

''पर क्या तुम इसमें विश्वास करते हो?''

''मैं इसका गूढ़ार्थ नहीं जानता। इसे न पहनने से मेरा अकल्याण होगा, ऐसा मुझे प्रतीत नहीं होता। पर माताजी ने जो माला मुझे प्रेमपूर्वक पहनायी है, जिसे पहनाने में उन्होंने मेरा कल्याण माना है, उसका त्याग मैं बिना कारण नहीं करूँगा।

समय पाकर यह जीर्ण हो जायेगी और टूट जायेगी, तो दूसरी प्राप्त करके पहनने का लोभ मुझे नहीं रहेगा। पर यह कण्ठी टूट नहीं सकती।''

मि० कोट्स मेरी इस दलील की कद्र नहीं कर सके; क्योंकि उन्हें तो मेरे धर्म के प्रति ही अनास्था थी। वे मुझे अज्ञान-कूप में से उबार लेने की आशा रखते थे। वे मुझे यह बताना चाहते थे कि दूसरे धर्मों में भले ही कुछ सत्य हो, पर पूर्ण सत्यरूप ईसाई धर्म को स्वीकार किये बिना मोक्ष मिल ही नहीं सकता, ईसा की मध्यस्थता के बिना पाप धुल ही नहीं सकते और सारे पुण्य कर्म निरर्थक हो जाते हैं।

मेरे भविष्य के बारे में मि० बेकर की चिन्ता बढ़ती जा रही थी। वे मुझे बेलिंग्टन कन्वेन्शन में ले गये।

सम्मेलन तीन दिन चला। मैं सम्मेलन में आने वालों की धार्मिकता को समझ सका, उसकी सराहना कर सका। पर मुझे अपने विश्वास में—अपने धर्म में—परिवर्तन करने का कारण न मिला। मुझे यह प्रतीति न हुई कि ईसाई बनकर ही मैं स्वर्ग जा सकता हूँ अथवा मोक्ष पा सकता हूँ। जब यह बात मैंने अपने भले ईसाई मित्रों से कही, तो उनको चोट तो पहुँची, पर मैं लाचार था।

ईसा की मृत्यु से और उनके रक्त से संसार के पाप धुलते हैं, इसे अक्षरश: सच मानने के लिए बुद्धि तैयार नहीं होती थी। रूपक के रूप में उसमें सत्य चाहे हो। इसके अतिरिक्त, ईसाईयों का यह विश्वास है कि मनुष्य के ही आत्मा है, दूसरे जीवों के नहीं, और देह के नाश के साथ उनका सम्पूर्ण नाश हो जाता है, जबकि मेरा विश्वास इसके विरुद्ध था। मैं ईसा को एक त्यागी, महात्मा, दैवी शिक्षक के रूप में स्वीकार कर सकता था, पर उन्हें अद्वितीय पुरुष के रूप में स्वीकार करना मेरे लिए शक्य न था। ईसाईयों के पवित्र जीवन में मुझे ऐसी कोई चीज़ नहीं मिली, जो अन्य धर्मावलम्बियों के जीवन में न मिली हो। उनमें होने वाले परिवर्तनों जैसे ही परिवर्तन मैंने दूसरों के जीवन में भी होते देखे थे। सिद्धान्त की दृष्टि से ईसाई सिद्धान्तों में मुझे कोई अलौकिकता नहीं दिखाई पड़ी। त्याग की दृष्टि से हिन्दू धर्मावलम्बियों का त्याग मुझे ऊँचा मालूम हुआ। मैं ईसाई धर्म को सम्पूर्ण अथवा सर्वोपरि धर्म के रूप में स्वीकार न कर सका।

पर जिस तरह मैं ईसाई धर्म को स्वीकार न कर सका, उसी तरह हिन्दू धर्म की सम्पूर्णता के विषय में अथवा उसकी सर्वोपरिता के विषय में भी मैं उस समय निश्चय न कर सका। हिन्दू धर्म की त्रुटियाँ मेरी आँखों के सामने तैरा करती थीं। यदि अस्पृश्यता हिन्दू धर्म का अंग है, तो वह सड़ा हुआ और बाद में जुड़ा हुआ अंग जान पड़ा। अनेक सम्प्रदायों की, अनेक जात-पाँतों की हस्ती को मैं समझ न सका। अकेले वेदों के ईश्वर-प्रणीत होने का अर्थ क्या है? यदि वेद ईश्वर-प्रणीत हैं, तो बाइबल और कुरान क्यों नहीं?

मैंने अपनी कठिनाइयाँ रायचन्द भाई के सामने रखीं। हिन्दुस्तान के दूसरे

धर्मशास्त्रियों के साथ भी पत्र-व्यवहार शुरू किया। उनकी ओर से उत्तर भी मिले। रायचन्द भाई के पत्र से मुझे बड़ी शान्ति मिली। उन्होंने मुझे धीरज रखने और हिन्दू धर्म का गहरा अध्ययन करने की सलाह दी। उनके एक वाक्य का भावार्थ यह था– "निष्पक्ष भाव से विचार करते हुए मुझे यह प्रतीति हुई है कि हिन्दू धर्म में जो सूक्ष्म और गूढ़ विचार हैं, आत्मा का निरीक्षण है, दया है, वह दूसरे धर्मों में नहीं है।"

जिस तरह से ख्रिस्ती मित्रों ने मुझ पर असर डालने का प्रयास था, उसी तरह मुसलमान मित्रों ने भी प्रयास किये। अब्दुल्ला सेठ मुझे इस्लाम का अध्ययन करने के लिए लालायित कर रहे थे।

मैंने सेल का कुरान खरीदा और पढ़ना शुरू किया। कुछ दूसरी इस्लामी पुस्तकें भी प्राप्त कीं। विलायत में ईसाई मित्रों से पत्र-व्यवहार शुरू किया। उनमें से एक ने एडवर्ड मेटलैण्ड से मेरा परिचय कराया। उनके साथ मेरा पत्र-व्यवहार चलता रहा। उन्होंने एना किंग्सफर्ड के साथ मिलकर 'परफेक्ट वे' (उत्तम मार्ग) नामक पुस्तक लिखी थी। वह मुझे पढ़ने के लिए भेजी। उसमें प्रचलित ईसाई धर्म का खण्डन था। उन्होंने मेरे नाम 'बाइबल का नया अर्थ' नामक पुस्तक भी भेजी। ये पुस्तकें मुझे पसन्द आयीं। इनसे हिन्दू मत की पुष्टि हुई। टॉल्स्टॉय की 'बैकुण्ठ तेरे हृदय में है' नामक पुस्तक ने मुझे अभिभूत कर लिया। मुझ पर उसकी बहुत गहरी छाप पड़ी। इस प्रकार मेरा अध्ययन मुझे ऐसी दिशा में ले गया, जो ईसाई मित्रों की इच्छा के विपरीत थी।

इस प्रकार यद्यपि मैंने ईसाई मित्रों की धारणा से भिन्न मार्ग पकड़ लिया था, फिर भी उनके समागम ने मुझमें जो धर्म-जिज्ञासा जाग्रत की, उसके लिए तो मैं उनका सदा के लिए ऋणी बन गया। अपना यह सम्बन्ध मुझे हमेशा याद रहेगा।

हिन्दुस्तानियों की परेशानी का अध्ययन

नेटाल में जो स्थान दादा अब्दुल्ला का था, प्रिटोरिया में वही स्थान सेठ तैयब हाजी खान मुहम्मद का था। उनके बिना एक भी सार्वजनिक काम चल नहीं सकता था। उनसे मैंने पहले ही हफ्ते में जान-पहचान कर ली। मैंने उन्हें बताया कि मैं प्रिटोरिया के प्रत्येक हिन्दुस्तानी के सम्पर्क में आना चाहता हूँ। मैंने हिन्दुस्तानियों की स्थिति का अध्ययन करने की अपनी इच्छा प्रकट की और इन सारे कामों में उनकी मदद चाही। उन्होंने खुशी से मदद देना कबूल किया।

मेरा पहला कदम तो सब हिन्दुस्तानियों की एक सभा करके उनके सामने सारी स्थिति का चित्र खड़ा कर देना था।

अन्त में मैंने यह सुझाया कि एक मण्डल की स्थापना करके हिन्दुस्तानियों के कष्टों और कठिनाइयों का इलाज अधिकारियों से मिलकर और अर्ज़ियाँ भेजकर करना चाहिए, और यह सूचित किया कि मुझे जितना समय मिलेगा, उतना इस काम

के लिए मैं बिना वेतन के दूँगा।

निश्चय हुआ कि ऐसी सभा हर महीने या हर हफ्ते की जाये। यह सभा न्यूनाधिक नियमित रूप से होती थी, और उसमें विचारों का आदान-प्रदान होता रहता था। नतीजा यह हुआ कि प्रिटोरिया में शायद ही कोई ऐसा हिन्दुस्तानी रहा होगा, जिसे मैं पहचानने न लगा होऊँ अथवा जिसकी स्थिति से मैं परिचित न हो गया होऊँ। हिन्दुस्तानियों की स्थिति का ऐसा ज्ञान प्राप्त करने का परिणाम यह हुआ कि मुझे प्रिटोरिया में रहने वाले ब्रिटिश एजेण्ट से परिचय करने की इच्छा हुई। मैं मि० जेकोब्स डि-वेट से मिला। उनकी सहानुभूति हिन्दुस्तानियों के साथ थी। उनका प्रभाव कम था, पर उन्होंने यथासम्भव मदद करने और मिलना हो तब आकर मिल जाने के लिए कहा। रेलवे के अधिकारियों से मैंने पत्र-व्यवहार शुरू किया और बतलाया कि उन्हीं के कायदों के अनुसार हिन्दुस्तानियों को ऊँचे दर्जे में यात्रा करने से रोका नहीं जा सकता। इसके परिणामस्वरूप यह पत्र मिला कि अच्छे कपड़े पहने हुए हिन्दुस्तानियों को ऊँचे दर्जे के टिकट दिये जायेंगे। इससे पूरी सुविधा नहीं मिली; क्योंकि अच्छे कपड़े किसने पहने हैं, इसका निर्णय तो स्टेशन मास्टर को ही करना था न?

ब्रिटिश एजेण्ट ने मुझे हिन्दुस्तानियों के बारे में हुए पत्र-व्यवहार सम्बन्धी कई कागज़ पढ़ने को दिये। तैयब सेठ ने भी दिये थे। उनसे मुझे पता चला कि ऑरेन्ज फ्री स्टेटं से हिन्दुस्तानियों को किस निर्दयता के साथ निकाल बाहर किया गया था। सारांश यह कि ट्रान्सवाल और ऑरेन्ज फ्री स्टेट के हिन्दुस्तानियों की आर्थिक, सामाजिक और राजनीतिक स्थिति का गहरा अध्ययन मैं प्रिटोरिया में कर सका। इस अध्ययन का आगे चलकर मेरे लिए पूरा उपयोग होने वाला है, इसकी मुझे जरा भी कल्पना नहीं थी। मुझे तो एक साल के अन्त में अथवा मुकद्दमा पहले समाप्त हो जाये तो उससे पहले ही स्वदेश लौट जाना था।

पर ईश्वर ने कुछ और ही सोच रखा था।

ट्रान्सवाल और ऑरेन्ज फ्री स्टेट के हिन्दुस्तानियों की स्थिति का पूरा चित्र देने का यह स्थान नहीं है। उसकी जानकारी चाहने वालों को 'दक्षिण अफ्रीका के सत्याग्रह का इतिहास' पढ़ना चाहिए।

ट्रान्सवाल में एक कड़ा कानून बना। उसके फलस्वरूप यह तय हुआ कि हर एक हिन्दुस्तानी को प्रवेश फीस के रूप में तीन पौण्ड जमा कराने चाहिएँ। उनके लिए अलग छोड़ी गयी जगह में ही वे ज़मीन-मालिक हो सकते थे। पर वहाँ भी उन्हें व्यवहार में ज़मीन का स्वामित्व नहीं मिला। उन्हें मताधिकार भी नहीं दिया गया था। ये तो खास एशियावासियों के लिए बने कानून थे। इसके अलावा, जो कानून काले रंग के लोगों के लिए लागू होते थे, वे भी एशियावासियों पर लागू होते थे। उनके अनुसार हिन्दुस्तानी लोग पटरी (फुटपाथ) पर अधिकारपूर्वक चल नहीं सकते थे

और रात नौ बजे के बाद परवाने के बिना बाहर नहीं निकल सकते थे।

मैं अकसर मि० कोट्स के साथ रात को घूमने जाया करता था। कभी-कभी घर पहुँचने में दस भी बज जाते थे। अतएव पुलिस मुझे पकड़े तो? यह डर जितना स्वयं मुझे था, उससे अधिक मि० कोट्स को था। अपने हब्शियों को तो वे ही परवाने देते थे। लेकिन मुझे परवाना कैसे दे सकते थे? मालिक अपने नौकर को ही परवाना देने का अधिकारी था। मैं लेना चाहूँ और मि० कोट्स देने का तैयार हो जायें, तो भी वह नहीं दिया जा सकता था; क्योंकि वैसा करना विश्वासघात माना जाता।

इसलिए मि० कोट्स या उनके कोई मित्र मुझे वहाँ के सरकारी वकील डॉ० क्राउज़े के पास ले गये। हम दोनों एक ही 'इन' के बैरिस्टर निकले। उन्हें यह बात असह्य जान पड़ी कि रात नौ बजे के बाद बाहर निकलने के लिए मुझे परवाना लेना चाहिए। उन्होंने मेरे प्रति सहानुभूति प्रकट की। मुझे परवाना देने के बदले उन्होंने अपनी तरफ से एक पत्र दिया। उसका आशय यह था कि मैं चाहे जिस समय चाहे जहाँ जाऊँ, पुलिस को उसमें दखल नहीं देना चाहिए। मैं इस पत्र को हमेशा अपने साथ रखकर घूमने निकलता था। कभी उसका उपयोग नहीं करना पड़ा। लेकिन इसे तो केवल संयोग ही समझना चाहिए।

पटरी पर चलने का प्रश्न मेरे लिए कुछ गम्भीर परिणाम वाला सिद्ध हुआ। मैं हमेशा प्रेसिडेण्ड स्ट्रीट के रास्ते एक खुले मैदान में घूमने जाया करता था। इस मुहल्ले में प्रेसिडेण्ड क्रूगर का घर था। यह घर सब तरह के आडम्बरों से रहित था। इसके चारों और कोई अहाता भी नहीं था। आसपास के दूसरे घरों में और इसमें कोई फर्क नहीं मालूम होता था। घर के सामने पहरा देने वाले संतरी को देखकर ही पता चलता था कि यह किसी अधिकारी का घर है। मैं प्राय: हमेशा ही इस सिपाही के बिलकुल पास से होकर निकलता था, पर वह मुझे कुछ नहीं कहता था। सिपाही समय-समय पर बदला करते थे। एक बार एक सिपाही ने बिना चेताये, बिना पटरी पर से उतर जाने को कहे, मुझे धक्का मारा, लात मारी और नीचे उतार दिया। मैं तो गहरे सोच में पड़ गया। लात मारने का कारण पूछने से पहले ही मि० कोट्स ने, जो उसी समय घोड़े पर सवार होकर उधर से गुज़र रहे थे, मुझे पुकारा और कहा, "गांधी, मैंने सब देखा है। आप मुकद्दमा चलाना चाहें तो मैं गवाही दूँगा। मुझे इस बात का बहुत खेद है कि आप पर इस तरह हमला किया गया।"

मैंने कहा, "इसमें खेद का कोई कारण नहीं। सिपाही बेचारा क्या जाने? उसके लिए तो काले-काले सब एक से ही हैं। वह हब्शियों को इसी तरह पटरी पर से उतारता होगा। इसलिए उसने मुझे भी धक्का मारा। मैंने तो नियम ही बना लिया है कि मुझ पर जो बीतेगी, उसके लिए मैं कभी अदालत में नहीं जाऊँगा। इसलिए मुझे मुकद्दमा नहीं चलाना है।"

"यह तो आपने अपने स्वभाव के अनुरूप ही बात कही है। पर आप इस पर

फिर से सोचिये। ऐसे आदमी को कुछ सबक तो देना ही चाहिए।"

इतना कहकर उन्होंने उस सिपाही से बात की और उसे उलाहना दिया। मैं सारी बात तो समझ नहीं सका। सिपाही डच था और उसके साथ उनकी बातें डच भाषा में हुईं। सिपाही ने मुझसे माफी माँगी। मैं तो उसे पहले ही माफ कर चुका था।

लेकिन उस दिन से मैंने वह रास्ता छोड़ दिया। दूसरे सिपाहियों को इस घटना का क्या पता होगा? मैं खुद आकर फिर लात किसलिए खाऊँ? इसलिए मैंने घूमने जाने के लिए दूसरा रास्ता पसन्द कर लिया।

मैंने देखा कि स्वाभिमान की रक्षा चाहने वाले हिन्दुस्तानियों के लिए दक्षिण अफ्रीका उपयुक्त देश नहीं है। यह स्थिति किस तरह बदली जा सकती है, इसके विचार में मेरा मन अधिकाधिक व्यस्त रहने लगा। किन्तु अभी मेरा मुख्य धर्म तो दादा अब्दुल्ला के मुकद्दमे को ही संभालने का था।

मुकद्दमे की तैयारी

अन्त में मैंने दादा अब्दुल्ला के केस में यह देख लिया कि उनका पक्ष मज़बूत है। कानून को उनकी मदद करनी ही चाहिए।

पर मैंने देखा कि मुकद्दमा लड़ने में दोनों पक्ष, जो आपस में रिश्तेदार हैं और एक ही नगर के निवासी हैं, बर्बाद हो जायेंगे। कोई कह नहीं सकता था कि मुकद्दमे का अन्त कब होगा! अदालत में चलता रहे, तो उसे जितना चाहो, उतना लम्बा किया जा सकता था। मुकद्दमे को लम्बा करने में दोनों में से किसी एक पक्ष का भी लाभ न होता। इसलिए सम्भव हो तो दोनों पक्ष मुकद्दमे का शीघ्र अन्त चाहते थे।

मैंने तैयब सेठ से विनती की। झगड़े को आपस में ही निबटा लेने की सलाह दी। उन्हें अपने वकील से मिलने को कहा। यदि दोनों पक्ष अपने विश्वास के किसी व्यक्ति को पंच चुन लें, तो मामला झटपट निबट जाये। वकीलों का खर्च इतना अधिक बढ़ता जा रहा था कि उसमें उनके जैसे बड़े व्यापारी भी बर्बाद हो जाते। दोनों इतनी चिन्ता के साथ मुकद्दमा लड़ रहे थे कि एक भी निश्चिन्त होकर दूसरा कोई काम नहीं कर सकता था। इस बीच आपस में बैर भी बढ़ता ही जा रहा था। मुझे वकील के धंधे से घृणा हो गयी। वकील के नाते तो दोनों के वकीलों को अपने-अपने मुवक्किल को जीतने के लिए कानून की गलियाँ ही खोज कर देनी थीं। इस मुकद्दमे में पहले-पहल मैंने यह जाना कि जीतने वाले को पूरा खर्च कभी मिल ही नहीं सकता। दूसरे पक्ष से कितना खर्च वसूल किया जा सकता है, इसकी एक मर्यादा होती है, जबकि मुवक्किल का खर्च उससे कहीं अधिक होता है। मुझे यह सब असह्य मालूम हुआ। मैंने तो अनुभव किया कि मेरा धर्म दोनों की मित्रता साधना और दोनों रिश्तेदारों में मेल करा देना है। मैंने समझौते के लिए जी-तोड़ मेहनत की। तैयब सेठ मान गये। आखिर पंच नियुक्त हुए। उनके सामने मुकद्दमा

चला। मुकद्दमे में दादा अब्दुल्ला जीते।

पर इतने से मुझे सन्तोष नहीं हुआ। यदि पंच के फैसले पर अमल होता, तो तैयब हाजी खान मुहम्मद इतना रुपया एक साथ दे ही नहीं सकते थे। दक्षिण अफ्रीका में बसे हुए पोरबन्दर के मेमनों में आपस का ऐसा एक अलिखित नियम था कि खुद चाहे मर जायें, पर दिवाला न निकालें। तैयब सेठ सैंतीस हज़ार पौण्ड और मुकद्दमे का खर्च एकमुश्त दे ही नहीं सकते थे। उन्हें न तो एक दमड़ी कम देनी थी और न दिवाला ही निकालना था। रास्ता एक ही था कि दादा अब्दुल्ला उन्हें काफी लम्बी मोहलत दें। दादा अब्दुल्ला ने उदारता से काम लिया और खूब लम्बी मोहलत दे दी। पंच नियुक्त कराने में मुझे जितनी मेहनत पड़ी, उससे अधिक मेहनत यह लम्बी अवधि निश्चित कराने में पड़ी। दोनों पक्षों को प्रसन्नता हुई। दोनों की प्रतिष्ठा बढ़ी। मेरे सन्तोष की सीमा न रही। मैं सच्ची वकालत सीखा, मनुष्य के अच्छे पहलू को खोजना सीखा और मनुष्य-हृदय में प्रवेश करना सीखा। मैंने देखा कि वकील का कर्त्तव्य दोनों पक्षों के बीच खुदी हुई खाई को पाटना है। इस शिक्षा ने मेरे मन में ऐसी जड़ जमायी कि बीस साल की अपनी वकालत का मेरा अधिकांश समय अपने दफ्तर में बैठकर सैकड़ों मामलों को आपस में सुलझाने में ही बीता। उसमें मैंने कुछ खोया नहीं। यह भी नहीं कहा जा सकता कि मैंने पैसा खोया। आत्मा तो खोयी ही नहीं।

को ज़ाने कल की?

मुकद्दमे के खत्म होने पर मेरे लिए प्रिटोरिया में रहने का कोई कारण न रहा। मैं डरबन गया। वहाँ पहुँचकर मैंने हिन्दुस्तान लौटने की तैयारी की। अब्दुल्ला सेठ मुझे बिना मान-सम्मान के जाने दें, यह सम्भव न था। उन्होंने मेरे निमित्त सिडनहैम में एक सामूहिक भोज का आयोजन किया। पूरा दिन वहीं बिताना था।

मेरे पास कुछ अखबार पड़े थे। मैं उन्हें पढ़ रहा था। एक अखबार के एक कोने में मैंने एक छोटा-सा संवाद देखा। उसका शीर्षक था—'इण्डियन फ्रेंचाइज' यानी हिन्दुस्तानी मताधिकार। इस संवाद का आशय यह था कि हिन्दुस्तानियों को नेटान की धारासभा के लिए सदस्य चुनने का जो अधिकार है, वह छीन लिया जाये। धारासभा में इससे सम्बन्ध रखने वाले कानून पर बहस चल रही थी। मैं इस कानून से अपरिचित था। भोज में सम्मिलित सदस्यों में से किसी को भी हिन्दुस्तानियों का अधिकार छीनने वाले इस बिल की कोई खबर न थी।

मैंने अब्दुल्ला सेठ से पूछा। उन्होंने कहा, "इन बातों को हम क्या जानें? व्यापार पर कोई संकट आये, तो हमें उसका पता चलता है।"

किन्तु मुझे तो वापस स्वदेश जाना था, इसलिए मैंने उपर्युक्त विचारों को प्रकट नहीं किया। मैंने अब्दुल्ला सेठ से कहा, "लेकिन अगर यह कानून इसी तरह पास

हो गया, तो आप सबको बड़ी मुश्किल में डाल देगा। यह तो हिन्दुस्तानियों की आबादी को मिटाने का पहला कदम है। इसमें हमारे स्वाभिमान की हानि है।''

दूसरे मेहमान इस चर्चा को ध्यानपूर्वक सुन रहे थे। उनमें से एक ने कहा, ''मैं आपसे सच बात कहूँ? अगर आप इस स्टीमर से न जायें और एकाध महीना रुक जायें, तो आप जिस तरह कहेंगे, हम लड़ेंगे।''

दूसरे सब एक साथ बोल उठे।

मैंने मन में लड़ाई की रूपरेखा तैयार कर ली। मताधिकार कितनों को प्राप्त है, सो जान लिया। और मैंने एक महीना रुक जाने का निश्चय किया।

इस प्रकार ईश्वर ने दक्षिण अफ्रीका में मेरे स्थायी निवास की नींव डाली और स्वाभिमान की लड़ाई का बीज रोपा गया।

पहला काम तो यह सोचा गया कि धारासभा के अध्यक्ष को ऐसा तार भेजा जाये कि वे बिल पर अधिक विचार करना मुलतवी कर दें। इसी आशय का तार मुख्यमन्त्री (सर जॉन रॉबिन्सन) को भी भेजा।

सब जानते थे कि यही नतीजा निकलेगा, पर कौम में नवजीवन का संचार हुआ। सब कोई यह समझे कि हम एक कौम हैं, केवल व्यापार सम्बन्धी अधिकारों के लिए ही नहीं, बल्कि कौम के अधिकारों के लिए भी लड़ना हम सबका धर्म है।

धारासभा में भेजने की अर्ज़ी तैयार की गयी, और भेज दी गयी। बिल तो पास हो गया।

उन दिनों लॉर्ड रिपन उपनिवेश-मन्त्री थे। उन्हें एक बहुत बड़ी अर्ज़ी भेजने का निश्चय किया गया। अर्ज़ी लिखने में मैंने बहुत मेहनत की। जो साहित्य मुझे मिला, सो सब मैं पढ़ गया।

अर्ज़ी पर दस हज़ार सहियाँ हुईं। एक पखवाड़े में अर्ज़ी भेजने लायक सहियाँ प्राप्त हो गयीं। इतने समय में नेटाल में दस हज़ार सहियाँ प्राप्त की गयीं, इसे पाठक छोटी-मोटी बात न समझें। सहियाँ समूचे नेटाल से प्राप्त करनी थीं। लोग ऐसे काम से अपरिचित थे। निश्चय यह था कि सही करने वाला किस बात पर सही कर रहा है, इसे ज़ब तक वह समझ न ले, तब तक सही न ली जाये। इसलिए खासतौर पर स्वयंसेवकों को भेजकर ही सहियाँ प्राप्त की जा सकती थीं। गाँव दूर-दूर थे, इसलिए अधिकतर काम करने वाले लगन से काम करें, तभी ऐसा काम शीघ्रतापूर्वक हो सकता था। ऐसा ही हुआ।

अर्ज़ी गयी। उसकी एक हज़ार प्रतियाँ छपवायी थीं। उस अर्ज़ी के कारण हिन्दुस्तान के आम लोगों को नेटाल का पहली बार परिचय हुआ। मैं जितने अखबारों और सार्वजनिक नेताओं के नाम जानता था, उतनों को अर्ज़ी की प्रतियाँ भेजीं।

'टाइम्स ऑफ इण्डिया' ने उस पर अग्रलेख लिखा और हिन्दुस्तानियों की माँग का अच्छा समर्थन किया। विलायत में भी अर्ज़ी की प्रतियाँ सब पक्षों के

नेताओं को भेजी गयी थीं। वहाँ लन्दन के 'टाइम्स' का समर्थन प्राप्त हुआ। इससे आशा बंधी कि बिल मंज़ूर न हो सकेगा।

अब मैं नेटाल छोड़ सकूँ, ऐसी मेरी स्थिति नहीं रही। लोगों ने मुझे चारों तरफ से घेर लिया और नेटाल में ही स्थायी रूप से रहने का अत्यन्त आग्रह किया। और मैं नेटाल में ठहर गया।

नेटाल इण्डियन काँग्रेस

भारतीय मताधिकार प्रतिबन्धक कानून के विरुद्ध केवल प्रार्थना-पत्र भेजकर ही बैठा नहीं जा सकता था। उसके बारे में आन्दोलन चलते रहने से ही उपनिवेश-मन्त्री पर उसका असर पड़ सकता था। इसके लिए एक संस्था की स्थापना करना आवश्यक मालूम हुआ। इस सम्बन्ध में मैंने अब्दुल्ला सेठ से सलाह की, दूसरे साथियों से मिला, और हमने एक सार्वजनिक संस्था खड़ी करने का निश्चय किया।

सन् 1894 के मई मास की 22 तारीख को नेटाल इण्डियन काँग्रेस का जन्म हुआ।

नेटाल इण्डियन काँग्रेस में उपनिवेशों में पैदा हुए हिन्दुस्तानियों ने प्रवेश किया था और मुहर्रिरों का समाज उसमें दाखिल हुआ था, फिर भी मज़दूरों ने, गिरमिटिया समाज के लोगों ने, उसमें प्रवेश नहीं किया था। काँग्रेस उनकी नहीं हुई थी। वे उसमें चन्दा देकर और दाखिल होकर उसे अपना नहीं सके थे। उनके मन में काँग्रेस के प्रति प्रेम तो तभी पैदा हो सकता था, जब काँग्रेस उनकी सेवा करे। ऐसा प्रसंग अपने-आप आ गया, और वह भी ऐसे समय जबकि मैं स्वयं अथवा काँग्रेस उसके लिए शायद ही तैयार थी। मुझे वकालत शुरू किये अभी मुश्किल से दो-चार महीने हुए थे। काँग्रेस का भी बचपन था। इतने में एक दिन बालासुन्दरम् नाम का एक मद्रासी हिन्दुस्तानी हाथ में साफा लिये रोता-रोता मेरे सामने आकर खड़ा हो गया। उसके कपड़े फटे हुए थे, वह थर-थर काँप रहा था, उसके मुँह से खून बह रहा था और उसके दो दाँत टूटे हुए थे। उसके मालिक ने उसे बुरी तरह मारा था। तमिल समझने वाले अपने मुहर्रिर के द्वारा मैंने उसकी स्थिति जान ली। बालासुन्दरम् एक प्रतिष्ठित गोरे के यहाँ मज़दूरी करता था। मालिक किसी वजह से गुस्सा हुआ होगा। उसे होश न रहा और उसने बालासुन्दरम् की खूब जमकर पिटाई की। परिणामस्वरूप बालासुन्दरम् के दो दाँत टूट गये।

मैंने उसे डॉक्टर के यहाँ भेजा। उन दिनों गोरे डॉक्टर ही मिलते थे। मुझे चोट सम्बन्धी प्रमाण-पत्र की आवश्यकता थी। उसे प्राप्त करके मैं बालासुन्दरम् को मजिस्ट्रेट के पास ले गया। वहाँ बालासुन्दरम् का शपथ-पत्र प्रस्तुत किया। उसे पढ़कर मजिस्ट्रेट मालिक पर गुस्सा हुआ। उसने मालिक के नाम समन जारी करने का हुकम दिया।

मेरी नीयत मालिक को सज़ा कराने की नहीं थी। मुझे तो बालासुन्दरम् को उसके पंजे से छुड़ाना था। मैंने गिरमिटियों से सम्बन्ध रखने वाले कानून की छानबीन कर ली। यदि साधारण नौकर नौकरी छोड़ता, तो मालिक उसके खिलाफ दीवानी दावा दायर कर सकता था, पर उसे फौजदारी में नहीं ले जा सकता था। गिरमिट में और साधारण नौकरी में बहुत फर्क था। पर खास फर्क यह था कि अगर गिरमिटिया मालिक को छोड़े, तो वह फौजदारी गुनाह माना जाता था और उसके लिए उसे कैद भुगतनी होती थी। इसीलिए सर विलियम विल्सन हण्टर ने इस स्थिति को लगभग गुलामी की-सी स्थिति माना था। गुलाम की तरह गिरमिटिया भी मालिक की मिल्कियत माना जाता था। बालासुन्दरम् को छुड़ाने के केवल दो उपाय थे—या तो गिरमिटियों के लिए नियुक्त अधिकारी, जो कानून की दृष्टि से उनका रक्षक कहा जाता था, उसका गिरमिट रद्द करे या दूसरे के नाम लिखवा दे; अथवा मालिक स्वयं उसे छोड़ने को तैयार हो जाये। मैं मालिक से मिला। उससे मैंने कहा, "मैं आपको सज़ा नहीं कराना चाहता। इस आदमी को सख्त मार पड़ी है, सो तो आप जानते ही हैं। आप इसका गिरमिट दूसरे के नाम लिखाने को राज़ी हो जायें, तो मुझे सन्तोष होगा।" मालिक तो यही चाहता था। फिर मैं रक्षक से मिला। उसने भी सहमत होना स्वीकार किया, पर शर्त यह रखी कि मैं बालासुन्दरम् के लिए नया मालिक खोज दूँ।

मुझे नये अंग्रेज़ मालिक की खोज करनी थी। हिन्दुस्तानियों को गिरमिटिया मज़दूर रखने की इजाज़त नहीं थी। मैं अभी कुछ ही अंग्रेज़ों को पहचानता था। उनमें से एक को मिला। उन्होंने मुझ पर मेहरबानी करके बालासुन्दरम् को रखना मंज़ूर कर लिया। मैंने उनकी कृपा को साभार स्वीकार किया। मजिस्ट्रेट ने मालिक को अपराधी ठहराकर यह लिख दिया कि उसने बालासुन्दरम् का गिरमिट दूसरे के नाम लिखाना स्वीकार किया है।

बालासुन्दरम् के मामले की बात गिरमिटियों में चारों तरफ फैल गयी और मैं उनका बन्धु मान लिया गया। मुझे यह बात अच्छी लगी। मेरे दफ्तर में गिरमिटियों का ताँता-सा लग गया और मुझे उनके सुख-दु:ख जानने की बड़ी सुविधा हो गयी।

बालासुन्दरम् के मामले की भनक ठेठ मद्रास प्रान्त तक पहुँची। उस प्रान्त के जिन-जिन हिस्सों से लोग नेटाल के गिरमिट में जाते, उन्हें गिरमिटिया ही इस मामले की जानकारी देते थे। वैसे यह मामला महत्त्व का नहीं था, पर लोगों को यह जानकर आनन्द और आश्चर्य हुआ कि उनके लिए प्रकट रूप से काम करने वाला कोई आदमी निकल आया है। इस बात से उन्हें आश्वासन मिला।

तीन पौण्ड का कर

लगभग 1860 में जब नेटाल में बसे हुए गोरों ने देखा कि वहाँ ईख की फसल

अच्छी हो सकती है, तो उन्होंने मज़दूरों की खोज शुरू की। मज़दूर न मिलें, तो न ईख पैदा हो सकती थी और न चीनी ही बन सकती थी। नेटाल के हब्शी यह मज़दूरी नहीं कर सकते थे। इसलिए नेटाल निवासी गोरों ने भारत सरकार के साथ विचार-विमर्श करके हिन्दुस्तानी मज़दूरों को नेटाल जाने देने की अनुमति प्राप्त की। उन्हें यह लालच दिया गया कि पाँच साल तक मज़दूरी करने का बन्धन रहेगा और पाँच साल के बाद उन्हें स्वतन्त्र रीति से नेटाल में बसने की छूट रहेगी। उनको ज़मीन का मालिक बनने का पूरा अधिकार भी दिया गया था।

हिन्दुस्तानी मज़दूरों ने यह लाभ आशा से अधिक दिया। साग-सब्जी खूब बोयी। हिन्दुस्तान की अनेक उत्तम तरकारियाँ पैदा कीं। जो साग-सब्जियाँ वहाँ पहले से पैदा होती थीं, उनके दाम सस्ते कर दिये। हिन्दुस्तान से आम लाकर लगाये। उसका उद्यम सिर्फ खेती ही नहीं रह गया। पर इसके साथ ही उन्होंने व्यापार भी शुरू कर दिया। घर बनाने के लिए ज़मीनें खरीद लीं और बहुतेरे लोग मज़दूर न रहकर अच्छे जमींदार और मकान-मालिक बन गये। इस तरह मज़दूरों में से मकान-मालिक बन जाने वालों के पीछे-पीछे वहाँ स्वतन्त्र व्यापारी भी पहुँचे। स्व० सेठ अबूबकर आमद उनमें सबसे पहले पहुँचने वाले थे। उन्होंने वहाँ अपना कारोबार खूब जामाया।

गोरे व्यापारी चौंके। जब पहले-पहल उन्होंने हिन्दुस्तानी मज़दूरों का स्वागत किया था, तब उन्हें उनकी व्यापार करने की शक्ति का कोई अन्दाज़ न था। वे किसान के नाते स्वतन्त्र रहें, इस हद तक तो गोरों को उस समय कोई आपत्ति न थी, पर व्यापार में उनकी प्रतिद्वन्द्विता उन्हें असह्य जान पड़ी।

हिन्दुस्तानियों के साथ उनके विरोध के मूल में यह चीज़ थी।

उसमें दूसरी चीज़ें और मिल गयीं। ये सारी बातें विरोध को भड़काने वाली सिद्ध हुईं।

यह विरोध प्राप्त मताधिकार को छीन लेने के रूप में और गिरमिटियों पर कर लगाने के कांनून के रूप में प्रकट हुआ। कानून के बाहर तो अनेक प्रक़ार से उन्हें परेशान करना शुरू हो ही चुका था।

पहला सुझाव तो यह था कि गिरमिट पूरा होने के कुछ दिन पहले ही हिन्दुस्तानियों को ज़बरदस्ती वापस भेज दिया जाये, ताकि उनके इकरारनामे की मुद्दत हिन्दुस्तान में पूरी हो। पर इस सुझाव को भारत सरकार मानने वाली नहीं थी। इसलिए यह सुझाव दिया गया कि—

1. मज़दूरी का इकरार पूरा हो जाने पर गिरमिटिया वापस हिन्दुस्तान चला जाये; अथवा

2. हर दूसरे साल नया गिरमिट लिखवाये और उस हालत में हर बार उसके वेतन में कुछ बढ़ोतरी की जाये;

3. अगर वह वापस न जाये और मज़दूरी का नया इकरारनामा भी न लिखे, तो हर साल 25 पौण्ड का कर दे।

इन सुझावों को स्वीकार कराने के लिए सर हेनरी बीन्स और मि० मेसन का डेप्युटेशन हिन्दुस्तान भेजा गया। तब लॉर्ड एलविन वाइसरॉय थे। उन्होंने 25 पौण्ड का कर तो नामंज़ूर कर दिया; पर वैसे हर एक हिन्दुस्तानी से 3 पौण्ड का कर लेने की स्वीकृति दे दी। मुझे उस समय ऐसा लगा था और अब तक लगता है कि वाइसरॉय की यह गम्भीर भूल थी। इस प्रकार पति-पत्नी और दो बच्चों वाले कुटुम्ब से, जिसमें पति को अधिक-से-अधिक 14 शिलिंग प्रतिमास मिलते हों, 12 पौण्ड, अर्थात् 180 रुपये का कर लेना, भारी ज़ुल्म माना जायेगा। दुनिया में कहीं भी इस स्थिति के गरीब लोगों से ऐसा भारी कर नहीं लिया जाता था।

इस कर के विरुद्ध जोरों की लड़ाई छिड़ी। कोई आवाज़ ही न उठाई जाती, तो शायद वाइसरॉय 25 पौण्ड भी मंज़ूर कर लेते। 25 पौण्ड के बदले 3 पौण्ड होना भी काँग्रेस के आन्दोलन का ही प्रताप हो, यह पूरी तरह सम्भव है। पर इस कल्पना में मेरी भूल हो सकती है। सम्भव है कि भारत सरकार ने 25 पौण्ड के प्रस्ताव को शुरू से ही अस्वीकार कर दिया हो, और हो सकता है कि काँग्रेस के विरोध न करने पर भी वह 3 पौण्ड का कर ही स्वीकार करती। तो भी उसमें हिन्दुस्तान के हित की हानि तो थी ही। हिन्दुस्तान के हित-रक्षक के नाते वाइसरॉय को ऐसा अमानुषी कर कभी स्वीकार नहीं करना चाहिए था।

25 से 3 पौण्ड (375 रुपये से 45 रुपये) होने में काँग्रेस क्या यश लेती? उसे तो यही अखरा कि वह गिरमिटियों के हित की पूरी रक्षा न कर सकी। और 3 पौण्ड का कर किसी-न-किसी दिन हटना ही चाहिए।

अगर कौम हार मानकर चुप हो जाती, काँग्रेस लड़ाई को भूल जाती तथा कर को अनिवार्य मानकर शरण स्वीकार कर लेती, तो यह कर आज तक गिरमिटिया हिन्दी के पास से लिया जाता होता, इतना ही नहीं, मगर इसकी नालेशी स्थानिक हिन्दीयों को तो होती ही, मगर मस्त हिन्दुस्तान को भी इसका शर्मनाक असर होता।

अब मेरा निवास दक्षिण अफ्रीका का तीन साल का तो हो चुका था। लोगों को मैं भली-भाँति पहचानने लगा था तथा वे भी मुझे पहचान लेते थे तथा 1896 के साल में छः मास के लिए देश जाने की इजाज़त चाही। मैंने यह भी महसूस किया कि मुझे दक्षिण अफ्रीका में रहना चाहिए। मेरी वकालत भी अच्छी चल रही थी, ऐसा माना जा सकता है। सार्वजनिक कार्य में मैं उपस्थित रहूँ, ऐसा लोग चाहते थे। इसी कारण मैंने तय किया कि परिवार के साथ मैं दक्षिण अफ्रीका में बस जाऊँ। इसी कारण मैंने देश जाकर वापस जाना दुरस्त माना। देश में जाने से कुछ सार्वजनिक कार्य हो पायेगा, ऐसा मैंने माना। देश में लोकमत बनाकर उस समस्या में उसका उपयोग करके इस बात को ज़्यादा असरकारक बनाऊँ, ऐसा महसूस किया।

भाग 5

हिन्द की मुलाकात

हिन्दुस्तान में

बम्बई में रुके बिना मैं सीधा राजकोट गया और वहाँ एक पुस्तिका लिखने की तैयारी में लगा। पुस्तिका लिखने और छपाने में लगभग एक महीना बीत गया। उसका आवरण हरा था, इसलिए बाद में वह 'हरी पुस्तिका' के नाम से प्रसिद्ध हुई। उसमें दक्षिण अफ्रीका के हिन्दुस्तानियों की स्थिति का चित्रण मैंने जान-बूझकर नरम भाषा में किया था।

'हरी पुस्तिका' की दस हज़ार प्रतियाँ छपायी थीं और उन्हें सारे हिन्दुस्तान के अखबारों और सब पक्षों के प्रसिद्ध लोगों को भेजा था। 'पायोनियर' में उस पर सबसे पहले लेख निकला। उसका सारांश विलायत गया और उस सारांश का सारांश फिर रायटर के द्वारा नेटाल पहुँचा। वह तार तो तीन पंक्तियों का था। नेटाल में हिन्दुस्तानियों के साथ होने वाले व्यवहार का जो चित्र मैंने खींचा था, उसका वह लघु संस्करण था। वह मेरे शब्दों में नहीं था। उसका जो असर हुआ, उसे हम आगे देखेंगे। धीरे-धीरे सब प्रमुख पत्रों में इस प्रश्न की विस्तृत चर्चा हुई।

इस पुस्तिका को डाक से भेजने के लिए इसके पैकेट तैयार कराने का काम मुश्किल था, और पैसा देकर तैयार कराना खर्चीला था। मैंने सरल युक्ति खोज ली। मुहल्ले के सब लड़कों को मैंने इकट्ठा किया और उनसे सवेरे के दो-तीन घण्टों में से जितना समय वे दे सकें, उतना देने के लिए कहा। लड़कों ने इतनी सेवा करना खुशी से स्वीकार किया। अपनी तरफ से मैंने उन्हें अपने पास जमा होने वाले काम में आये हुए डाक के टिकट और आशीर्वाद देना कबूल किया। लड़कों ने हँसते-खेलते मेरा काम पूरा कर दिया। इस प्रकार छोटे बच्चों को स्वयंसेवक बनाने का यह मेरा पहला प्रयोग था। इन बालकों में से दो आज मेरे साथी हैं।

राजकोट में मेरा दक्षिण अफ्रीका का काम चल रहा था, इसी बीच मैं बम्बई हो आया। खास-खास शहरों में सभायें करके विशेष रूप से लोकमत तैयार करने का मेरा इरादा था। इसी खयाल से मैं वहाँ गया था। पहले मैं न्यायमूर्ति रानाडे से मिला। उन्होंने मेरी बात ध्यान से सुनी और मुझे सर फीरोजशाह मेहता से मिलने की सलाह दी।

मैं सर फीरोजशाह से मिला। उनके तेज से चकाचौंध हो जाने को तो मैं तैयार था ही। उनके लिए प्रयुक्त होने वाले विशेषणों को मैं सुन चुका था। मुझे 'बम्बई के

शेर' और बम्बई के 'बेताज के बादशाह' से मिलना था। पर बादशाह ने मुझे डराया नहीं। पिता जिस प्रेम से अपने नौजवान बेटे से मिलता है, उसी तरह वे मुझसे मिले।

इस सारी बातचीत में मुश्किल से दो मिनट लगे होंगे। सर फीरोजशाह ने मेरी बात सुन ली। न्यायमूर्ति रानाडे और तैयबजी से मिल चुकने की बात भी मैंने उन्हें बतला दी। उन्होंने कहा, "गांधी, तुम्हारे लिए मुझे आमसभा करनी होगी। मुझे तुम्हारी मदद करनी चाहिए।" फिर अपने मुंशी की ओर मुड़े और उसे सभा का दिन निश्चित करने को कहा। दिन निश्चित करके मुझे बिदा किया।

फरामजी कावसजी इन्स्टीट्यूट के हॉल में सभा थी। मैंने सुन रखा था कि जिस सभा में सर फीरोजशाह बोलने वाले हों, उस सभा में खड़े रहने को जगह नहीं मिलती। ऐसी सभाओं में विद्यार्थी समाज खास रस लेता था।

ऐसी सभा का मेरा यह पहला अनुभव था।

सर फीरोजशाह को मेरा भाषण अच्छा लगा। मुझे गंगा नहाने का-सा सन्तोष हुआ।

सर फीरोजशाह मेहता ने मेरा मार्ग सरल कर दिया था। बम्बई से पूना गया। मुझे मालूम था कि पूना में दो दल थे। मुझे तो सबकी मदद की ज़रूरत थी। मैं लोकमान्य तिलक से मिला। उन्होंने कहा, "सब पक्षों की मदद लेने का आपका विचार बिलकुल ठीक है। आपके मामले में कोई मतभेद हो ही नहीं सकता। लेकिन आपके लिए तटस्थ सभापति चाहिए। आप प्रो० भण्डारकर से मिलिये। वे आजकल किसी आन्दोलन में सम्मिलित नहीं होते। पर सम्भव है कि इस काम के लिए आगे आ जायें। उनसे मिलने के बाद मुझे परिणाम से सूचित कीजिये। मैं आपकी पूरी मदद करना चाहता हूँ। आप प्रो० गोखले से तो मिलेंगे ही। मेरे पास आप जब आना चाहें, निःसंकोच आइये।"

लोकमान्य का यह मेरा प्रथम दर्शन था। मैं उनकी लोकप्रियता का कारण तुरन्त समझ गया।

यहाँ से मैं गोखले के पास गया। वे फर्ग्यूसन कॉलेज में थे। मुझसे बड़े प्रेम से मिले और मुझे अपना बना लिया। उनसे भी मेरा यह पहला ही परिचय था। पर ऐसा जान पड़ा, मानो हम पहले मिल चुके हों। सर फीरोजशाह मुझे हिमालय-जैसे, लोकमान्य समुद्र-जैसे और गोखले गंगा-जैसे लगे। गंगा में मैं नहा सकता था। हिमालय पर चढ़ा नहीं जा सकता था। समुद्र में डूबने का डर था। गंगा की गोद में तो खेला जा सकता था। उसमें डोंगियाँ लेकर सैर की जा सकती थी। गोखले ने बारीकी से मेरी जाँच की—उसी तरह, जिस तरह स्कूल में भर्ती होते समय किसी विद्यार्थी की की जाती है। उन्होंने मुझे बताया कि मैं किस-किस से और कैसे मिलूँ और मेरा भाषण देखने को माँगा। मुझे कॉलेज की व्यवस्था दिखायी। जब ज़रूरत हो, तब फिर मिलने को कहा। डॉ० भण्डारकर के जवाब की खबर देने को कहा

और मुझे बिदा किया। मेरी खुशी का कोई ठिकाना नहीं रहा।

रामकृष्ण भण्डारकर ने मेरा वैसा ही स्वागत किया, जैसा कोई बाप बेटे का करता है। उनके यहाँ गया, तब दुपहरी का समय था। ऐसे समय में भी मैं अपना काम कर रहा था, वह चीज़ ही उस उद्यमी शास्त्रज्ञ को प्यारी लगी। और तटस्थ सभापति के लिए मेरे आग्रह की बात सुनकर 'देट्स इट, देट्स इट' (यह ठीक है, यह ठीक है) के उद्‌गार उनके मुँह से सहज ही निकल पड़े।

बिना किसी हो-हल्ले और आडम्बर के एक सादे मकान में पूना की इस विद्वान् और त्यागी मण्डली ने सभा की, और मुझे सम्पूर्ण प्रोत्साहन के साथ बिदा किया।

वहाँ से मैं मद्रास गया। मद्रास तो पागल हो उठा। बालासुन्दरम् के किस्से का सभा पर गहरा असर पड़ा। मेरे लिए मेरा भाषण अपेक्षाकृत लम्बा था। पूरा छपा हुआ था। पर सभा ने उसका एक-एक शब्द ध्यानपूर्वक सुना। सभा के अन्त में उस 'हरी पुस्तिका' पर लोग टूट पड़े। मद्रास में संशोधन और परिवर्धन के साथ उसकी दूसरी आवृत्ति दस हज़ार की छपवायी थी। उसका अधिकांश निकल गया।

इतने में डरबन से तार मिला—"पार्लियामेण्ट जनवरी में बैठेगी। जल्दी लौटिये।"

दादा अब्दुल्ला ने स्वयं 'कुरलैण्ड' नाम का स्टीमर खरीद लिया था। उन्होंने उसमें मुझे और मेरे परिवार को मुफ्त ले जाने का आग्रह किया। मैंने उसे धन्यवादसहित स्वीकार कर लिया, और दिसम्बर के आरम्भ में 'कुरलैण्ड' स्टीमर से अपनी धर्मपत्नी, दो लड़कों और अपने स्व० बहनोई के एकमात्र लड़के को लेकर दूसरी बार दक्षिण अफ्रीका के लिए रवाना हुआ। इस स्टीमर के साथ ही दूसरा 'नादरी' स्टीमर भी डरबन के लिए रवाना हुआ। दादा अब्दुल्ला उसके एजेण्ट थे। दोनों स्टीमरों में कुल मिलाकर करीब 800 हिन्दुस्तानी यात्री रहे होंगे। उनमें आधे से अधिक लोग ट्रान्सवाल जाने वाले थे।

भाग 6

वापस दक्षिण अफ्रीका

दक्षिण अफ्रीका में आगमन और तूफ़ान

अठारह दिसम्बर के आस-पास दोनों स्टीमरों ने लंगर डाले। दक्षिण अफ्रीका के बन्दरगाह में यात्रियों के स्वास्थ्य की पूरी जाँच की जाती है। यदि रास्ते में किसी को कोई छूतवाली बीमारी हुई हो तो स्टीमर को सूतक में—क्वारण्टीन में—रखा जाता है। हमारे बम्बई छोड़ते समय वहाँ प्लेग की शिकायत थी, इसलिए हमें इस बात का डर ज़रूर था कि सूतक की कुछ बाधा होगी।

डॉक्टर आये। जाँच करके उन्होंने पाँच दिन का सूतक घोषित किया; क्योंकि उनकी यह धारणा थी कि प्लेग के कीटाणु तेईस दिन तक ज़िन्दा रह सकते हैं। इसलिए उन्होंने ऐसा आदेश दिया कि बम्बई छोड़ने के बाद तेईस दिन की अवधि पूरी होने तक स्टीमरों को सूतक में रखा जाये।

पर इस सूतक की आज्ञा का हेतु केवल स्वास्थ्य रक्षा न था। डरबन के गोरे नागरिक हमें उलटे पैरों लौटा देने का जो आन्दोलन कर रहे थे, वह भी इस आज्ञा के मूल में एक कारण था।

दादा अब्दुल्ला की तरफ से हमें शहर में चल रहे इस आन्दोलन की खबरें मिलती रहती थीं। गोरे लोग एक के बाद एक दूसरी विराट सभायें कर रहे थे। दादा अब्दुल्ला के नाम धमकियाँ भेजते थे, उन्हें लालच भी देते थे। अगर दादा अब्दुल्ला दोनों स्टीमरों को वापस ले जायें, तो गोरे नुकसान की भरपाई करने को तैयार थे। दादा अब्दुल्ला किसी की धमकी से डरने वाले न थे। इस समय वहाँ सेठ अब्दुल करीम हाजी आदम दुकान पर थे। उन्होंने प्रतिज्ञा की थी कि कितना ही नुकसान क्यों न उठाना पड़े, वे स्टीमरों को बन्दर पर लायेंगे और यात्रियों को उतारेंगे। मेरे नाम उनके विस्तृत पत्र बराबर आते रहते थे। सौभाग्य से इस समय स्व० मनसुखलाल हीरालाल नाजर मुझसे मिलने के लिए डरबन आ पहुँचे थे। वे होशियार और बहादुर आदमी थे। उन्होंने हिन्दुस्तानी कौम को नेक सलाह दी। मि० लाटन वकील थे। वे भी वैसे ही बहादुर थे। उन्होंने गोरों की करतूतों की निन्दा की और इस अवसर पर कौम को जो सलाह दी, वह सिर्फ वकील के नाते पैसे लेकर नहीं, बल्कि एक सच्चे मित्र के नाते दी।

इस प्रकार डरबन में द्वन्द्व-युद्ध छिड़ गया। एक ओर मुट्ठीभर गरीब हिन्दुस्तानी और उनके इने-गिने अंग्रेज़ मित्र थे; दूसरी ओर धनबल प्रतिपक्षियों को राज्य का

बल भी प्राप्त हो गया था; क्योंकि नेटाल की सरकार ने खुल्लमखुल्ला उनकी मदद की थी। मि० हेरी एस्कम्ब ने, जो मन्त्रिमण्डल में थे और उसके कर्ताधर्ता थे, इन गोरों की सभाओं में प्रकट रूप से हिस्सा लिया।

यात्रियों के मनोरंजन के लिए स्टीमर पर खेलों का प्रबन्ध किया गया था। मैं आनन्द में सम्मिलित हुआ था, पर मेरा दिल तो डरबन में चल रही लड़ाई में ही लगा हुआ था; क्योंकि इस हमले में मध्यबिन्दु मैं था। मुझ पर दो आरोप थे–

1. मैंने हिन्दुस्तान में नेटालवासी गोरों की अनुचित निन्दा की थी;

2. मैं नेटाल को हिन्दुस्तानियों से भर देना चाहता था, और इसलिए खासकर नेटाल में बसाने के लिए हिन्दुस्तानियों को 'कुरलैण्ड' और 'नादरी' में भर लाया था।

मुझे अपनी ज़िम्मेदारी का खयाल था। मेरे कारण दादा अब्दुल्ला भारी नुकसान में पड़ गये थे। यात्रियों के प्राण संकट में थे। और अपने परिवार को साथ लाकर मैंने उसे भी दु:ख में डाल दिया था।

पर मैं स्वयं बिलकुल निर्दोष था। मैंने किसी को नेटाल आने के लिए ललचाया नहीं था। 'नादरी' के यात्रियों को मैं पहचानता भी न था। 'कुरलैण्ड' में अपने दो-तीन रिश्तेदारों को छोड़कर बाकी के सैकड़ों यात्रियों के नामधाम तक मैं जानता न था। मैंने हिन्दुस्तान में नेटाल के अंग्रेज़ों के विषय में ऐसा एक भी शब्द नहीं कहा, जो मैं नेटाल में कह न चुका था। और जो कुछ मैंने कहा था, उसके लिए मेरे पास काफी प्रमाण थे।

अन्त में, तेईस दिन के बाद स्टीमरों को मुक्ति गिली और यात्रियों को उतरने का आदेश मिला।

जहाज धक्के पर लगा। यात्री उतरे। पर मेरे बारे में मि० एस्कम्ब ने कप्तान से कहलाया था–"गांधी को और उनके परिवार को शाम के समय उतारियेगा। उनके विरुद्ध गोरे बहुत उत्तेजित हो गये हैं और उनके प्राण संकट में हैं। पोर्ट सुपरिटेण्डेण्ट मि० टेटम उन्हें शाम को अपने साथ ले जायेंगे।"

कप्तान ने मुझे इस सन्देश की खबर दी। मैंने तदनुसार चलना स्वीकार किया। लेकिन इस सन्देश को मिले आधा घण्टा भी न हुआ था कि इतने में मि० लाटन आये और कप्तान से मिलकर बोले, "यदि मि० गांधी मेरे साथ चलें, तो मैं उन्हें अपनी ज़िम्मेदारी पर ले जाना चाहता हूँ। स्टीमर के एजेण्ट के वकील के नाते मैं आपसे कहता हूँ कि मि० गांधी के बारे में जो सन्देश आपको मिला है, उसके बन्धन से आप मुक्त हैं।" इस प्रकार कप्तान से बातचीत करके वे मेरे पास आये और मुझसे कुछ इस मतलब की बातें कहीं, "आपको जीवन का डर न हो, तो मैं चाहता हूँ कि श्रीमती गांधी और बच्चे गाड़ी में रुस्तमजी सेठ के घर जायें और आप तथा मैं आम रास्ते से पैदल चलें। मुझे यह बिलकुल अच्छा नहीं लगता कि आप

अँधेरा होने पर चुपचाप शहर में दाखिल हों। मेरा खयाल है कि आपका बाल भी बाँका न होगा। अब तो सब कुछ शान्त है। गोरे सब तितर-बितर हो गये हैं। पर कुछ भी क्यों न हो, मेरी राय है कि आपको छिपे तौर पर शहर में कभी न जाना चाहिए।"

मैं सहमत हो गया। मेरी धर्मपत्नी और बच्चे गाड़ी में बैठकर रुस्तमजी सेठ के घर सही-सलामत पहुँच गये। कप्तान की अनुमति लेकर मैं मि० लाटन के साथ उतरा। रुस्तमजी सेठ का घर वहाँ से लगभग दो मील दूर था।

जैसे ही हम जहाज़ से उतरे, कुछ लड़कों ने मुझे पहचान लिया और वे 'गांधी, गांधी' चिल्लाने लगे। तुरन्त ही कुछ लोग इकट्ठा हो गये और चिल्लाहट बढ़ गयी। मि० लाटन ने देखा कि भीड़ बढ़ जायेगी, इसलिए उन्होंने रिक्शा मँगवाया। मुझे उसमें बैठना कभी अच्छा न लगता था। उस पर सवार होने का मुझे यह पहला ही अनुभव होने जा रहा था। पर लड़के क्यों बैठने देते? उन्होंने रिक्शावाले को धमकाया और वह भाग खड़ा हुआ।

हम आगे बढ़े। भीड़ भी बढ़ती गयी। खासी भीड़ जमा हो गयी। सबसे पहले तो भीड़वालों ने मुझे मि० लाटन से अलग कर दिया। फिर मुझ पर कंकरों और सड़े अण्डों की वर्षा शुरू हुई। किसी ने मेरी पगड़ी उछालकर फेंक दी। फिर लातें शुरू हुईं।

मुझे गश आ गया। मैंने पास के घर की जाली पकड़ ली और दम लिया। वहाँ खड़ा रहना तो सम्भव ही न था। तमाचे पड़ने लगे।

इतने में पुलिस अधिकारी की स्त्री, जो मुझे पहचानती थी, उस रास्ते से गुज़री। मुझे देखते ही वह मेरी बगल में आकर खड़ी हो गयी और धूप के न रहते भी उसने अपनी छतरी खोल ली। इससे भीड़ कुछ नरम पड़ी। अब मुझ पर प्रहार करने हों, तो मिसेज एलेक्ज़ेण्डर को बचाकर ही किये जा सकते थे।

इस बीच मुझ पर मार पड़ते देखकर कोई हिन्दुस्तानी नौजवान पुलिस थाने पर दौड़ गया। सुपरिटेण्डेण्ट एलेक्ज़ेण्डर ने एक टुकड़ी मुझे घेरकर बचा लेने के लिए भेजी। वह समय पर पहुँची। मेरा रास्ता पुलिस थाने के पास ही होकर जाता था। सुपरिटेण्डेण्ट ने मुझे थाने में आश्रय लेने की सलाह दी। मैंने इनकार किया और कहा, "जब लोगों को अपनी भूल मालूम हो जायेगी, तो वे शान्त हो जायेंगे। मुझे उनकी न्यायबुद्धि पर विश्वास है।"

पुलिस के दस्ते के साथ मैं सही-सलामत पारसी रुस्तमजी के घर पहुँचा। मेरी पीठ पर छिपी मार पड़ी थी। एक जगह थोड़ा खून निकल आया था। स्टीमर के डॉक्टर दादा बरजोर वहीं मौजूद थे। उन्होंने मेरी अच्छी सेवा-शुश्रूषा की।

यों भीतर शान्ति थी, पर बाहर गोरों ने घर को घेर लिया था। शाम हो चुकी थी। अँधेरा हो चला था। बाहर हज़ारों लोग तीखी आवाज़ में शोर कर रहे थे और

'गांधी को हमें सौप दो' की पुकार मचा रहे थे। परिस्थिति का खयाल करके सुपरिटेण्डेण्ट एलेक्ज़ेण्डर वहाँ पहुँच गये थे और भीड़ को धमकी से नहीं, बल्कि उसका मन बहलाकर वश में रख रहे थे।

फिर भी वे निश्चिन्त तो नहीं थे। उन्होंने मुझे इस आशय का सन्देशा भेजा, "यदि आप अपने मित्र के मकान, माल-असबाब और अपने बाल-बच्चों को बचाना चाहते हों, तो जिस तरह मैं कहूँ, उस तरह आपको इस घर से छिपे तौर पर निकल जाना चाहिए।"

मैंने हिन्दुस्तानी सिपाही की वर्दी पहनी। कभी सिर पर मार पड़े, तो उससे बचने के लिए माथे पर पीतल की एक तश्तरी रखी और ऊपर से मद्रासी तर्ज़ का बड़ा साफा बाँधा। साथ में खुफिया पुलिस के दो जवान थे। उनमें से एक ने हिन्दुस्तानी व्यापारी की पोशाक पहनी और अपना चेहरा हिन्दुस्तानी की तरह रंग लिया। दूसरे ने क्या पहना, सो मैं भूल गया हूँ। हम बगल की गली में होकर पड़ोस की एक दुकान में पहुँचे और गोदाम में लगी हुई बोरों की थप्पियों को अँधेरे में लाँघते हुए दुकान के दरवाज़े से भीड़ में घुसकर आगे निकल गये। गली के नुक्कड़ पर गाड़ी खड़ी थी, उसमें बैठाकर मुझे अब उसी थाने में ले गये, जिसमें आश्रय लेने की सलाह सुपरिटेण्डेण्ट एलेक्ज़ेण्डर ने पहले दी थी। मैंने सुपरिटेण्डेण्ट एलेक्ज़ेण्डर को और खुफिया पुलिस के अधिकारियों को धन्यवाद दिया।

इस प्रकार जब एक तरफ से मुझे ले जाया जा रहा था, तब दूसरी तरफ सुपरिटेण्डेण्ट एलेक्ज़ेण्डर भीड़ से गाना गवा रहे थे। उस गीत का अनुवाद यह है—

'चलो, हम गांधी को फाँसी लटका दें,
इमली के उस पेड़ पर फाँसी लटका दें।'

जब सुपरिटेण्डेण्ट एलेक्ज़ेण्डर को मेरे सही-सलामत थाने पर पहुँच जाने की खबर मिली, तो उन्होंने भीड़ से कहा, "आपका शिकार तो इस दुकान में से सही-सलामत निकल भागा है।" भीड़ में किसी को गुस्सा आया, कोई हँसा, बहुतों ने इस बात को मानने से इनकार किया।

इस पर सुपरिटेण्डेण्ट एलेक्ज़ेण्डर ने कहा, "तो आप लोग अपने में से जिसे नियुक्त कर दें, उसे मैं अन्दर ले जाऊँ और वह तलाश करके देख ले। अगर आप गांधी को ढूँढ निकालें, तो मैं उसे आपके हवाले कर दूँगा। न ढूँढ सके, तो आपको बिखर जाना होगा। मुझे यह विश्वास तो है ही कि आप पारसी रुस्तमजी का मकान हरगिज़ नहीं जलायेंगे और न गांधी के स्त्री-बच्चों को कष्ट पहुँचायेंगे।"

भीड़ ने प्रतिनिधि नियुक्त किये। उन्होंने तलाश के बाद उसे निराशाजनक समाचार सुनाये। सब सुपरिटेण्डेण्ट एलेक्ज़ेण्डर की सूझ-बूझ और चतुराई की प्रशंसा करते हुए, पर मन-ही-मन कुछ गुस्सा होते हुए, बिखर गये।

उस समय के उपनिवेश-मन्त्री स्व० मि० चेम्बरलेन ने, जो उस समय संस्थानों

के प्रतिनिधि थे; तार द्वारा सूचित किया कि मुझ पर हमला करने वालों पर मुकद्दमा चलाया जाये और मुझे न्याय दिलाया जाये। मि० एस्कम्ब ने मुझे अपने पास बुलाया। मुझे पहुँची हुई चोट के लिए खेद प्रकट करते हुए उन्होंने कहा, "आप यह तो मानेंगे ही कि आपका बाल भी बाँका हो, तो मुझे उससे कभी खुशी नहीं हो सकती। आपने मि० लाटन की सलाह मानकर तुरन्त उतर जाने का साहस किया। आपको ऐसा करने का हक था, पर आपने मेरे सन्देश को मान लिया होता, तो यह दुःखद घटना न घटती। अब अगर आप हमला करने वालों को पहचान सकें, तो मैं उन्हें गिरफ्तार करवाने और उन पर मुकद्दमा चलाने को तैयार हूँ। मि० चेम्बरलेन भी यही चाहते हैं।"

मैंने जवाब दिया, "मुझे किसी पर मुकद्दमा नहीं चलाना है। सम्भव है, हमला करने वालों में से एक-दो को मैं पहचान लूँ, पर उन्हें सज़ा दिलाने से मुझे क्या लाभ होगा। फिर मैं हमला करने वालों को दोषी भी नहीं मानता। उन्हें तो यह कहा गया है कि मैंने हिन्दुस्तान में अतिशयोक्तिपूर्ण बातें कहकर नेटाल के गोरों को बदनाम किया है। वे इस बात को मानकर गुस्सा हों, तो इसमें आश्चर्य क्या है? दोष तो बड़ों का और मुझे कहने की इजाज़त दें, तो आपका माना जाना चाहिए। आप लोगों को सही रास्ता दिखा सकते थे, पर आपने भी रायटर के तार को ठीक माना और यह कल्पना कर ली कि मैंने अतिशयोक्ति की होगी। मुझे किसी पर मुकद्दमा नहीं चलाना है। जब वस्तुस्थिति प्रकट होगी और लोगों को पता चलेगा, तो वे खुद पछतायेंगे।"

"तो आप मुझे यह बात लिखकर दे देंगे? मुझे मि० चेम्बरलेन को इस आशय का तार भेजना पड़ेगा। मैं नहीं चाहता कि आप जल्दी में कुछ लिखकर दे दें। मेरी इच्छा ये है कि आप मि० लाटन से और अपने दूसरे मित्रों से सलाह करके, जो उचित जान पड़े, सो करें। हाँ, मैं यह स्वीकार करता हूँ कि यदि आप हमला करने वालों पर मुकद्दमा नहीं चलायेंगे, तो सब ओर शान्ति स्थापित करने में मुझे बहुत मदद मिलेगी और आपकी प्रतिष्ठा तो निश्चय ही बढ़ेगी।"

मैंने जवाब दिया, "इस विषय में मेरे विचार पक्के हो चुके हैं। यह निश्चय समझिये कि मुझे किसी पर मुकद्दमा नहीं चलाना है, इसलिए मैं आपको यहीं लिखकर दे देना चाहता हूँ।"

यह कहकर मैंने आवश्यक पत्र लिखकर दे दिया।

जिस दिन मैं जहाज़ से उतरा, उसी दिन 'नेटाल एडवरटाइज़र' नामक पत्र का प्रतिनिधि मुझसे मिल गया था। उसने मुझे कई प्रश्न पूछे थे और उनके उत्तर में मैं प्रत्येक आरोप का पूरा-पूरा जवाब दे सका था। सर फीरोजशाह मेहता के प्रताप से उस समय मैंने हिन्दुस्तान में एक भी भाषण बिना लिखे नहीं किया था। अपने उन सब भाषणों और लेखों का संग्रह तो मेरे पास था ही। मैंने वह सब उसे दिया और सिद्ध कर दिखाया कि मैंने हिन्दुस्तान में ऐसी एक भी बात नहीं कही, जो अधिक

तीव्र शब्दों में दक्षिण अफ्रीका में न कही हो। मैंने यह भी बता दिया कि 'कुरलैण्ड' और 'नादरी' के यात्रियों को लाने में मेरा हाथ बिलकुल न था। उनमें अधिकतर तो पुराने ही थे और बहुतेरे नेटाल में रहने वाले नहीं थे, बल्कि ट्रान्सवाल जाने वाले थे। उन दिनों नेटाल में मन्दी थी। ट्रान्सवाल में बहुत अधिक कमाई होती थी। इस कारण अधिकतर हिन्दुस्तानी वहीं जाना पसन्द करते थे।

इस खुलासे का और हमलावरों पर मुकद्दमा दायर करने से मेरे इनकार करने का इतना ज़्यादा असर पड़ा कि गोरे शर्मिन्दा हुए। समाचारपत्रों ने मुझे निर्दोष सिद्ध किया और हुल्लड़ करने वालों की निन्दा की। इस प्रकार परिणाम में तो मुझे लाभ ही हुआ, और मेरा लाभ मेरे कार्य का ही लाभ था। इससे भारतीय समाज की प्रतिष्ठा बढ़ी और मेरा मार्ग अधिक सरल हो गया।

तीन या चार दिन बाद मैं अपने घर गया और कुछ ही दिनों में व्यवस्थित रीति से अपना कामकाज करने लगा।

बच्चों की शिक्षा और सेवावृत्ति

सन् 1897 की जनवरी में मैं डरबन उतरा, तब मेरे साथ तीन बालक थे। मेरा भानजा लगभग दस वर्ष की उम्र का, मेरा बड़ा लड़का नौ वर्ष का और दूसरा लड़का पाँच वर्ष का। इन सबको कहाँ पढ़ाया जाये?

मैं अपने लड़कों को गोरों के लिए चलने वाले स्कूलों में भेज सकता था, पर वह केवल मेहरबानी और अपवादरूप होता। दूसरे, सब हिन्दुस्तानी बालक वहाँ पढ़ नहीं सकते थे। हिन्दुस्तानी बालकों को पढ़ाने के लिए ईसाई मिशन के स्कूल थे, पर उनमें मैं अपने बालकों को भेजने के लिए तैयार न था। वहाँ दी जाने वाली शिक्षा मुझे पसन्द न थी। सारी शिक्षा अंग्रेज़ी में ही दी जाती थी अथवा बहुत प्रयत्न किया जाता तो अशुद्ध तमिल या हिन्दी में दी जा सकती थी। पर इन और ऐसी अन्य त्रुटियों को सहन करना मेरे लिए सम्भव न था।

मैं स्वयं बालकों को पढ़ाने का थोड़ा प्रयत्न करता था।

मैं उन्हें देश भेजने के लिए तैयार न था। उस समय भी मेरा यह खयाल था कि छोटे बच्चों को माता-पिता से अलग नहीं रहना चाहिए। सुव्यवस्थित घर में बालकों को जो शिक्षा सहज ही मिल जाती है, वह छात्रालयों में नहीं मिल सकती। अतएव अधिकतर वे मेरे साथ ही रहे।

लड़कों को मैं स्वयं जितना समय देना चाहता था, उतना दे नहीं सका। इस कारण और दूसरी अनिवार्य परिस्थितियों के कारण मैं अपनी इच्छा के अनुसार उन्हें अक्षर-ज्ञान नहीं दे सका। इस विषय में मेरे सब लड़कों को न्यूनाधिक मात्रा में मुझसे शिकायत भी रही है; क्योंकि जब-जब वे 'बी०ए०', 'एम०ए०' और 'मैट्रिकुलेट' के भी सम्पर्क में आते, तब स्वयं किसी स्कूल में न पढ़ सकने की

कमी का अनुभव करते थे।

तिस पर भी मेरी अपनी राय यह है कि जो अनुभव-ज्ञान उन्हें मिला है, माता-पिता का जो सहवास वे प्राप्त कर सके हैं, स्वतन्त्रता का जो पदार्थ-पाठ उन्हें सीखने को मिला है, वह सब उन्हें न मिलता, यदि मैंने उनको चाहे जिस तरह स्कूल भेजने का आग्रह रखा होता।

वे बालक और मेरे लड़के आज समान अवस्था के हैं। मैं नहीं मानता कि वे मनुष्यता में मेरे लड़कों से आगे बढ़े हुए हैं अथवा उनसे मेरे लड़के कुछ अधिक सीख सकते हैं।

फिर भी, मेरे प्रयोग का अन्तिम परिणाम तो भविष्य ही बता सकता है। यहाँ इस विषय की चर्चा करने का हेतु तो यह है कि मनुष्य-जाति की उत्क्रांति का अध्ययन करने वाले लोग गृह-शिक्षा और स्कूली-शिक्षा के भेद का और माता-पिता द्वारा अपने जीवन में किये हुए परिवर्तनों का उनके बालकों पर जो प्रभाव पड़ता है, उसका कुछ अन्दाज़ लगा सकें।

मैंने स्वाभिमान का त्याग किया होता, दूसरे भारतीय बालक जिसे न पा सकें, उसकी अपने बालकों के लिए इच्छा न रखने के विचार का पोषण न किया होता, तो मैं अपने बालकों को अक्षर-ज्ञान अवश्य दे सकता था। किन्तु उस दशा में स्वतन्त्रता और स्वाभिमान का जो पदार्थ-पाठ वे सीखे, वह न सीख पाते। और जहाँ स्वतन्त्रता तथा अक्षर-ज्ञान के बीच ही चुनाव करना हो, वहाँ कौन कहेगा कि स्वतन्त्रता अक्षर-ज्ञान से हज़ार गुनी अधिक अच्छी नहीं है?

सन् 1920 में जिन नौजवानों को मैंने स्वतन्त्रताघातक स्कूलों और कॉलेजों को छोड़ने के लिए आमन्त्रित किया था, और जिनसे मैंने कहा था कि स्वतन्त्रता के लिए निरक्षर रहकर आम रास्ते पर गिट्टी फोड़ना, गुलामी में रहकर अक्षर-ज्ञान प्राप्त करने से कहीं अच्छा है, वे अब मेरे कथन के मर्म को कदाचित् समझ सकेंगे।

मन में हमेशा यह विचार बना रहता कि सेवा-शुश्रूषा का ऐसा कुछ काम मैं हमेशा करता रहूँ, तो कितना अच्छा हो! डॉक्टर बूथ सेण्ट एडम्स मिशन के मुखिया थे। वे हमेशा अपने पास आने वालों को मुफ्त दवा दिया करते थे। बहुत भले और दयालु आदमी थे। पारसी रुस्तमजी की दानशीलता के कारण डॉ० बूथ की देखरेख में एक बहुत छोटा अस्पताल खुला। मेरी प्रबल इच्छा हुई कि मैं इस अस्पताल में नर्स का काम करूँ।

इस काम से मैं दुखी-दर्दी हिन्दुस्तानियों के निकट सम्पर्क में आया। उनमें से अधिकांश तमिल, तेलुगु अथवा उत्तर हिन्दुस्तान के गिरमिटिया होते थे।

यह अनुभव मेरे लिए भविष्य में बहुत उपयोगी सिद्ध हुआ। बोअर-युद्ध के समय घायलों की सेवा-सुश्रूषा के काम में और दूसरे बीमारों की परिचर्या में मुझे इससे बड़ी मदद मिली।

सादगी

धोबी का खर्च भी ज्यादा मालूम हुआ। इसके अलावा, धोबी निश्चित समय पर कपड़े नहीं लौटाता था। इसलिए दो-तीन दर्जन कमीजों और उतने ही कॉलरों से भी मेरा काम चल नहीं पाता था। कॉलर मैं रोज़ बदलता था। कमीज़ रोज नहीं, तो एक दिन के अन्तर से बदलता था। इससे दोहरा खर्च होता था। मुझे यह व्यर्थ प्रतीत हुआ। अतएव मैंने धुलाई का सामान जुटाया। धुलाई कला पर पुस्तक पढ़ी और धोना सीखा। पत्नी को भी सिखाया। काम का कुछ बोझ तो बढ़ा ही, पर नया काम होने से उसे करने में आनन्द आता था।

पहली बार अपने हाथों धोये हुए कॉलर को तो मैं कभी भूल नहीं सकता। उसमें कलफ अधिक लग गया था और इस्तरी पूरी गरम नहीं थी। तिस पर कॉलर के जल जाने के डर से इस्तरी को मैंने अच्छी तरह दबाया भी नहीं था। इससे कॉलर में कड़ापन तो आ गया, पर उसमें से कलफ झड़ता रहता था। ऐसी हालत में मैं कोर्ट गया और वहाँ बैरिस्टरों के लिए मज़ाक का साधन बन गया। पर इस तरह का मज़ाक सह लेने की शक्ति उस समय भी मुझमें काफी थी।

मैंने सफाई देते हुए कहा, ''अपने हाथों कॉलर धोने का मेरा यह पहला प्रयोग है, इस कारण इसमें से कलफ झड़ता है। मुझे इससे कोई अड़चन नहीं होती; तिस पर आप सब लोगों के लिए विनोद की इतनी सामग्री जुटा रहा हूँ, सो घाते में।''

एक मित्र ने पूछा, ''पर क्या धोबियों का अकाल पड़ गया है?''

''यहाँ धोबी का खर्च मुझे तो असह्य मालूम होता है। कॉलर की कीमत के बराबर धुलाई हो जाती है और इतनी धुलाई देने बाद भी धोबी की गुलामी करनी पड़ती है। इसकी अपेक्षा अपने हाथ से धोना मैं ज़्यादा पसन्द करता हूँ।''

जिस तरह मैं धोबी की गुलामी से छूटा, उसी तरह नाई की गुलामी से भी छूटने का अवसर आ गया। हजामत तो विलायत जाने वाले सब कोई हाथ से बनाना सीख ही लेते हैं, पर कोई बाल छाँटना भी सीखता होगा, इसका मुझे खयाल नहीं है। एक बार प्रिटोरिया में मैं एक अंग्रेज़ हज्जाम की दुकान पर पहुँचा। उसने मेरी हजामत बनाने से साफ इनकार कर दिया और इनकार करते हुए जो तिरस्कार प्रकट किया, सो घाते में रहा। मुझे दुःख हुआ। मैं बाज़ार पहुँचा। मैंने बाल काटने की मशीन खरीदी और आईने के सामने खड़े होकर बाल काटे। बाल जैसे-तैसे कट तो गये, पर पीछे के बाल काटने में बड़ी कठिनाई हुई। सीधे तो वे कट ही न पाये। कोर्ट में खूब कहकहे लगे।

''तुम्हारे बाल ऐसे क्यों हो गये हैं? सिर पर चूहे तो नहीं चढ़ गये थे?''

मैंने कहा, ''जी नहीं, मेरे काले सिर को गोरा हज्जाम कैसे छू सकता है? इसलिए कैसे भी क्यों न हों, अपने हाथ से काटे हुए बाल मुझे अधिक प्रिय हैं।''

इस उत्तर में मित्रों को आश्चर्य नहीं हुआ। असल में उस हज्जाम का कोई दोष न था। अगर वह काली चमड़ी वालों के बाल काटने लगता, तो उसकी रोज़ी मारी जाती। हम भी अपने अछूतों के बाल ऊँची जाति के हिन्दुओं के हज्जामों को कहाँ काटने देते हैं? दक्षिण अफ्रीका में मुझे इसका बदला एक नहीं, अनेकों बार मिला है; और चूँकि मैं यह मानता था कि यह हमारे दोष का परिणाम है, इसलिए मुझे इस बात से कभी गुस्सा नहीं आया।

एक पुण्य स्मरण और प्रायश्चित्त

मेरे जीवन में ऐसी घटनायें घटती ही रही हैं, जिनके कारण मैं अनेक धर्मावलम्बियों के और अनेक जातियों के गाढ़ परिचय में आ सका हूँ। इन सबके अनुभवों के आधार पर यह कहा जा सकता है कि मैंने अपने और पराये, देशी और विदेशी, गोरे और काले, हिन्दू और मुसलमान अथवा ईसाई, पारसी या यहूदी के बीच कोई भेद नहीं किया। मैं कह सकता हूँ कि मेरा हृदय ऐसे भेद को पहचान ही न सका। अपने सम्बन्ध में मैं इस चीज़ को गुण नहीं मानता; क्योंकि यह मेरे स्वभाव में ही है।

जब मैं डरबन में वकालत करता था, तब अकसर मेरे मुहर्रिर मेरे साथ रहते थे। उनमें हिन्दू और ईसाई थे अथवा प्रान्त की दृष्टि से कहूँ, तो गुजराती और मद्रासी थे। मुझे स्मरण नहीं है कि उनके बारे में मेरे मन में कभी भेदभाव पैदा हुआ हो। मैं उन्हें अपना कुटुम्बी मानता था और यदि पत्नी की ओर से इसमें कोई बाधा आती, तो मैं उससे लड़ता था। एक मुहर्रिर ईसाई था। उसके माता-पिता पंचम जाति के थे। हमारे घर की बनावट पश्चिमी ढब की थी। उसमें कमरों के अन्दर मोरियाँ नहीं होतीं, मैं मानता हूँ कि होनी भी नहीं चाहिए। इससे हर एक कमरे में मोरी की जगह पेशाब के लिए खास बर्तन रखा जाता है। उसे उठाने का काम नौकर का न था, बल्कि हम पति-पत्नी का था। जो मुहर्रिर अपने को घर का-सा मानने लगते, वे तो अपने बर्तन खुद उठाते भी थे। यह पंचम कुल में उत्पन्न मुहर्रिर नया था। उसका बर्तन हमें ही उठाना चाहिए था। कस्तूरबाई दूसरे बर्तन तो उठाती थी, पर इस बर्तन को उठाना उसे असह्य लगा। इससे हमारे बीच कलह हुआ। मेरा उठाना उससे सहा न जाता था और खुद उठाना उसे भारी हो गया था। आँखों से मोती की बूँदें टपकाती, हाथ में बर्तन उठाती और अपनी लाल आँखों से मुझे उलाहना देकर सीढ़ियाँ उतरती हुई कस्तूरबाई का चित्र मैं आज भी खींच सकता हूँ।

पर मैं तो जितना प्रेमी था, उतना ही क्रूर पति था। मैं अपने को उसका शिक्षक भी मानता था, इस कारण अपने अंधे-प्रेम के वश होकर उसे खूब सताता था।

यों उसके सिर्फ बर्तन उठाकर ले जाने से मुझे सन्तोष न हुआ। मुझे सन्तोष तभी होता , जब वह उसे हँसते मुँह ले जाती। इसलिए मैंने दो बातें ऊँची आवाज़ में

कहीं। मैं बड़बड़ा उठा, "यह कलह मेरे घर में नहीं चलेगा।"

यह वचन कस्तूरबाई को तीर की तरह चुभ गया।

वह भड़क उठी, "तो अपना घर अपने पास रखो। मैं यह चली।"

मैं उस समय भगवान् को भूल बैठा था। मुझमें दया का लेश भी नहीं रह गया था। मैंने उसका हाथ पकड़ा। सीढ़ियों के सामने से बाहर निकलने का दरवाज़ा था। मैं उस असहाय-अबला को पकड़कर दरवाज़े तक खींच ले गया। दरवाज़ा आधा खोला।

कस्तूरबाई की आँखों से गंगा-यमुना बह रही थीं। वह बोली, "तुम्हें तो शर्म नहीं है, लेकिन मुझे है। जरा तो शर्माओ। मैं बाहर निकलकर कहाँ जा सकती हूँ? यहाँ मेरे माँ-बाप नहीं हैं कि उनके घर चली जाऊँ। मैं तुम्हारी पत्नी हूँ, इसलिए मुझे तुम्हारी डाँट-फटकार सहनी ही होगी। अब शर्माओ और दरवाज़ा बन्द करो। कोई देखेगा, तो दो में से एक की भी शोभा नहीं रहेगी।"

मैंने मुँह तो लाल रखा, पर शर्मिन्दा ज़रूर हुआ। दरवाज़ा बन्द कर दिया। यदि पत्नी मुझे छोड़ नहीं सकती थी, तो मैं भी उसे छोड़कर कहाँ जा सकता था? हमारे बीच झगड़े तो बहुत हुए हैं, पर परिणाम सदा शुभ ही रहा है। पत्नी ने अपनी अद्‌भुत सहनशक्ति द्वारा विजय प्राप्त की है।

मैं यह वर्णन आज तटस्थ-भाव से कर सकता हूँ; क्योंकि यह घटना हमारे बीते युग की है। आज मैं मोहान्ध पति नहीं हूँ। शिक्षक नहीं हूँ। कस्तूरबाई चाहे तो मुझे आज धमका सकती है। आज हम परखे हुए मित्र हैं, एक-दूसरे के प्रति निर्विकार बनकर रहते हैं।

बोअर-युद्ध

सन् 1897 से 1899 के बीच के अपने जीवन के दूसरे अनेक अनुभवों को छोड़कर अब मैं बोअर-युद्ध पर आता हूँ। जब यह युद्ध हुआ, तब मेरी अपनी सहानुभूति केवल बोअरों की तरफ ही थी। पर मैं मानता था कि ऐसे मामलों में व्यक्तिगत विचारों के अनुसार काम करने का अधिकार मुझे अभी प्राप्त नहीं हुआ है। इस सम्बन्ध के मन्थन-चिन्तन का सूक्ष्म निरीक्षण मैंने 'दक्षिण अफ्रीका के सत्याग्रह का इतिहास' में किया है, इसलिए यहाँ नहीं करना चाहता। जिज्ञासुओं को मेरी सलाह है कि वे उस इतिहास को पढ़ जायें। यहाँ तो इतना ही कहना काफी होगा कि ब्रिटिश राज्य के प्रति मेरी वफादारी मुझे उस युद्ध में सम्मिलित होने के लिए ज़बरदस्ती घसीट ले गयी। मैंने अनुभव किया कि जब मैं ब्रिटिश प्रजाजन के नाते अधिकार माँग रहा हूँ, तो उसी नाते ब्रिटिश राज्य की रक्षा में हाथ बँटाना भी मेरा धर्म है। उस समय मेरी यह राय थी कि हिन्दुस्तान की सम्पूर्ण उन्नति ब्रिटिश साम्राज्य के अन्दर रहकर ही हो सकती है।

अतएव जितने साथी मिले, उतनों को लेकर और अनेक कठिनाइयाँ सहकर हमने घायलों की सेवा-सुश्रूषा करने वाली एक टुकड़ी खड़ी की। अब तक साधारणतया यहाँ के अंग्रेज़ों की यही धारणा थी कि हिन्दुस्तानी संकट के कामों में नहीं पड़ते। उन्हें स्वार्थ के अतिरिक्त और कुछ नहीं सूझता। इसलिए कई अंग्रेज़ मित्रों ने मुझे निराश करने वाले उत्तर दिये थे। अकेले डॉक्टर बूथ ने मुझे बहुत प्रोत्साहित किया। उन्होंने हमें घायल योद्धाओं की सार-संभाल करना सिखाया। अपनी योग्यता के विषय में हमने डॉक्टरी प्रमाणपत्र प्राप्त किये। मि० लाटन और स्व० मि० एस्कम्ब ने भी हमारे इस कार्य को पसन्द किया। अन्त में, लड़ाई के समय सेवा करने देने के लिए हमने सरकार से विनती की।

हमारी इस टुकड़ी में लगभग ग्यारह सौ आदमी थे। उनमें करीब चालीस मुखिया थे। दूसरे कोई तीन सौ स्वतन्त्र हिन्दुस्तानी भी रंगरूटों में भर्ती हुए थे। बाकी के गिरमिटिये थे। डॉ० बूथ भी हमारे साथ थे। उस टुकड़ी ने अच्छा काम किया। यद्यपि उसे गोला-बारूद की हद के बाहर ही काम करना होता था और 'रेड क्रॉस'* का संरक्षण प्राप्त था, फिर भी संकट के समय गोला-बारूद की सीमा के अन्दर काम करने का अवसर भी हमें मिला। ऐसे संकट में न पड़ने का इकरार सरकार ने अपनी इच्छा से हमारे साथ किया था, पर स्पियांकोप की हार के बाद हालत बदल गयी। इसलिए जनरल बुलर ने यह सन्देशा भेजा कि यद्यपि आप लोग जोखिम उठाने के लिए वचनबद्ध नहीं हैं, तो भी यदि आप जोखिम उठाकर घायल सिपाहियों और अफसरों को रणक्षेत्र से उठाकर और डोलियों में डालकर ले जाने को तैयार हो जायेंगे, तो सरकार आपका उपकार मानेगी। हम तो जोखिम उठाने को तैयार ही थे। अतएव स्पियांकोप की लड़ाई के बाद हम गोला-बारूद की सीमा के अन्दर जाकर काम करने लगे।

इन दिनों सबको कई बार दिन में बीस-पच्चीस मील की मंज़िल तय करनी पड़ती थी और एक बार तो घायलों को डोली में डालकर न जाने इतने मील चलना पड़ा था। जिन घायल योद्धाओं को हमें इस प्रकार उठाकर ले जाना पड़ा, उनमें जनरल वुडगेट वगैरा भी थे।

छह हफ्तों के बाद हमारी टुकड़ी को बिदा दी गयी।

हमारे छोटे-से काम की उस समय तो बड़ी स्तुति हुई। इससे हिन्दुस्तानियों की प्रतिष्ठा बढ़ी। वहाँ के समाचारपत्रों में स्तुति काव्य लिखे गये। उसकी ध्रुव पंक्ति यह थी-"आखिरकार तो हम सभी एक ही राज्य के बाल-बच्चे हैं।" 'आखिर

---

* 'रेड क्रॉस' का अर्थ है, लाल स्वस्तिक। युद्ध में शुश्रूषा का काम करने वालों के बायें हाथ पर इस चिह्न वाली पट्टी बाँधी जाती है। नियम यह है कि शत्रु भी उन्हें चोट नहीं पहुँचा सकता। अधिक विवरण के लिए देखिये, 'दक्षिण अफ्रीका के सत्याग्रह का इतिहास' भाग 1, प्रकरण 9।

हिन्दुस्तानी साम्राज्य के वारिस तो हैं ही' जनरल वुलर ने अपने खरीते में हमारी टुकड़ी के काम की तारीफ की। मुखियों को युद्ध के पदक भी मिले।

इससे हिन्दुस्तानी कौम अधिक संगठित हो गयी। मैं गिरमिटिया हिन्दुस्तानियों के बहुत अधिक सम्पर्क में आ सका। उनमें अधिक जागृति आयी और हिन्दू, मुसलमान, ईसाई, मद्रासी, गुजराती, सिन्धी सब हिन्दुस्तानी हैं, यह भावना अधिक दृढ़ हुई। सबने माना कि अब हिन्दुस्तानियों के दु:ख दूर होने ही चाहिए। उस समय तो गोरों के व्यवहार में भी स्पष्ट परिवर्तन दिखायी दिया।

लड़ाई में गोरों के साथ जो सम्पर्क हुआ, वह मधुर था। हमें हज़ारों 'टॉमियों' के साथ रहने का मौका मिला। वे हमारे साथ मित्रता का व्यवहार करते थे, और यह जानकर कि हम उनकी सेवा के लिए आये हैं, हमारा उपकार मानते थे।

दु:ख के समय मनुष्य का स्वभाव किस तरह पिघलता है, इसका एक मधुर संस्मरण यहाँ दिये बिना मैं रह नहीं सकता। हम चीवली छावनी की तरफ जा रहे थे। यह वही क्षेत्र था, जहाँ लॉर्ड रॉबर्ट्स के पुत्र लेफ्टिनेण्ट रॉबर्ट्स को प्राणघातक चोट लगी थी। लेफ्टिनेण्ट रॉबर्ट्स के शव को ले जाने का सम्मान हमारी टुकड़ी को मिला था। अगले दिन धूप तेज़ थी। हम कूच कर रहे थे। सब प्यासे थे। पानी पीने के लिए रास्ते में एक छोटा-सा झरना पड़ा। पहले पानी कौन पीये? मैंने सोचा कि पहले टॉमी पानी पी लें, बाद में हम पियेंगे। पर टॉमियों ने हमें देखकर तुरन्त हमसे पानी पी लेने का आग्रह शुरू किया, और इस तरह बड़ी देर तक हमारे बीच 'आप पहले, हम पीछे' का मीठा झगड़ा चलता रहा।

नगर सफाई-आन्दोलन

समाज के एक भी अंग का निरुपयोगी रहना मुझे हमेशा अखरा है। जनता के दोष छिपाकर उसका बचाव करना अथवा दोष दूर किये बिना अधिकार प्राप्त करना मुझे हमेशा अरुचिकर लगा है। इसलिए दक्षिण अफ्रीका में रहने वाले हिन्दुस्तानियों पर लगाये जाने वाले एक आरोप का, जिसमें कुछ तथ्य था, इलाज करने का काम मैंने वहाँ के अपने निवासकाल में ही सोच लिया था। हिन्दुस्तानियों पर जब-जब यह आरोप लगाया जाता था कि वे अपने घर-बार साफ नहीं रखते और बहुत गन्दे रहते हैं। इस आरोप को नि:शेष करने के लिए आरम्भ में हिन्दुस्तानियों के मुखिया माने जाने वाले लोगों के घरों में तो सुधार आरम्भ हो ही चुके थे। पर घर-घर घूमने का सिलसिला तब शुरू हुआ, जब डरबन में प्लेग के प्रकोप का डर पैदा हुआ। इसमें म्युनिसिपैलिटी के अधिकारियों का भी सहयोग और सम्मति थी। हमारी सहायता मिलने से उनका काम हलका हो गया और हिन्दुस्तानियों को कम कष्ट उठाने पड़े।

मुझे कुछ कड़वे अनुभव भी हुए। मैंने देखा कि स्थानीय सरकार से अधिकारों

की माँग करने में जितनी सरलता से मैं अपने समाज की सहायता पा सकता था, उतनी सरलता से लोगों से उनके कर्त्तव्य का पालन कराने के काम में सहायता प्राप्त न कर सका। कुछ जगहों पर मेरा अपमान किया जाता, कुछ जगहों पर विनयपूर्वक उपेक्षा का परिचय दिया जाता। गन्दगी साफ करने के लिए कष्ट उठाना उन्हें बहुत अखरता था। तब पैसा खर्च करने की तो बात ही क्या? लोगों से कुछ भी काम कराना हो, तो धीरज रखना चाहिए, यह पाठ मैंने अच्छी तरह सीख लिया। सुधार की गरज़ तो सुधार की अपनी होती है। जिस समाज में वह सुधार करना चाहता है, उससे तो उसे विरोध, तिरस्कार और प्राणों के संकट की आशा रखनी चाहिए। सुधारक जिसे सुधार मानता है, समाज उसे बिगाड़ क्यों न माने?

इस आन्दोलन का परिणाम यह हुआ कि भारतीय समाज में घर-बार साफ रखने के महत्त्व को न्यूनाधिक मात्रा में स्वीकार कर लिया गया। अधिकारियों की दृष्टि में मेरी साख बढ़ी। वे समझ गये कि मेरा धन्धा केवल शिकायतें करना या अधिकार माँगने का ही नहीं है, बल्कि शिकायतें करने या अधिकार माँगने में मैं जितना तत्पर हूँ, उतना ही उत्साह और दृढ़ता भीतरी सुधार के लिए भी मुझमें है।

देशगमन और कीमती भेंट-सौगात

लड़ाई के काम से मुक्त होने के बाद मैंने अनुभव किया कि अब मेरा काम दक्षिण अफ्रीका में नहीं, बल्कि हिन्दुस्तान में है। मैंने देखा कि दक्षिण अफ्रीका में बैठा-बैठा मैं कुछ सेवा तो अवश्य कर सकूँगा।

मुझे भी लगा कि देश जाने से मेरा उपयोग अधिक हो सकेगा।

मैंने साथियों के सामने मुक्त होने की इच्छा प्रकट की। बड़ी कठिनाई से एक शर्त के साथ वह स्वीकृत हुई। शर्त यह थी कि यदि एक वर्ष के अन्दर कौम को मेरी आवश्यकता मालूम हुई, तो मुझे वापस दक्षिण अफ्रीका पहुँचना होगा। मुझे यह शर्त कड़ी लगी, पर मैं प्रेमपाश में बँधा हुआ था।

जगह-जगह मानपत्र समर्पण की सभायें हुईं और हर जगह से कीमती भेंटें मिलीं।

भेंटों में सोने-चाँदी की चीज़ें तो थी हीं, पर हीरे की चीज़ें भी थीं।

इन सब चीज़ों को स्वीकार करने का मुझे क्या अधिकार था? यदि मैं उन्हें स्वीकार करता, तो अपने मन को यह कैसे समझाता कि कौम की सेवा मैं पैसे लेकर नहीं करता? इन भेंटों में से मुवक्किलों की दी हुई थोड़ी चीज़ों को छोड़ दें, तो बाकी सब मेरी सार्वजनिक सेवा के निमित्त से ही मिली थीं। फिर, मेरे मन में तो मुवक्किलों और दूसरे साथियों के बीच कोई भेद नहीं था। खास-खास सभी मुवक्किल सार्वजनिक कामों में भी मदद देने वाले थे।

साथ ही, इन भेंटों में पचास गिन्नियों का एक हार कस्तूरबाई के लिए था। पर

वह वस्तु भी मेरी सेवा के कारण ही मिली थी। इसलिए वह दूसरी भेंटों से अलग नहीं की जा सकती थी।

जिस शाम को इनमें से मुख्य भेंटें मिली थीं, वह रात मैंने पागल की तरह जागकर बितायी। मैं अपने कमरे में चक्कर काटता रहा, पर उलझन किसी तरह सुलझती न थी। सैकड़ों की कीमत के उपहारों को छोड़ना जितना कठिन मालूम होता था; रखना उससे भी अधिक कठिन लगता था।

मन प्रश्न करता—मैं शायद भेंटों को पचा पाऊँ, पर मेरे बच्चों का क्या होगा? स्त्री का क्या होगा? उन्हें शिक्षा तो सेवा की मिलती थी। उन्हें हमेशा समझाया जाता था कि सेवा के दाम नहीं लिये जा सकते। मैं घर में कीमती गहने वगैरा रखता नहीं था। सादगी बढ़ती जा रही थी। ऐसी स्थिति में सोने की घड़ियों का उपयोग कौन करता? सोने की ज़ंजीरें और हीरे की अंगूठियाँ कौन पहनता? मैं उस समय भी गहनों-गाँठों का मोह छोड़ने का उपदेश औरों को दिया करता था। अब इन गहनों और जवाहरात का मैं क्या करता?

मैं इस निर्णय पर पहुँचा कि मुझे ये चीज़ें रखनी ही नहीं चाहिए। पारसी रुस्तमजी आदि को इन गहनों का ट्रस्टी नियुक्त करके उनके नाम लिखे जाने वाले पत्र का मसविदा मैंने तैयार किया, और सवेरे स्त्री-पुत्रादि से सलाह करके अपना बोझ हलका करने का निश्चय किया।

मैं यह जानता था कि धर्मपत्नी को समझाना कठिन होगा। बच्चों को समझाने में ज़रा भी कठिनाई न होगी, इसका मुझे विश्वास था। अतः उन्हें इस मामले में वकील बनाने का मैंने निश्चय किया।

लड़के तो तुरन्त समझ गये। उन्होंने कहा, ''हमें इन गहनों की आवश्यकता नहीं है। हमें ये सब लौटा ही देना चाहिए। और जीवन में कभी हमें इन वस्तुओं की आवश्यकता हुई, तो क्या हम स्वयं न खरीद सकेंगे?'' ऐसा उनका कहना था।

मैं खुश हुआ। मैंने पूछा, ''तो तुम अपनी माँ को समझाओगे न?''

''ज़रूर-ज़रूर। यह काम हमारा समझिये। उसे कौन ये गहने पहनने हैं? वह तो हमारे लिए ही रखना चाहती हैं। हमें उनकी ज़रूरत नहीं है, फिर वह हठ क्यों करेगी?''

पर काम जितना सोचा था, उससे अधिक कठिन सिद्ध हुआ।

''भले आपको ज़रूरत न हो और आपके लड़कों को भी न हो। बच्चों को तो जिस रास्ते लगा दो, उसी रास्ते लग जाते हैं। भले मुझे न पहनने दें, पर मेरी बहुओं का क्या होगा? उनके तो ये चीज़ें काम आयेंगी न? और कौन जानता है कल क्या होगा? इतने प्रेम से दी गयी चीज़ें वापस नहीं की जा सकतीं।'' पत्नी की वाग्धारा चली और उसके साथ अश्रुधारा मिल गयी। बच्चे दृढ़ रहे। मुझे तो डिगना था ही नहीं।

मैंने धीरे-से कहा, "लड़कों का ब्याह तो होने दो। हमें कौन उन्हें बचपन में ब्याहना है? बड़े होने पर तो ये स्वयं ही जो करना चाहेंगे, करेंगे। और हमें कहाँ गहनों की शौकीन बहुएँ खोजनी हैं? इतने पर भी कुछ करना ही पड़ा, तो मैं कहाँ चला जाऊँगा?"

"जानती हूँ आपको। मेरे गहने भी तो आपने ही ले लिये न? जिन्होंने मुझे सुख से न पहनने दिये, वह मेरी बहुओं के लिए क्या लायेंगे? लड़कों को आप अभी से बैरागी बना रहे हैं। ये गहने वापस नहीं दिये जा सकते। और मेरे हार पर आपका क्या अधिकार है?"

मैंने पूछा, "पर यह हार तुम्हारी सेवा के बदले में मिला है या मेरी सेवा के?"

"कुछ भी हो। आपकी सेवा मेरी भी सेवा हुई। मुझसे आपने रात-दिन जो मज़दूरी करवायी, वह क्या सेवा में शुमार न होगी? मुझे रुलाकर भी आपने हर किसी को घर में ठहराया और उसकी चाकरी करवायी, उसे क्या कहेंगे?"

ये सारे बाण नुकीले थे। इनमें से कुछ चुभते थे, पर गहने तो मुझे वापस करने ही थे। बहुत-सी बातों में मैं जैसे-तैसे कस्तूरबा की सहमति प्राप्त कर सका। 1896 में और 1901 में मिली हुई भेंटें मैंने लौटा दीं। उनका ट्रस्ट बना और सार्वजनिक काम के लिए उनका उपयोग मेरी अथवा ट्रस्टियों की इच्छा के अनुसार किया जाये, इस शर्त के साथ वे बैंक में रख दी गयीं। इन गहनों को बेचने के निमित्त से मैं कई बार पैसे इकट्ठा कर सका हूँ। आज भी आपत्ति-कोष के रूप में यह धन मौजूद है और उसमें वृद्धि होती रहती है।

अपने इस कार्य पर मुझे कभी पश्चात्ताप नहीं हुआ। दिन बीतने पर कस्तूरबा को भी इसके औचित्य की प्रतीति हो गयी। इससे हम बहुत-से लालचों से बच गये हैं।

मेरा यह मत बना है कि सार्वजनिक सेवक के लिए निजी भेंटें नहीं हो सकतीं।

भाग 7

देश में

महासभा (काँग्रेस) प्रथम बार

हिन्दुस्तान पहुँचने पर थोड़ा समय मैंने घूमने-फिरने में बिताया। यह सन् 1901 का ज़माना था। उस साल की काँग्रेस कलकत्ते में होने वाली थी। दीनशा एदलजी वाच्छा उसके अध्यक्ष थे। मुझे काँग्रेस तो जाना था ही। काँग्रेस का यह मेरा पहला अनुभव था।

हम कलकत्ते पहुँचे। अध्यक्ष आदि नेताओं को नागरिक धूमधाम से ले गये। मैंने किसी स्वयंसेवक से पूछा, "मुझे कहाँ जाना चाहिए?"

वह मुझे रिपन कॉलेज ले गया। वहाँ बहुत से प्रतिनिधि ठहराये गये थे।

स्वयंसेवक एक-दूसरे से टकराते रहते थे। जो काम जिसे सौंपा जाता था, वह स्वयं उसे नहीं करता था। वह तुरन्त दूसरे को पुकारता था। दूसरा तीसरे को। बेचारा प्रतिनिधि तो न तीन में होता, न तेरह में। नहीं छप्पन के मेल में।

गन्दगी की हद नहीं थी। चारों तरफ पानी-ही-पानी फैल रहा था। पाखाने कम थे। उनकी दुर्गन्ध की याद आज भी मुझे हैरान करती है। मैंने एक स्वयंसेवक को यह सब दिखाया। उसने साफ इनकार करते हुए कहा, "यह तो भंगी का काम है।" मैंने झाड़ू माँगा। वह मेरा मुँह ताकता रहा। मैंने झाड़ू खोज निकाला। पाखाना साफ किया। पर यह तो मेरी अपनी सुविधा के लिए हुआ। भीड़ इतनी ज़्यादा थी और पाखाने इतने कम थे कि हर बार के उपयोग के बाद उनकी सफाई होनी ज़रूरी थी। यह मेरी शक्ति के बाहर की बात थी।

काँग्रेस के अधिवेशन को एक-दो दिन की देर थी। मैंने निश्चय किया था कि काँग्रेस के कार्यालय में मेरी सेवा स्वीकार की जाये, तो सेवा करूँ और अनुभव लूँ।

श्री भूपेन्द्रनाथ बसु और श्री घोषाल मन्त्री थे। मैं भूपेन्द्र बाबू के पास पहुँचा और सेवा की माँग की। उन्होंने मेरी ओर देखा और बोले, "मेरे पास तो कोई काम नहीं है, पर शायद मि० घोषाल आपको कुछ काम दे सकेंगे। उनके पास जाइये।"

मैं घोषाल बाबू के पास गया। उन्होंने मुझे ध्यान से देखा और जरा हँसकर मुझसे पूछा, "मेरे पास तो क्लर्क का काम है, आप करेंगे?"

मैंने उत्तर दिया, "अवश्य करूँगा। मेरी शक्ति से बाहर न हो, ऐसा हर काम करने के लिए मैं आपके पास आया हूँ।"

"नौजवान, यही सच्ची भावना है।"

और बगल में खड़े स्वयंसेवकों की ओर देखकर बोले, "सुनते हो, यह युवक क्या कह रहा है?"

फिर मेरी ओर मुड़कर बोले, "तो देखिये, यह तो है पत्रों का ढेर और यह मेरे सामने कुर्सी है। इस पर आप बैठिये। आप देखते हैं कि मेरे पास सैकड़ों आदमी आते रहते हैं। मैं उनसे मिलूँ या इन बेकार पत्र लिखने वालों को उनके पत्रों का जवाब लिखूँ? मेरे पास ऐसे क्लर्क नहीं हैं, जिनसे यह काम ले सकूँ। इन सब पत्रों से बहुतों में काम की एक भी बात नहीं होगी। पर आप सबको देख जाइये। जिसकी पहुँच भेजना उचित समझें, उसकी पहुँच भेज दीजिये। जिसके जवाब के बारे में मुझसे पूछना ज़रूरी समझें, मुझे पूछ लीजिये।" मैं तो इस विश्वास से मुग्ध हो गया।

श्री घोषाल मुझे पहचानते न थे। नाम-धाम जानने का काम तो उन्होंने बाद में किया। मेरा इतिहास जानने के बाद तो मुझे कलर्क का काम सौंपने के लिए वे कुछ लज्जित हुए। पर मैंने उन्हें निश्चिन्त कर दिया, "कहाँ आप और कहाँ मैं? आप काँग्रेस के पुराने सेवक हैं, मेरे गुरुजन हैं। मैं एक अनुभवहीन युवक हूँ। यह काम सौंपकर आपने मुझ पर उपकार ही किया है; क्योंकि मुझे काँग्रेस में काम करना है। उसके कामकाज को समझने का आपने मुझे अलभ्य अवसर दिया है।"

हमारे बीच अच्छी मित्रता हो गयी। घोषाल बाबू के बटन भी 'बैरा' लगाता था। यह देखकर 'बैरे' का काम मैंने ही ले लिया। मुझे वह पसन्द था। बड़ों के प्रति मेरे मन में बहुत आदर था। जब वे मेरी वृत्ति समझ गये, तो वे अपनी निजी सेवा के सारे काम मुझसे लेने लगे।

पर ऐसी सेवा के प्रति मन में थोड़ी भी अरुचि उत्पन्न न हुई। मुझे जो लाभ हुआ, उसकी तो कीमत आँकी ही नहीं जा सकती।

कुछ ही दिनों में मुझे काँग्रेस की व्यवस्था का ज्ञान हो गया। कई नेताओं से भेंट हुई। गोखले, सुरेन्द्रनाथ आदि योद्धा आते-जाते रहते थे। मैं उनकी रीति-नीति देख सका। वहाँ समय की जो बरबादी होती थी, उसे भी मैंने अनुभव किया। अंग्रेज़ी भाषा का प्राबल्य भी देखा। इससे उस समय भी मुझे दुःख हुआ था। शक्ति के बचाव की कोई गिनती ही नहीं थी। मैंने देखा कि एक आदमी से हो सकने वाले काम में अनेक आदमी लग जाते थे और यह भी देखा कि कितने ही महत्त्वपूर्ण काम कोई करता ही न था।

मेरा मन इस सारी स्थिति की टीका किया करता था। पर चित्त उदार था, इसलिए वह मान लेता था कि जो हो रहा है, उसमें अधिक सुधार करना सम्भव न होगा। फलत: मन में किसी के प्रति अरुचि पैदा न होती थी।

सर फीरोजशाह ने दक्षिण अफ्रीका के बारे में मेरा प्रस्ताव लेने की स्वीकृति तो दी थी, पर उसे काँग्रेस की विषय-निर्वाचिनी समिति में कौन प्रस्तुत करेगा, कब

करेगा, यह सोचता हुआ मैं समिति में बैठा रहा। हर एक प्रस्ताव पर लम्बे-लम्बे भाषण होते थे, सब अंग्रेज़ी में। हर एक के साथ प्रसिद्ध व्यक्तियों के नाम जुड़े होते थे। इस नक्कारखाने में मेरी तूती की आवाज़ कौन सुनेगा? ज्यों-ज्यों रात बीतती जाती थी, त्यों-त्यों मेरा दिल धड़कता जाता था। सब कोई भागने की तैयारी में थे। रात के ग्यारह बज गये थे। मुझमें बोलने की हिम्मत न थी। मैं गोखले से मिल चुका था और उन्होंने मेरा प्रस्ताव देख लिया था।

उनकी कुर्सी के पास जाकर मैंने धीरे-से कहा, "मेरे लिए कुछ कीजियेगा।"

सर फीरोजशाह बोले, "कहिये, सब काम निबट गया न?"

गोखले बोल उठे, "दक्षिण अफ्रीका का प्रस्ताव तो बाकी ही है। मि० गांधी कब से बैठे राह देख रहे हैं।"

सर फीरोजशाह ने पूछा, "आप उस प्रस्ताव को देख चुके हैं?"

"हाँ।"

"आपको वह पसन्द आया?"

"काफी अच्छा है।"

"तो गांधी, पढ़ो।"

मैंने काँपते हुए प्रस्ताव पढ़ सुनाया।

गोखले ने उसका समर्थन किया।

सब बोल उठे, "सर्वसम्मति से पास।"

वाच्छा बोले, "गांधी, तुम पाँच मिनट लेना।"

इस दृश्य से मुझे प्रसन्नता न हुई। किसी ने भी प्रस्ताव को समझने का कष्ट नहीं उठाया। सब जल्दी में थे। गोखले ने प्रस्ताव देख लिया था, इसलिए दूसरों को देखने-सुनने की आवश्यकता प्रतीत न हुई।

सवेरा हुआ।

मुझे तो अपने भाषण की फिक्र थी। पाँच मिनट में क्या बोलूँगा? मैंने तैयारी तो अच्छी कर ली थी, पर उपयुक्त शब्द सूझते न थे। जैसे-तैसे प्रस्ताव पढ़ा गया।

किसी कवि ने अपनी कविता छपाकर सब प्रतिनिधियों में बाँटी थी। उसमें परदेश जाने की और समुद्र-यात्रा की स्तुति थी। वह मैंने पढ़ सुनायी और दक्षिण अफ्रीका के दु:खों की थोड़ी चर्चा की। इतने में सर मि० वाच्छा दीनशा की घण्टी बजी। मुझे विश्वास था कि मैंने अभी पाँच मिनट पूरे नहीं किये हैं। मुझे पता न था कि यह घण्टी मुझे चेताने के लिए दो मिनट पहले ही बजा दी गयी थी। मैंने बहुतों को आध-आध, पौन-पौन घण्टे बोलते देखा था और घण्टी नहीं बजी थी। मुझे दु:ख तो हुआ। घण्टी बजते ही मैं बैठ गया।

प्रस्ताव पास होने के बारे में तो पूछना ही क्या था? उन दिनों दर्शक और प्रतिनिधि का भेद क्वचित् ही किया जाता था। प्रस्तावों का विरोध करने का कोई

प्रश्न ही नहीं था। सब हाथ उठाते ही थे। सारे प्रस्ताव सर्वसम्मति से पास होते थे। मेरा प्रस्ताव भी इसी तरह पास हुआ। इसलिए मुझे प्रस्ताव का महत्त्व नहीं जान पड़ा। फिर भी काँग्रेस में मेरा प्रस्ताव पास हुआ, यह बात ही मेरे आनन्द के लिए पर्याप्त थी। जिस पर काँग्रेस की मुहर लग गयी, उस पर सारे भारत की मुहर है, यह ज्ञान किसके लिए पर्याप्त न होगा?

लार्ड कर्ज़न का दरबार

काँग्रेस अधिवेशन समाप्त हुआ, पर मुझे तो दक्षिण अफ्रीका के काम के लिए कलकत्ते में रहकर चेम्बर ऑफ कॉमर्स इत्यादि मण्डलों से मिलना था। इसलिए मैं कलकत्ते में एक महीना ठहरा। इस बार मैंने होटल में ठहरने के बदले परिचय प्राप्त करके 'इण्डिया क्लब' में ठहरने की व्यवस्था की। इस क्लब में अग्रगण्य भारतीय उतरा करते थे। इससे मेरे मन में यह लोभ था कि उनसे मेल-जोल बढ़ाकर मैं उनमें दक्षिण अफ्रीका के काम के लिए दिलचस्पी पैदा कर सकूँगा।

उन्हीं दिनों लार्ड कर्ज़न का दरबार हुआ। उसमें जाने वाले कोई राजा-महाराजा इस क्लब में ठहरे हुए थे। क्लब में तो मैं उनको हमेशा सुन्दर बंगाली धोती, कुरता और चादर की पोशाक में देखता था। आज उन्होंने पतलून, चोगा, खानसामों की-सी पगड़ी और चमकीले बूट पहने थे। यह देखकर मुझे दुःख हुआ और मैंने इस परिवर्तन का कारण पूछा।

जवाब मिला, "हमारा दुःख हम ही जानते हैं। अपनी सम्पत्ति और अपनी उपाधियों को सुरक्षित रखने के लिए हमें जो अपमान सहने पड़ते हैं, उन्हें आप कैसे जान सकते हैं?"

"पर यह खानेसामे-जैसी पगड़ी और ये बूट किसलिए?"

"हममें और खानसामों में आपने क्या फर्क देखा? वे हमारे खानसामा हैं, तो हम लार्ड कर्ज़न के खानसामा हैं। यदि मैं दरबार में अनुपस्थित रहूँ, तो मुझको उसका दण्ड भुगतना पड़े। अपनी साधारण पोशाक पहनकर जाऊँ, तो वह अपराध माना जायेगा। और वहाँ जाकर भी क्या मुझे लार्ड कर्ज़न से बातें करने का अवसर मिलेगा? कदापि नहीं।"

मुझे इस स्पष्टवक्ता भाई पर दया आयी।

ऐसे ही प्रसंग वाला एक और दरबार मुझे याद आ रहा है। जब काशी के हिन्दू विश्वविद्यालय की नींव लार्ड हार्डिंग के हाथों रखी गयी, तब उनका दरबार हुआ था। उसमें राजा-महाराजा तो आये ही थे। भारतभूषण मालवीयजी ने मुझसे भी उसमें उपस्थित रहने का विशेष आग्रह किया था। मैं वहाँ गया था। केवल स्त्रियों को ही शोभा देने वाली राजा-महाराजाओं की पोशाकें देखकर मुझे दुःख हुआ था। रेशमी पाजामे, रेशमी अंगरखे और गले में हीरे-मोती की मालाएँ, हाथ पर बाजूबन्द

और पगड़ी पर हीरे-मोती की झालरें, इन सबके साथ कमर में सोने की मूठ वाली तलवार लटकती थी। ये चीज़ें उनके राज्याधिकार की नहीं, बल्कि उनकी गुलामी की निशानियाँ थीं। मैं मानता था कि ऐसे नामर्दीसूचक आभूषण वे स्वेच्छा से पहनते होंगे। पर मुझे पता चला कि ऐसे सम्मेलनों में अपने सब मूल्यवान आभूषण पहनकर जाना राजाओं के लिए अनिवार्य था। मुझे यह भी मालूम हुआ कि कइयों को ऐसे आभूषण पहनने से घृणा थी। धन, सत्ता और मान मनुष्य से कितने पाप और अनर्थ कराते हैं!

बम्बई में

गोखले की बड़ी इच्छा थी कि मैं बम्बई में बस जाऊँ, वहाँ बैरिस्टर का धन्धा करूँ और उनके साथ सार्वजनिक सेवा में हाथ बँटाऊँ। उस समय सार्वजनिक सेवा का मतलब था, काँग्रेस की सेवा।

मेरी भी यही इच्छा थी, पर काम मिलने के बारे में मुझे आत्मविश्वास न था। पिछले अनुभवों की याद भूली नहीं थी।

इस कारण पहले तो मैं राजकोट में ही रहा। वहाँ काम शुरू किया।

एक दिन केवलराम मेरे पास आये और बोले, "गांधी, तुमको यहाँ नहीं रहने दिया जायेगा। तुम्हें तो बम्बई ही जाना होगा।"

"तुम सार्वजनिक काम के लिए सिरजे गये हो, तुम्हें हम काठियावाड़ में दफन न होने देंगे। कहो, कब रवाना होते हो?"

"नेटाल से मेरे कुछ पैसे आने बाकी हैं, उनके आने पर चला जाऊँगा।"

पैसे एक-दो हफ्तों में आ गये और मैं बम्बई पहुँचा।

मैंने देखा कि मेरा धंधा आर्थिक दृष्टि से मेरी अपेक्षा से अधिक अच्छा चल निकला। दक्षिण अफ्रीका के मुवक्किल मुझे कुछ-न-कुछ काम देते रहते थे। मुझे लगा कि उससे मेरा खर्च सरलतापूर्वक चल जायेगा।

मैंने सुस्थिर होने का निश्चय किया और थोड़ी स्थिरता अनुभव की कि अचानक दक्षिण अफ्रीका का तार मिला, "चेम्बरलेन यहाँ आ रहे हैं, आपको आना चाहिए।" मुझे अपने वचन का स्मरण तो था ही। मैंने तार दिया, "मेरा खर्च भेजिये, मैं आने को तैयार हूँ।" उन्होंने तुरन्त रुपये भेज दिये और मैं दफ्तर समेटकर रवाना हो गया।

मैंने सोचा था कि मुझे एक वर्ष तो सहज ही लग जायेगा। इसलिए बंगला रहने दिया और बाल-बच्चों को वहीं रखना उचित समझा।

उस समय मैं जानता था कि जो नौजवान देश में कोई कमाई न करते हों और साहसी हों, उनके लिए परदेश चला जाना अच्छा है। इसलिए मैं अपने साथ चार-पाँच नौजवानों को लेता गया। उनमें मगनलाल गांधी भी थे।

भाग 8

दक्षिण अफ्रीका में

पुनः दक्षिण अफ्रीका में

यह नहीं कहा जा सकता कि मैं डरबन एक दिन भी पहले पहुँचा। मेरे लिए वहाँ काम तैयार ही था। मि० चेम्बरलेन के पास डेपुटेशन के जाने की तारीख निश्चित हो चुकी थी। मुझे उनके सामने पढ़ा जाने वाला प्रार्थना-पत्र तैयार करना था और डेपुटेशन के साथ जाना था।

मि० चेम्बरलेन दक्षिण अफ्रीका से साढ़े तीन करोड़ पौण्ड लेने आये थे तथा अंग्रेज़ों का और हो सके तो बोअरों का मन जीतने आये थे। इसलिए भारतीय प्रतिनिधियों को नीचे लिखा ठण्डा जवाब मिला,

"आप तो जानते हैं कि उत्तरदायी उपनिवेशों पर साम्राज्य सरकार का अंकुश नाममात्र का ही है। आपकी शिकायतें तो सच्ची जान पड़ती हैं। मुझसे जो हो सकेगा, मैं करूँगा। पर आपको जिस तरह भी बने, यहाँ के गोरों को रिझाकर रहना है।"

जवाब सुनकर प्रतिनिधि ठण्डे हो गये। मैं निराश हो गया। 'जब जागे तभी सवेरा' मानकर फिर से श्रीगणेश करना होगा, यह बात मेरे ध्यान में आ गयी और साथियों को मैंने समझा दी।

मि० चेम्बरलेन को तूफानी दौरा करना था। वे ट्रान्सवाल के लिए रवाना हुए। मुझे वहाँ के भारतीयों का केस तैयार करके उनके सामने पेश करना था। प्रिटोरिया किस तरह पहुँचा जाये? वहाँ मैं समय पर पहुँच सकूँ, इसके लिए अनुमति प्राप्त करने का काम हमारे लोगों से हो सकने जैसा न था।

युद्ध के बाद ट्रान्सवाल उजाड़ जैसा हो गया था। वहाँ न खाने को अन्न था, न पहनने-ओढ़ने को कपड़े मिलते थे। खाली और बन्द पड़ी हुई दुकानों को माल से भरना और खुलवाना था। जैसे-जैसे माल इकट्ठा होता जाये, वैसे-वैसे ही घरबार छोड़कर भागे हुए लोगों को वापस आने दिया जा सकता था। इस कारण प्रत्येक ट्रान्सवाल वासी को परवाना लेना पड़ता था। गोरे को तो परवाना माँगते ही मिल जाता था, मुसीबत हिन्दुस्तानियों की थी।

हब्शियों से सम्बन्ध रखने वाला एक अलग विभाग पहले से ही था। ऐसी दशा में एशियावासियों के लिए भी एक विभाग क्यों न हो? हिन्दुस्तानियों को इस विभाग में अर्ज़ी देनी पड़ती थी।

मुझसे कहा गया था कि बिना वसीले के परवाना मिलता ही नहीं और कई बार तो वसीले या ज़रिये के होते हुए भी प्रति व्यक्ति सौ-सौ पौण्ड तक खर्च हो जाते हैं। इसमें मेरा ठिकाना कहाँ लगता?

मैं अपने पुराने मित्र डरबन के पुलिस सुपरिंटेण्डेण्ट के पास पहुँचा और उनसे कहा, "आप मेरा परिचय परवाना देने वाले अधिकारी से करा दीजिये और मुझे परवाना दिला दीजिये। आप यह तो जानते हैं कि मैं ट्रान्सवाल में रहा हूँ।" वे तुरन्त सिर पर टोप रखकर मेरे साथ आये और मुझे परवाना दिला दिया। सुपरिंटेण्डेण्ट एलेक्ज़ेण्डर का आभार मानकर मैं प्रिटोरिया के लिए रवाना हो गया।

मैं प्रिटोरिया पहुँचा। प्रार्थना-पत्र तैयार किया। डरबन में प्रतिनिधियों के नाम किसी से पूछे गये हों, सो मुझे याद नहीं। लेकिन यहाँ नया विभाग काम कर रहा था। इसलिए प्रतिनिधियों के नाम पहले से पूछ लिये गये थे। हमने नाम दिये, मजकूर अधिकारी के हस्ताक्षर वाला पत्र आया; उसमें यह लिखा गया था कि, मि॰ चेम्बरलेन डरबन में गांधी से मिले हैं, अतः अब उनका नाम प्रतिनिधियों में से निकाल देने की जरूरत है।

साथियों को यह पत्र असह्य प्रतीत हुआ। "आपके कहने से समाज ने लड़ाई में हिस्सा लिया, पर परिणाम तो यही निकला न?" इस तरह ताना मारने वाले भी समाज में निकल आये। पर मुझ पर इन तानों का कोई असर नहीं हुआ। मैंने कहा, "मुझे इस सलाह का पछतावा नहीं है। मैं अब भी यह मानता हूँ कि हमने लड़ाई में भाग लेकर ठीक ही किया है। वैसा करके हमने अपने कर्त्तव्य का पालन किया है। हमें उसका फल चाहे देखने को न मिले, पर मेरा यह दृढ़ विश्वास है कि शुभ कार्य का फल शुभ ही होता है। बीती बातों का विचार करने की अपेक्षा अब हमारे लिए अपने वर्तमान कर्त्तव्य का विचार करना अधिक अच्छा होगा। अतएव हम उसके बारे में सोचें।"

दूसरों ने भी इस बात का समर्थन किया।

मैंने कहा, "सच तो यह है कि जिस काम के लिए मुझे बुलाया गया था, वह अब पूरा हुआ माना जायेगा। पर मैं मानता हूँ कि आपके मुझे छुट्टी दे देने पर भी अपने बस-भर मुझे ट्रान्सवाल से हटना नहीं चाहिए। मेरा काम अब नेटाल से नहीं, बल्कि यहाँ से चलना चाहिए। एक साल के अन्दर वापस जाने का विचार मुझे छोड़ देना चाहिए और यहाँ की वकालत की सनद हासिल करनी चाहिए। इस नये विभाग से निबट लेने की हिम्मत मुझमें है। यदि हमने मुकाबला न किया, तो समाज लुट जायेगा और शायद यहाँ से उसके पैर भी उखड़ जायेंगे।"

उस प्रकार मैंने चर्चा चलायी। प्रिटोरिया और जोहानिसबर्ग में रहने वाले भारतीय नेताओं से विचार-विमर्श करके अन्त में जोहानिसबर्ग में दफ्तर रखने का निश्चय हुआ।

गीता का अभ्यास

थियॉसॉफिस्ट मित्र मुझे अपने मण्डल में सम्मिलित करने की इच्छा अवश्य रखते थे। पर उनका हेतु हिन्दू के नाते मुझसे कुछ प्राप्त करना था। थियॉसॉफी की पुस्तकों में हिन्दू धर्म की छाया और उसका प्रभाव तो काफी है ही। अतएव इन भाइयों ने मान लिया कि मैं उनकी सहायता कर सकूँगा। 'जिज्ञासु-मण्डल' के नाम से एक छोटा-सा मण्डल भी स्थापित किया और नियमित अभ्यास होने लगा। गीताजी पर मुझे प्रेम और श्रद्धा तो थी ही। अब उसकी गहराई में उतरने की आवश्यकता प्रतीत हुई। मेरे पास एक-दो अनुवाद थे। उनकी सहायता से मैंने मूल संस्कृत समझ लेने का प्रयत्न किया और नित्य एक-दो श्लोक कण्ठ करने का निश्चय किया।

प्रातः दातुन और स्नान के समय का उपयोग गीता के श्लोक कण्ठ करने में किया। दातुन में पन्द्रह और स्नान में बीस मिनट लगते थे। खड़े-खड़े करता था। सामने की दीवार पर गीता के श्लोक लिखकर चिपका देता था और आवश्यकतानुसार उन्हें देखता तथा घोटता जाता था। ये घोटे हुए श्लोक स्नान करने तक पक्के हो जाते थे। इस बीच पिछले कण्ठ किये हुए श्लोकों को भी मैं एक बार दोहरा जाता था। इस प्रकार तेरह अध्याय तक कण्ठ करने की बात मुझे याद है।

इस गीतापाठ का प्रभाव मेरे सहाध्यायियों पर क्या पड़ा उसे वे जानें, परन्तु मेरे लिए तो वह पुस्तक आचार की एक प्रौढ़ मार्गदर्शिका बन गयी। वह मेरे लिए धार्मिक कोश का काम देने लगी। उसके अपरिग्रह, समभाव आदि शब्दों ने मुझे पकड़ लिया। समभाव का विकास कैसे हो, उसकी रक्षा किस प्रकार की जाये? घर जलाकर तीर्थ करने जाऊँ? तुरन्त ही उत्तर मिला कि घर जलाये बिना तीर्थ किया ही नहीं जा सकता। यहाँ अंग्रेज़ी कानून ने मेरी मदद की। 'ट्रस्टी' शब्द का अर्थ विशेष रूप से समझ में आया। ट्रस्टी के पास करोड़ों रुपयों के रहते हुए भी उनमें की एक भी पाई उसकी नहीं होती। मुमुक्षु को ऐसा ही बर्ताव करना चाहिए, यह बात मैंने गीताजी से समझी। मुझे यह दीपक की तरह स्पष्ट दिखाई दिया कि अपरिग्रही बनने में, समभावी होने में हेतु का, हृदय का परिवर्तन आवश्यक है। मैंने रेवाशंकर भाई को इस आशय का पत्र लिख भेजा कि बीमे की पॉलिसी बन्द कर दें। कुछ रकम वापस मिले तो ले लें, न मिले तो भरे हुए पैसों को गया समझ लें। बच्चों की और स्त्री की रक्षा उन्हें और हमें पैदा करने वाला ईश्वर करेगा। पितृतुल्य भाई को लिखा, "आज तक तो मेरे पास जो बचा, वह मैंने आपको अर्पण किया। अब मेरी आशा आप छोड़ दीजिये। अब जो बचेगा, सो यहीं हिन्दुस्तानी समाज के हित में खर्च होगा।"

'इण्डियन ओपीनियन'

इसी अरसे में श्री मदनजीत ने 'इण्डियन ओपीनियन' अखबार निकालने का विचार किया। उन्होंने मेरी सलाह और सहायता माँगी। छापाखाना तो वे चला ही रहे थे। अखबार निकालने के विचार से मैं सहमत हुआ। सन् 1904 में इस अखबार का जन्म हुआ। मनसुखलाल नाजर इसके सम्पादक बने। पर सम्पादन का सच्चा बोझ तो मुझ पर ही पड़ा। मेरे भाग्य में प्रायः हमेशा दूर से ही अखबार की व्यवस्था संभालने का योग रहा है।

मनसुखलाल नाजर सम्पादक का काम न कर सकें, ऐसी कोई बात नहीं थी। उन्होंने देश में कई अखबारों के लिए लेख लिखे थे, पर दक्षिण अफ्रीका के अटपटे प्रश्नों पर मेरे रहते उन्होंने स्वतन्त्र लेख लिखने की हिम्मत नहीं की। उन्हें मेरी विवेकशक्ति पर अत्यधिक विश्वास था। अतएव जिन-जिन विषयों पर कुछ लिखना ज़रूरी होता, उन पर लिखकर भेजने का बोझ वे मुझ पर डाल देते थे।

यह अखबार साप्ताहिक था, जैसा कि आज भी है।

मैंने यह कल्पना नहीं की थी कि इस अखबार में मुझे कुछ अपने पैसे लगाने पड़ेंगे। लेकिन कुछ ही समय में मैंने देखा कि अगर मैं पैसे न दूँ, तो अखबार चल ही नहीं सकता। मैं अखबार का सम्पादक नहीं था। फिर भी हिन्दुस्तानी और गोरे दोनों यह जानने लग गये थे कि उसके लेखों के लिए मैं ही ज़िम्मेदार था। अखबार न निकलता, तो भी कोई हानि न होती। पर निकालने के बाद उसके बन्द होने से हिन्दुस्तानियों की बदनामी होगी और समाज को हानि पहुँचेगी, ऐसा मुझे प्रतीत हुआ।

मैं उसमें पैसे उँड़ेलता गया और कहा जा सकता है कि आखिर ऐसा भी समय आया, जब मेरी पूरी बचत उसी पर खर्च हो जाती थी। मुझे ऐसे समय की याद है, जब मुझे हर महीने 75 पौण्ड भेजने पड़ते थे।

किन्तु इतने वर्षों के बाद मुझे लगता है कि इस अखबार ने हिन्दुस्तानी समाज की अच्छी सेवा की है। इससे धन कमाने का विचार तो शुरू से ही किसी का नहीं था।

जब तक वह मेरे अधीन था, उसमें किये गये परिवर्तन मेरे जीवन में हुए परिवर्तनों के द्योतक थे। जिस तरह आज 'यंग इण्डिया' और 'नवजीवन' मेरे जीवन के कुछ अंशों के निचोड़-रूप हैं, उसी तरह 'इण्डियन ओपीनियन' था। उसमें मैं प्रति सप्ताह अपनी आत्मा उँड़ेलता था और जिसे मैं सत्याग्रह के रूप में पहचानता था, उसे समझाने का प्रयत्न करता था। जेल के समयों को छोड़कर दस वर्षों के, अर्थात् सन् 1914 तक के 'इण्डियन ओपीनियन' के शायद ही कोई अंक ऐसे होंगे, जिनमें मैंने कुछ लिखा न हो।

एक पुस्तक का चमत्कारी प्रभाव

मैं भोजन के लिए एक निरामिष भोजनगृह में जाता था। वहाँ मुझे अल्बर्ट वेस्ट से पहचान हुई। हम लोग प्रतिदिन शाम को इस गृह में मिलते और भोजन करके घूमने के लिए चले जाते थे। वेस्ट एक छोटे छापेखाने में हिस्सेदार थे। उन्होंने सहायता करने का वादा किया। मैंने 'इण्डियन ओपीनियन' प्रेस का कारोबार हाथ में लेने के लिए अनुरोध किया। वेस्ट को छापेखाने की आर्थिक परिस्थिति के सम्बन्ध में प्राथमिक रिपोर्ट मुझे डराने वाला था। अतः मैं नाताल जाने के लिए रवाना हुआ। पोलाक निरामिषाहारी भोजनगृह में मिले थे और मित्र बन गये थे।

वे मुझे छोड़ने स्टेशन तक आये और यह कहकर कि "यह पुस्तक रास्ते में पढ़ने योग्य है; आप इसे पढ़ जाइये, आपको पसन्द आयेगी।" उन्होंने रस्किन की 'अण्टु दिस लास्ट' पुस्तक मेरे हाथ में रख दी।

इस पुस्तक को हाथ में लेने के बाद मैं छोड़ ही न सका। इसने मुझे पकड़ लिया। जोहानिस्बर्ग से नेटाल का रास्ता लगभग चौबीस घण्टों का था। ट्रेन शाम को डरबन पहुँचती थी। पहुँचने के बाद मुझे सारी रात नींद न आयी। मैंने पुस्तक में सूचित विचारों को अमल में लाने का इरादा किया।

मेरा यह विश्वास है कि जो चीज़ मेरे अन्दर गहराई में छिपी पड़ी थी, रस्किन के ग्रन्थरत्न में मैंने उसका स्पष्ट प्रतिबिम्ब देखा। और इस कारण उसने मुझ पर अपना साम्राज्य जमाया और मुझसे उसमें दिये गये विचारों पर अमल करवाया। जो मनुष्य हममें सोयी हुई उत्तम भावनाओं को जाग्रत करने की शक्ति रखता है, वह कवि है। सब कवियों का सब लोगों पर समान प्रभाव नहीं पड़ता; क्योंकि सबके अन्दर सारी सद्‌भावनायें समान मात्रा में नहीं होतीं।

मैं 'सर्वोदय' के सिद्धान्तों को इस प्रकार समझा हूँ:

1. सबकी भलाई में हमारी भलाई निहित है।

2. वकील और नाई दोनों के काम की कीमत एक-सी होनी चाहिए; क्योंकि आजीविका का अधिकार सबको एक समान है।

3. सादा मेहनत-मज़दूरी का, किसान का जीवन ही सच्चा जीवन है।

पहली चीज़ मैं जानता था। दूसरी मैं धुँधले रूप में देखता था। तीसरी का मैंने कभी विचार ही नहीं किया था। 'सर्वोदय' ने मुझे दीये की तरह दिखा दिया कि पहली चीज़ में दूसरी दोनों चीज़ें समायी हुई हैं। सवेरा हुआ और मैं इन सिद्धान्तों पर अमल करने के प्रयत्न में लगा।

फीनिक्स की स्थापना

सवेरे सबसे पहले तो मैंने वेस्ट से बात की। मुझ पर 'सर्वोदय' का जो प्रभाव

पड़ा था, वह मैंने उन्हें सुनाया और सुझाया कि 'इण्डियन ओपीनियन' को एक खेत पर ले जाना चाहिए। वहाँ सब अपने खान-पान के लिए आवश्यक खर्च समान रूप से लें। सब अपने-अपने हिस्से की खेती करें और बाकी के समय में 'इण्डियन ओपीनियन' का काम करें। वेस्ट ने इस सुझाव को स्वीकार किया। हर एक के भोजन आदि का खर्च कम-से-कम तीन पौण्ड हो, ऐसा हिसाब बैठाया। इसमें गोरे-काले का भेद नहीं रखा गया था।

तुरन्त ही मैंने समाचारपत्रों में एक विज्ञान छपवाया कि डरबन के पास किसी भी स्टेशन से लगी हुई ज़मीन के एक टुकड़े की ज़रूरत है। जवाब में फीनिक्स की ज़मीन का सन्देशा मिला। सात दिन के अन्दर 20 एकड़ ज़मीन ली। उसमें एक छोटा-सा पानी का नाला था। नारंगी और आम के कुछ पेड़ थे। पास ही 80 एकड़ का दूसरा एक टुकड़ा था। उसमें विशेष रूप से फलों वाले पेड़ और एक झोंपड़ा था। थोड़े दिनों बाद उसे भी खरीद लिया। दोनों के मिलाकर 1,000 पौण्ड दिये।

कुछ हिन्दुस्तानी बढ़ई और सिलावट, जो मेरे साथ (बोअर) लड़ाई में सम्मिलित हुए थे, उनकी मदद से कारखाना बनाना शुरू किया। एक महीने में मकान तैयार हो गया। वह 75 फुट लम्बा और 50 फुट चौड़ा था। वेस्ट आदि शरीर को संकट में डालकर राज और बढ़ई के साथ रहने लगे।

फीनिक्स में घास खूब थी। बस्ती बिलकुल न थी। इससे साँपों का खतरा था। आरम्भ में तो तम्बू गाड़कर सब उन्हीं में रहे थे।

एक हफ्ते के अन्दर अधिकांश सामान बैलगाड़ियों की मदद से फीनिक्स लाया गया। डरबन और फीनिक्स के बीच तेरह मील का फासला था। फीनिक्स स्टेशन से ढाई मील दूर था।

मगनलाल गांधी अपना पेशा समेटकर मेरे साथ आये थे, तब से वे यहीं रहे ही हैं; अपनी बुद्धि शक्ति से, त्यागशक्ति से तथा अनन्य भक्ति भाव से मेरे आन्तरिक प्रयोगों के मेरे असली साथियों में आज प्रधान पद पर हैं।

इस प्रकार सन् 1904 में फीनिक्स की स्थापना हुई। अनेक विडम्बनाओं के बीच भी फीनिक्स संस्था तथा 'इण्डियन ओपीनियन' दोनों अब तक टिके हुए हैं।

हम सब अपनी मेहनत से अपना निर्वाह करेंगे, इस खयाल से मुद्रणालय के आस-पास प्रत्येक निवासी के लिए ज़मीन के तीन-तीन एकड़ के टुकड़े कर लिये गये थे। इनमें एक टुकड़ा मेरे लिए भी मापा गया था। इन सब टुकड़ों पर हममें से हर एक की इच्छा के विरुद्ध हमने टीन की चद्दरों के घर बनाये। इच्छा तो किसान को शोभा देने वाले घासफूस और मिट्टी के अथवा ईंट के घर बाँधने की थी, पर वह पूरी न हो सकी। उसमें पैसा अधिक खर्च होता था और समय अधिक लगता था। सब जल्दी से घरबार वाले बनने और काम में जुट जाने के लिए उतावले हो गये थे।

अभी यह काम व्यवस्थित नहीं हो पाया था, मकान भी तैयार न हुए थे, इतने

में अपने इस नवरचित परिवार को छोड़कर मैं जोहानिस्बर्ग भाग गया। मेरी स्थिति ऐसी न थी कि मैं वहाँ के काम को लम्बे समय तक छोड़ सकूँ।

जोहानिस्बर्ग पहुँचकर मैंने पोलाक से इस महत्त्वपूर्ण परिवर्तन की बात कही। अपनी दी हुई पुस्तक का यह परिणाम देखकर उनके आनन्द का पार न रहा। उन्होंने उमंग के साथ पूछा, "तो क्या मैं भी इसमें किसी तरह हाथ नहीं बँटा सकता?"

"आप अवश्य हाथ बँटा सकते हैं।

पोलाक ने क्रिटिक से मुक्ति पाने के लिए अपने मालिक को एक महीने का नोटिस दिया और अवधि समाप्त होने पर वे फीनिक्स पहुँच गये। वहाँ अपने मिलनसार स्वभाव से उन्होंने सबके दिल जीत लिये और घर के ही एक आदमी की तरह रहने लगे।

पर मैं ही उन्हें लम्बे समय तक वहाँ रख नहीं सका। मेरे लिए अकेले हाथों समूचे दफ्तर का बोझ उठाना सम्भव न था। अतएव मैंने पोलाक को ऑफिस में रहने और वकील बनने की सलाह दी।

पोलाक ने मुझे लिखा—"मुझे तो यह जीवन ही अच्छा लगता है। मैं यहाँ सुखी हूँ, यहाँ हम इस संस्था का विकास कर सकेंगे। किन्तु यदि आप यह मानते हों कि मेरे वहाँ पहुँचने से हमारे आदर्श शीघ्र सफल होंगे, तो मैं आने को तैयार हूँ।"

मैंने उनके इस पत्र का स्वागत किया। पोलाक फीनिक्स छोड़कर जोहानिस्बर्ग आये और मेरे दफ्तर में वकील के मुंशी की तरह काम करने लगे।

घरों में परिवर्तन तथा बाल-शिक्षा

अब जल्दी ही हिन्दुस्तान जाने की अथवा वहाँ जाकर स्थिर होने की आशा मैंने छोड़ दी थी। मैं तो पत्नी को एक साल का आश्वासन देकर वापस दक्षिण अफ्रीका आया था। साल तो बीत गया, पर मेरे वापस लौटने की सम्भावना दूर चली गयी। अतएव मैंने बच्चों को बुला लेने का निश्चय किया।

डरबन में मैंने जो घर बसाया था, उसमें परिवर्तन तो किये ही थे। खर्च अधिक रखा था, फिर भी झुकाव सादगी की ओर ही था। किन्तु जोहानिस्बर्ग में 'सर्वोदय' के विचारों ने अधिक परिवर्तन करवाये।

बैरिस्टर के घर में जितनी सादगी रखी जा सकती थी, उतनी तो रखनी शुरू कर ही दी। फिर भी कुछ साज-सामान के बिना काम चलाना मुश्किल था। सच्ची सादगी तो मन की बढ़ी। हर एक काम अपने हाथों करने का शौक बढ़ा और बालकों को भी उसमें शरीक करके कुशल बनाना शुरू किया।

बाज़ार की रोटी खरीदने के बदले कूने की सुझाई हुई बिना खमीर की रोटी हाथ से बनानी शुरू की। इसमें मिल का आटा काम नहीं देता था। हाथ से पिसे आटे का उपयोग करने में सादगी, आरोग्य और पैसा तीनों की अधिक रक्षा होती है।

अतएव सात पौण्ड खर्च करके हाथ से चलाने की चक्की खरीद ली। उसका पाट वज़नदार था। दो आदमी उसे सरलता से चला सकते थे; इस चक्की को चलाने में पोलाक, मैं और बालक मुख्य भाग लेते थे। कभी-कभी कस्तूरबाई भी आ जाती थी, यद्यपि उस समय वह रसोई बनाने में लगी रहती थी। मिसेज़ पोलाक के आने पर वे भी इसमें सम्मिलित हो गयीं। बालकों के लिए यह कसरत बहुत अच्छी सिद्ध हुई। उनसे मैंने चक्की चलाने का या दूसरा कोई काम कभी ज़बरदस्ती नहीं करवाया। वे सहज ही खेल समझकर चक्की चलाने आते थे। थकने पर छोड़ देने की उन्हें स्वतन्त्रता थी।

घर साफ रखने के लिए एक नौकर था। वह घर के आदमी की तरह रहता था और उसके काम में बालक पूरा हाथ बँटाते थे। पाखाना साफ करने के लिए म्युनिसिपैलिटी का नौकर आता था, पर पाखाने के कमरे को साफ करने और बैठक आदि धोने का काम नौकर को नहीं सौंपा जाता था। उससे वैसी आशा भी नहीं रखी जाती थी। यह काम हम स्वयं करते थे और इससे भी बालकों को तालीम मिली।

'जुलू-विद्रोह'

जोहानिस्बर्ग में कुछ स्थिर-सा होने लगा था कि इसी बीच एक अनसोची घटना घटी। अखबारों में यह खबर पढ़ने को मिली कि नेटाल में जुलू 'विद्रोह' हुआ है। जुलू लोगों से मेरी कोई दुश्मनी न थी। उन्होंने एक भी हिन्दुस्तानी का नुकसान नहीं किया था। 'विद्रोह' शब्द के औचित्य के विषय में भी मुझे शंका थी। किन्तु उन दिनों मैं अंग्रेज़ी सल्तनत को संसार का कल्याण करने वाली सल्तनत मानता था। मेरी वफादारी हार्दिक थी। मैं उस सल्तनत का क्षय नहीं चाहता था। अतएव बल-प्रयोग सम्बन्धी नीति-अनीति का विचार मुझे इस कार्य को करने से रोक नहीं सकता था। नेटाल पर संकट आने पर उसके पास रक्षा के लिए स्वयंसेवकों की सेना थी और संकट के समय उसमें काम के लायक सैनिक भर्ती भी हो जाते थे। मैंने पढ़ा कि स्वयंसेवकों की सेना इस विद्रोह को दबाने के लिए रवाना हो चुकी है।

मैं अपने को नेटालवासी मानता था और नेटाल के साथ मेरा निकट सम्बन्ध तो था ही। अतएव मैंने गवर्नर को पत्र लिखा कि यदि आवश्यकता हो तो घायलों की सेवा-शुश्रूषा करने वाले हिन्दुस्तानियों की एक टुकड़ी लेकर मैं सेवा के लिए जाने को तैयार हूँ। तुरन्त ही गवर्नर का स्वीकृति-सूचक उत्तर मिला। मैंने अनुकूल उत्तर की अथवा इतनी जल्दी उत्तर पाने की आशा नहीं रखी थी। फिर भी उक्त पत्र लिखने से पहले मैंने अपना प्रबन्ध तो कर ही लिया था कि मेरी प्रार्थना स्वीकृत हो जाये तो जोहानिस्बर्ग का घर उठा देंगे, मि० पोलाक अलग घर लेकर रहेंगे और कस्तूरबाई फीनिक्स जाकर रहेगी। इस योजना को कस्तूरबाई की पूर्ण सम्मति प्राप्त हुई।

डरबन पहुँचने पर मैंने आदमियों की माँग की।

स्वाभिमान की रक्षा के लिए और अधिक सुविधा के साथ काम कर सकने के लिए तथा वैसी प्रथा होने के कारण चिकित्सा-विभाग के मुख्य पदाधिकारी ने मुझे 'सार्जण्ट मेजर' का मुद्दती पद दिया और मेरी पसन्द के अन्य तीन साथियों को 'सार्जण्ट' का और एक को 'कोर्पोरेल' का पद दिया। वर्दी भी सरकार की ओर से ही मिली। मैं यह कह सकता हूँ कि इस टुकड़ी ने छह सप्ताह तक सतत् सेवा की।

'विद्रोह' के स्थान पर पहुँचकर मैंने देखा कि वहाँ विद्रोह-जैसी कोई चीज़ नहीं थी। कोई विरोध करता हुआ भी नज़र नहीं आता था। विद्रोह मानने का कारण यह था कि एक जुलू सरदार ने जुलू लोगों पर लगाया गया नया कर न देने की उन्हें सलाह दी थी और कर की वसूली के लिए गये हुए एक सार्जण्ट का उसने कत्ल कर डाला था। सो जो भी हो, मेरा हृदय तो जुलू लोगों की तरफ था और केन्द्र पर पहुँचने के बाद जब हमारे हिस्से मुख्यत: जुलू घायलों की शुश्रूषा करने का काम आया, तो मैं बहुत खुश हुआ। वहाँ के डॉक्टर अधिकारी ने हमारा स्वागत किया। उसने कहा, "गोरों में से कोई इन घायलों की सेवा-शुश्रूषा करने के लिए तैयार नहीं होता। मैं अकेला किस-किसकी सेवा करूँ? इनके घाव सड़ रहे हैं। अब आप आये हैं, इसे मैं इन निर्दोष लोगों पर ईश्वर की कृपा ही समझता हूँ।" यों कहकर उसने मुझे पट्टियाँ, जन्तुनाशक पानी आदि सामान दिया और उन बीमारों के पास ले गया। बीमार हमें देखकर खुश हो गये। गोरे सिपाही जालियों में से झाँक-झाँककर हमें घाव साफ करने से रोकने का प्रयत्न करते, हमारे न मानने पर खीझते और जुलूओं के बारे में जिन गन्दे शब्दों का उपयोग करते, उनसे तो कान के कीड़े झड़ जाते थे।

धीरे-धीरे गोरे सिपाहियों के साथ भी मेरा परिचय हो गया और उन्होंने मुझे रोकना बन्द कर दिया।

कोई यह न माने कि जिन बीमारों की सेवा-शुश्रूषा का काम हमें सौंपा गया था, वे किसी लड़ाई में घायल हुए थे। उनमें से एक हिस्सा उन कैदियों का था, जो शक में पकड़े गये थे। जनरल ने उन्हें कोड़ों की सज़ा दी थी। इन कोड़ों की मार से जो घाव पैदा हुए थे, वे सार-संभाल के अभाव में पक गये। दूसरा हिस्सा उन जुलूओं का था, जो मित्र माने जाते थे। इन मित्रों को सिपाहियों ने घायल किया था, यद्यपि उन्होंने मित्रतासूचक चिह्न धारण कर रखे थे।

हम लोगों को अलग-अलग स्थान पर तेज़ी से पहुँचती हुई सिपाहियों की टुकड़ी के साथ जोड़ दिया जाता था।

जहाँ से संकट के समाचार आते वहीं दौड़ जाती थी। उसमें बहुत-से तो घुड़सवार ही थे। केन्द्र स्थान से हमारी छावनी उठती कि हमें उसके पीछे-पीछे अपनी डोलियाँ कन्धे पर उठाकर चलना पड़ता था। दो-तीन मौकों पर तो एक ही

दिन में चालीस मील की मंज़िल तय करनी पड़ी। यहाँ भी हमें तो केवल प्रभु का ही काम मिला। जो जुलू मित्र भूल से घायल हुए थे, उन्हें डोलियों में उठाकर छावनी तक पहुँचाना था और वहाँ उनकी सेवा-सुश्रूषा करनी थी।

'जुलू-विद्रोह' में मुझे बहुत-से अनुभव हुए और बहुत कुछ सोचने को मिला। बोअर-युद्ध में मुझे लड़ाई की भयंकरता उतनी प्रतीत नहीं हुई थी, जितनी यहाँ हुई। यहाँ लड़ाई नहीं, बल्कि मनुष्य का शिकार हो रहा था। यह केवल मेरा ही नहीं, बल्कि उन कई अंग्रेज़ों का भी अनुभव था, जिनके साथ मेरी चर्चा होती रहती थी। सवेरे-सवेरे सेना गाँव में जाकर मानो पटाखे छोड़ती हो, इस प्रकार उसकी बन्दूकों की आवाज़ दूर रहने वाले हम लोगों के कानों पर पड़ती थी। इन आवाज़ों को सुनना और इस वातावरण में रहना मुझे बहुत मुश्किल मालूम पड़ा। लेकिन मैं सब कुछ कड़वे घूँट की तरह पी गया और मेरे हिस्से जो काम आया सो तो केवल जुलू लोगों की सेवा का ही आया। मैं ये समझ गया कि अगर हम स्वयंसेवक दल में सम्मिलित न हुए होते, तो दूसरा कोई यह सेवा न करता। इस विचार से मैंने अपनी अन्तरात्मा को शान्त किया।

ब्रह्मचर्य

मीलों तक बिना आबादी वाले भव्य प्रदेश में हम लोग किसी घायल को लेकर या ऐसे ही चले जाते थे, तब मैं सोच में डूब जाता था।

यहाँ ब्रह्मचर्य के बारे में मेरे विचार परिपक्व हुए। मैंने अपने साथियों से भी इसकी थोड़ी चर्चा की। मुझे अभी इस बात का साक्षात्कार तो नहीं हुआ था कि ईश्वर-दर्शन के लिए ब्रह्मचर्य अनिवार्य वस्तु है, किन्तु मैं यह स्पष्ट देख सका था कि सेवा के लिए ब्रह्मचर्य आवश्यक है। मुझे लगा कि इस प्रकार की सेवा तो मेरे हिस्से अधिकाधिक आती ही रहेगी और यदि मैं भोग-विलास में, सन्तानोत्पत्ति में और संतति के पालन-पोषण में लगा रहा, तो मुझसे सम्पूर्ण सेवा नहीं हो सकेगी; मैं दो घोड़ों पर सवारी नहीं कर सकता। यदि पत्नी सगर्भा हो, तो मैं निश्चिन्त भाव से इस सेवा में प्रवृत्त हो ही नहीं सकता। ब्रह्मचर्य का पालन किये बिना परिवार की वृद्धि करते रहना, समाज के अभ्युदय के लिए किये जाने वाले मनुष्य के प्रयत्न का विरोध करने वाली वस्तु बन जाती है।

मैं मन-ही-मन इन विचारों को पक्का कर रहा था और शरीर को कस रहा था कि इतने में कोई यह अफवाह लाया कि विद्रोह शान्त होने जा रहा है और अब हमें छुट्टी मिल जायेगी। दूसरे दिन हमें घर जाने की इजाज़त मिली और बाद में कुछ ही दिनों के अन्दर सब अपने-अपने घर पहुँच गये। इसके कुछ ही दिनों बाद गवर्नर ने उक्त सेवा के लिए मेरे नाम आभार-प्रदर्शन का एक विशेष पत्र भेजा।

फीनिक्स पहुँचकर मैंने व्रत ले लिया कि अब से आगे जीवन-भर ब्रह्मचर्य

का पालन करूँगा। उस समय मैं इस व्रत के महत्त्व और इसकी कठिनाइयों को पूरी तरह समझ न सका था। इसकी कठिनाइयों का अनुभव तो मैं आज भी करता रहता हूँ। इसके महत्त्व को मैं दिन-प्रतिदिन अधिकाधिक समझता जाता हूँ। ब्रह्मचर्यरहित जीवन मुझे शुष्क और पशुओं-जैसा प्रतीत होता है। पशु स्वभाव से निरंकुश हैं। मनुष्य का मनुष्यत्व स्वेच्छा से अंकुश में रहने में है। धर्मग्रन्थों में पायी जाने वाली ब्रह्मचर्य की प्रशंसा में पहले मुझे अतिशयोक्ति मालूम होती थी; उसके बदले अब दिन-प्रतिदिन यह अधिक स्पष्ट होता जाता है कि वह उचित है और अनुभवपूर्वक लिखी गयी है।

जिस ब्रह्मचर्य के ऐसे परिणाम आ सकते हैं, वह सरल नहीं हो सकता, वह केवल शारीरिक भी नहीं हो सकता। शारीरिक अंकुश से ब्रह्मचर्य का आरम्भ होता है। परन्तु शुद्ध ब्रह्मचर्य में विचार की मलिनता भी न होनी चाहिए। सम्पूर्ण ब्रह्मचारी को तो स्वप्न में भी विकारी विचार नहीं आते। और जब तक विकारयुक्त स्वप्न आते रहते हैं, तब तक यह समझना चाहिए कि ब्रह्मचर्य अभी अपूर्ण है।

इस प्रकार जिस ब्रह्मचर्य का पालन मैं इच्छा या अनिच्छा से सन् 1900 से करता जा रहा था, व्रत के रूप में उसका आरम्भ 1906 के मध्य में हुआ।

पत्नी की दृढ़ता

कस्तूरबाई पर रोग के तीन घातक हमले हुए और तीनों में वह केवल घरेलू उपचारों से बच गयी। उनमें पहली घटना उस समय घटी, जब सत्याग्रह का युद्ध चल रहा था। उसे बार-बार रक्तस्राव हुआ करता था। एक डॉक्टर मित्र ने शल्यक्रिया करा लेने की सलाह दी थी। उसका शरीर बहुत ही क्षीण हो गया था। डॉक्टर ने बिना क्लोरोफार्म के शल्यक्रिया की। शल्यक्रिया के समय पीड़ा बहुत हो रही थी, पर जिस धीरज से कस्तूरबाई ने उसे सहन किया, उससे मैं आश्चर्यचकित हो गया। शल्यक्रिया निर्विघ्न पूरी हो गयी। डॉक्टर और उनकी पत्नी ने कस्तूरबाई की अच्छी सार-संभाल की।

यह घटना डरबन में हुई। दो या तीन दिन के बाद डॉक्टर ने मुझे निश्चिन्त होकर जोहानिस्बर्ग जाने की अनुमति दे दी। कुछ ही दिन बाद खबर मिली कि कस्तूरबाई का शरीर बिलकुल सुधर नहीं रहा है और वह बिछौना छोड़कर उठ-बैठ भी नहीं सकती। एक बार बेहोश भी हो चुकी थी। डॉक्टर जानते थे कि मुझसे पूछे बिना औषधि या अन्न के रूप में कस्तूरबाई को शराब अथवा मांस नहीं दिया जा सकता। डॉक्टर ने मुझे जोहानिस्बर्ग में टेलीफोन किया, ''मैं आपकी पत्नी को 'बीफ-टी' देने की ज़रूरत समझता हूँ। मुझे इजाज़त मिलनी चाहिए।''

मैंने उत्तर दिया, ''मैं यह इजाज़त नहीं दे सकता। किन्तु कस्तूरबाई स्वतन्त्र है। उससे पूछने-जैसी स्थिति हो, तो पूछिये और वह लेना चाहे तो ज़रूर दीजिये।''

"ऐसे मामलों में मैं बीमार से कुछ पूछना पसन्द नहीं करता। स्वयं आपका यहाँ आना ज़रूरी है। यदि आप मैं जो चाहूँ सो खिलाने की छूट मुझे न दें, तो मैं आपकी स्त्री के लिए ज़िम्मेदार नहीं।"

मैंने उसी दिन डरबन की ट्रेन पकड़ी। डरबन पहुँचा। डॉक्टर ने मुझसे कहा, "मैंने तो शोरबा पिलाने के बाद ही आपको टेलीफोन किया था!"

मैंने कहा, "डॉक्टर, मैं इसे दगा समझता हूँ।"

डॉक्टर ने दृढ़तापूर्वक उत्तर दिया, "दवा करते समय मैं दगा-वगा नहीं समझता। हम डॉक्टर लोग ऐसे समय रोगी को अथवा उसके सम्बन्धियों को धोखा देने में पुण्य समझते हैं। हमारा धर्म तो किसी भी तरह रोगी को बचाना है।"

मुझे बहुत दु:ख हुआ। पर मैं शान्त रहा। डॉक्टर मित्र थे, सज्जन थे। उन्होंने और उनकी पत्नी ने मुझ पर उपकार किया था। पर मैं उक्त व्यवहार सहन करने के लिए तैयार न था।

"डॉक्टर साहब, अब स्थिति स्पष्ट कर लीजिये। कहिये, आप क्या करना चाहते हैं? मैं अपनी पत्नी को उसकी इच्छा के बिना मांस नहीं खिलाने दूँगा। मांस न लेने के कारण उनकी मृत्यु हो जाये, तो मैं उसे सहने के लिए तैयार हूँ।"

डॉक्टर बोले, "आपकी फिलासफी मेरे घर में तो हरगिज़ नहीं चलेगी। मैं आपसे कहता हूँ कि जब तक अपनी पत्नी को आप मेरे घर में रहने देंगे, तब तक मैं उसे अवश्य ही मांस अथवा जो कुछ भी देना उचित होगा, दूँगा। यदि यह स्वीकार न हो, तो आप अपनी पत्नी को ले जाइये। मैं अपने ही घर में जान-बूझकर उसकी मृत्यु नहीं होने दूँगा।"

"तो क्या आप यह कहते हैं कि मैं अपनी पत्नी को इसी समय ले जाऊँ?"

"मैं कब कहता हूँ कि ले जाइये? मैं तो यह कहता हूँ कि मुझ पर किसी प्रकार का अंकुश न रखिये। उस दशा में हम दोनों उसकी जितनी हो सकेगी, उतनी सार-संभाल करेंगे और आप निश्चिन्त होकर जा सकेंगे। यदि यह सीधी-सी बात आप न समझ सकें, तो मुझे विवश होकर कहना होगा कि आप अपनी पत्नी को मेरे घर से ले जाइये।"

मेरा खयाल है कि उस समय मेरा एक लड़का मेरे साथ था। मैंने उससे पूछा। उसने कहा, "आपकी बात मुझे मंज़ूर है। बा को मांस तो दिया ही नहीं जा सकता।"

फिर मैं कस्तूरबाई के पास गया। वह बहुत अशक्त थी। उससे कुछ भी पूछना मेरे लिए दु:खदायी था, किन्तु धर्म समझकर मैंने उसे थोड़े में ऊपर की बात कह सुनाई। उसने दृढ़तापूर्वक उत्तर दिया, "मैं मांस का शोरबा नहीं लूँगी। मनुष्य की देह बार-बार नहीं मिलती। चाहे आपकी गोद में मैं मर जाऊँ, पर अपनी इस देह को भ्रष्ट तो नहीं होने दूँगी।"

जितना मैं समझा सकता था, मैंने समझाया और कहा, ''तुम मेरे विचारों का अनुसरण करने के लिए बँधी हुई नहीं हो।''

हमारी जान-पहचान के कई हिन्दू दवा के लिए मांस और मद्य लेते थे, इसकी भी मैंने बात की। पर वह टस-से-मस न हुई और बोली, ''मुझे यहाँ से ले चलिये।''

मैं बहुत प्रसन्न हुआ। ले जाने के विचार से घबरा गया। पर मैंने निश्चय कर लिया। डॉक्टर को पत्नी का निश्चय सुना दिया। डॉक्टर गुस्सा हुए और बोले, ''आप तो बड़े निर्दय पति मालूम पड़ते हैं। ऐसी बीमारी में उस बेचारी से इस तरह की बातें करने में आपको शर्म भी नहीं आयी? मैं आपसे कहता हूँ कि आपकी स्त्री यहाँ से ले जाने लायक नहीं है। उसका शरीर इस योग्य नहीं है कि वह थोड़ा भी धक्का सहन करे। रास्ते में ही उसकी जान निकल जाये, तो मुझे आश्चर्य न होगा। फिर भी आप अपने हठ के कारण बिलकुल न मानें, तो आप ले जाने के लिए स्वतन्त्र हैं। यदि मैं उसे शोरबा न दे सकूँ, तो अपने घर में एक रात रखने का भी खतरा मैं नहीं उठा सकता।'' अतः वहाँ से निकल जाने का निर्णय कर लिया।

रिमझिम-रिमझिम मेह बरस रहा था। स्टेशन दूर था। डरबन से फीनिक्स तक रेल का और फीनिक्स से लगभग ढाई मील का पैदल रास्ता था। खतरा काफी था, पर मैंने माना कि भगवान् मदद करेगा। एक आदमी को पहले से फीनिक्स भेज दिया। फीनिक्स में हमारे पास 'हैमक' था। जालीदार कपड़े की झोली या पालने को हैमक कहते हैं। मैंने वेस्ट को खबर भेजी थी कि हैमक, एक बोतल गरम दूध, एक बोतल गरम पानी और छह आदमियों को साथ लेकर स्टेशन पर आ जायें।

दूसरी ट्रेन के छूटने का समय होने पर मैंने रिक्शा मँगवाया और उसमें, इस खतरनाक हालत में, पत्नी को बैठाकर मैं रवाना हो गया।

मुझे पत्नी को हिम्मत नहीं बँधानी पड़ी; उलटे उसी ने मुझे हिम्मत बँधाते हुए कहा, ''मुझे कुछ नहीं होगा, आप चिन्ता न कीजिये।''

हड्डियों के इस ढाँचे में वज़न तो कुछ रह ही नहीं गया था। खाया बिलकुल नहीं जाता था। ट्रेन के डिब्बे तक पहुँचने में स्टेशन के लम्बे-चौड़े प्लेटफार्म पर दूर तक चलकर जाना पड़ता था। वहाँ तक रिक्शा नहीं जा सकता था। मैं उसे उठाकर डिब्बे तक ले गया। फीनिक्स पहुँचने पर तो वह झोली आ गयी थी। उसमें बीमार को आराम से ले गये। वहाँ केवल पानी के उपचार से धीरे-धीरे कस्तूरबाई का शरीर पुष्ट होने लगा।

घर में सत्याग्रह

मुझे जेल का पहला अनुभव सन् 1908 में हुआ। उस समय मैंने देखा कि जेल में कैदियों से जो कुछ नियम पलवाये जाते हैं, संयमी अथवा ब्रह्मचारी को

उनका पालन स्वेच्छापूर्वक करना चाहिए। जैसे कैदियों को सूर्यास्त से पहले पाँच बजे तक खा लेना होता है। उन्हें—हिन्दुस्तानी और हब्शी कैदियों को—चाय या कॉफी नहीं दी जाती। नमक खाना हो, तो अलग से लेना होता है। स्वाद के लिए तो कुछ खाया ही नहीं जा सकता।

जब मैंने जेल के डॉक्टर से हिन्दुस्तानियों के लिए 'करी पाउडर' माँगा और नमक बनती हुई रसोई में ही डालने की बात कही, तो वे बोले, "यहाँ आज लोग स्वाद का आनन्द लूटने के लिए नहीं आये हैं। आरोग्य की दृष्टि से 'करी पाउडर' की कोई आवश्यकता नहीं है। आरोग्य के विचार से नमक ऊपर से लें या पकाते समय रसोई में डालें, दोनों एक ही बात है।"

वहाँ तो बड़ी मेहनत के बाद हम आखिर ज़रूरी परिवर्तन करा सके थे। पर केवल संयम की दृष्टि से देखें, तो दोनों प्रतिबन्ध अच्छे ही थे। ऐसा प्रतिबन्ध जब ज़बरदस्ती लगाया जाता है, तो वह सफल नहीं होता। पर स्वेच्छा से पालन करने पर ऐसा प्रतिबन्ध बहुत उपयोगी सिद्ध होता है। अतएव जेल से छूटने के बाद मैंने ये परिवर्तन भोजन में तुरन्त किये। भरसक चाय पीना बन्द किया और शाम को जल्दी खाने की आदत डाली, जो आज स्वाभाविक हो गयी है।

किन्तु एक ऐसी घटना घटी, जिसके कारण मैंने नमक का त्याग किया, जो लगभग दस वर्ष तक अखण्ड रूप से कायम रहा। अन्नाहार-सम्बन्धी कुछ पुस्तकों में मैंने पढ़ा था कि मनुष्य के लिए नमक खाना आवश्यक नहीं है और न खाने वाले को आरोग्य की दृष्टि से लाभ ही होता है। यह तो मुझे सूझा ही था कि नमक न खाने से ब्रह्मचारी को लाभ होता है। मैंने यह भी पढ़ा और अनुभव किया था कि कमज़ोर शरीर वाले को दाल न खानी चाहिए। किन्तु मैं उन्हें तुरन्त छोड़ न सका था। दोनों चीज़ें मुझे प्रिय थीं।

यद्यपि उक्त शल्यक्रिया के बाद कस्तूरबाई का रक्तस्राव थोड़े समय के लिए बन्द हो गया था, पर अब वह फिर शुरू हो गया और किसी प्रकार बन्द ही न होता था। अकेले पानी के उपचार व्यर्थ सिद्ध हुए। यद्यपि पत्नी को मेरे उपचारों पर विशेष श्रद्धा नहीं थी, तथापि उनके लिए तिरस्कार भी नहीं था। दूसरी दवा करने का आग्रह न था। मैंने उसे नमक और दाल छोड़ने के लिए मनाना शुरू किया। बहुत मनाने पर भी, अपने कथन के समर्थन में कुछ-न-कुछ पढ़कर सुनाने पर भी, वह मानी नहीं। आखिर उसने कहा, "दाल और नमक छोड़ने को तो कोई आपसे कहे, तो आप भी न छोड़ेंगे।" मुझे दुःख हुआ और हर्ष भी हुआ। मुझे अपना प्रेम उँड़लने का अवसर मिला। उसके हर्ष में मैंने तुरन्त ही कहा, "तुम्हारा यह खयाल गलत है। मुझे बीमारी हो और वैद्य इस चीज़ को या दूसरी किसी चीज़ को छोड़ने के लिए कहे, तो मैं अवश्य छोड़ दूँ। लेकिन जाओ, मैंने तो एक साल के लिए दाल और नमक दोनों छोड़े। तुम छोड़ो या न छोड़ो, यह अलग बात है।"

पत्नी को बहुत पश्चात्ताप हुआ। वह कह उठी, "मुझे माफ कीजिये। आपका स्वभाव जानते हुए भी मैं कैसे कह गयी। अब मैं दाल और नमक नहीं खाऊँगी, लेकिन आप अपनी बात लौटा लें। यह तो मेरे लिए बहुत बड़ी सज़ा हो जायेगी।"

मैंने कहा, "अगर तुम दाल और नमक छोड़ोगी, तो अच्छा ही होगा। मुझे विश्वास है कि उससे तुम्हें लाभ होगा। पर मैं ली हुई प्रतिज्ञा वापस नहीं ले सकूँगा। मुझे तो इससे लाभ ही है। मनुष्य किसी भी निमित्त से संयम क्यों न पाले, उसमें उसे लाभ ही है। अतएव तुम मुझसे आग्रह न करो। फिर मेरे लिए भी यह एक परीक्षा हो जायेगी और इन दो पदार्थों को छोड़ने का जो निश्चय तुमने किया है, उस पर दृढ़ रहने में तुम्हें मदद मिलेगी।" इसके बाद मुझे उसे मनाने की ज़रूरत तो रही ही नहीं। "आप बहुत हठीले हैं। किसी की बात मानते ही नहीं।" कहकर और अंजलिभर आँसू बहाकर वह शान्त हो गयी।

मैं इसे सत्याग्रह का नाम देना चाहता हूँ और इसको अपने जीवन की मधुर स्मृतियों में से एक मानता हूँ।

इसके बाद कस्तूरबाई की तबीयत खूब संभली।

नमक और दाल छुड़ाने के प्रयोग मैंने दूसरे साथियों पर भी काफी किये हैं और दक्षिण अफ्रीका में तो उनके परिणाम अच्छे ही आये हैं। वैद्यक दृष्टि से दोनों चीज़ों के त्याग के विषय में दो मत हो सकते हैं, पर इसमें मुझे कोई शंका ही नहीं कि संयम की दृष्टि से तो इन दोनों चीज़ों के त्याग में लाभ ही है। भोगी और संयमी के आहार भिन्न होने चाहिए, उनके मार्ग भिन्न होने चाहिए।

संयम की ओर

आगे चलकर ब्रह्मचर्य की दृष्टि से आहार में परिवर्तन होने लगे।

टॉल्स्टॉय फार्म पर दूध का त्याग किया। यह घटना सन् 1912 में घटी।

इतने त्याग से मुझे शान्ति न हुई। दूध छोड़ने के कुछ ही समय बाद केवल फलाहार के प्रयोग का भी हमने निश्चय किया। फलाहार में भी जो सस्ते-से-सस्ते फल मिलें, उनसे ही अपना निर्वाह करने का हमारा निश्चय था।

जिन दिनों मैंने दूध और अनाज छोड़कर फलाहार का प्रयोग शुरू किया, उन्हीं दिनों संयम के हेतु से उपवास भी शुरू किये।

दूसरे उपवासों और एकाशनों में भी आश्रमवासी सम्मिलित होने लगे। और मैं मानता हूँ कि इसका परिणाम शुभ निकला। सबके हृदयों पर संयम का कितना प्रभाव पड़ा, सबके विषयों को संयत करने में उपवास आदि ने कितना हाथ बँटाया, यह तो मैं निश्चयपूर्वक नहीं कह सकता, पर मेरा अनुभव यह है कि उपवास आदि से मुझ पर तो आरोग्य और विषय-नियमन की दृष्टि से बहुत अच्छा प्रभाव पड़ा। इन्द्रियदमन के हेतु से किये गये उपवास से ही विषयों को संयत करने का परिणाम

निकल सकता है। कुछ मित्रों का यह अनुभव भी है कि उपवास की समाप्ति पर विषयेच्छा और स्वाद तीव्र हो जाते हैं। मतलब यह कि उपवास के दिनों में विषय को संयत करने और स्वाद को जीतने की सतत् भावना बनी रहने पर ही उसका शुभ परिणाम निकल सकता है। गीताजी के दूसरे अध्याय का यह श्लोक यहाँ बहुत विचारणीय है:

विषया विनिवर्तन्ते निराहारस्य देहिनः।
रसवर्जं रसोऽप्यस्य परं दृष्ट्वा निवर्तते॥

उपवासी के विषय (उपवास के दिनों में) शान्त होते हैं; पर उसका रस नहीं जाता। रस तो ईश्वर-दर्शन से ही—ईश्वर-प्रसाद से ही शान्त होता है।

तात्पर्य यह कि संयमी के मार्ग में उपवास आदि एक साधन के रूप में हैं, किन्तु ये ही सब कुछ नहीं हैं। और यदि शरीर के उपवास के साथ मन का उपवास न हो, तो उसकी परिणति दंभ में होती है और वह हानिकारक सिद्ध होता है।

आत्मा की शिक्षा एक बिलकुल भिन्न विभाग है। इसे मैं टॉल्स्टॉय आश्रम के बालकों को सिखाने लगा उसके पहले ही जान चुका था। आत्मा का विकास करने का अर्थ है—चरित्र का निर्माण करना, ईश्वर का ज्ञान पाना, आत्मज्ञान प्राप्त करना। इस ज्ञान को प्राप्त करने में बालकों को बहुत ज़्यादा मदद की ज़रूरत होती है और इसके बिना दूसरा ज्ञान व्यर्थ है, हानिकारक भी हो सकता है, ऐसा मेरा विश्वास था।

आत्मिक शिक्षा किस प्रकार दी जाये? मैं बालकों से भजन गवाता, उन्हें नीति की पुस्तकें पढ़कर सुनाता, किन्तु इससे मुझे सन्तोष न होता था। जैसे-जैसे मैं उनके सम्पर्क में आता गया, मैंने यह अनुभव किया कि यह ज्ञान पुस्तकों द्वारा तो दिया ही नहीं जा सकता। शरीर की शिक्षा जिस प्रकार शारीरिक कसरत द्वारा दी जाती है और बुद्धि की बौद्धिक कसरत द्वारा, उसी प्रकार आत्मा की शिक्षा आत्मिक कसरत द्वारा ही दी जा सकती है। आत्मा की कसरत शिक्षक के आचरण द्वारा ही प्राप्त की जा सकती है। अतएव युवक हाज़िर हों, चाहे न हों, शिक्षक को सावधान रहना चाहिए। लंका में बैठा हुआ शिक्षक भी अपने आचरण द्वारा अपने शिष्यों की आत्मा को हिला सकता है। मैं स्वयं झूठ बोलूँ और अपने शिष्यों को सच्चा बनाने का प्रयत्न करूँ, तो वह व्यर्थ ही होगा। डरपोक शिक्षक शिष्यों को वीरता नहीं सिखा सकता। व्यभिचारी शिक्षक शिष्यों को संयम किस प्रकार सिखायेगा? मैंने देखा कि मुझे अपने पास रहने वाले युवकों और युवतियों के सम्मुख पदार्थ पाठ-सा बनकर रहना चाहिए। इस कारण मेरे शिष्य मेरे शिक्षक बने। मैं यह समझा कि मुझे अपने लिए नहीं, बल्कि उनके लिए अच्छा बनना और रहना चाहिए। अतएव कहा जा सकता है कि टॉल्स्टॉय आश्रम का मेरा अधिकतर संयम इन युवकों और युवतियों की बदौलत था।

वकालत के कुछ संस्मरण

वकालत का धंधा झूठ बोले बिना चल ही नहीं सकता। ऐसा मैं जब विद्यार्थी था तब से सुनता आया हूँ। झूठ बोलकर मैं न तो कोई पद लेना चाहता था और न पैसा कमाना चाहता था। इसलिए इन बातों का मुझ पर कोई प्रभाव नहीं पड़ता था।

मुवक्किल को मैं शुरू से ही कह देता था, "मामला झूठा हो, तो मेरे पास मत आना। साक्षी को सिखाने-पढ़ाने का काम करने की मुझसे कोई आशा न रखना।" आखिर मेरी साख तो यही कायम हुई थी कि झूठे मुकद्दमे मेरे पास आते ही नहीं।

एक अवसर ऐसा भी आया।

जब चलते मुकद्दमे के दौरान में मैंने देखा कि मेरे मुवक्किल ने मुझे ठग लिया है। मुकद्दमा जोहानिस्बर्ग की मजिस्ट्रेट की कोर्ट में चलता था। उसका मुकद्दमा झूठा था। वह कटघरे में खड़ा इस तरह काँप रहा था, मानो अभी गिर पड़ेगा। अतएव मैंने मजिस्ट्रेट को मुवक्किल के विरुद्ध फैसला देने को कहा और मुवक्किल बैठ गया। प्रतिपक्षी का वकील आश्चर्यचकित हो गया। मजिस्ट्रेट खुश हुआ। मुवक्किल को मैंने उलाहना दिया। वह जानता था कि मैं झूठे मुकद्दमे नहीं लेता था। उसने यह बात स्वीकार की; और मैं मानता हूँ कि मैंने उसके खिलाफ फैसला माँगा, इसके लिए वह गुस्सा न हुआ। जो भी हो, पर मेरे इस बरताव का कोई बुरा प्रभाव मेरे धंधे पर नहीं पड़ा और अदालतों में मेरा काम सरल हो गया। मैंने यह भी देखा कि सत्य की मेरी इस पूजा से वकील-बंधुओं में भी मेरी प्रतिष्ठा बढ़ गयी थी और विचित्र परिस्थितियों के रहते हुए भी उनमें से कुछ की प्रीति मैं प्राप्त कर सका था।

वकालत करते हुए मैंने एक ऐसी आदत भी डाली थी कि अपना अज्ञान न मैं मुवक्किलों से छिपाता था और न वकीलों से। जहाँ-जहाँ मुझे कुछ सूझ न पड़ता, वहाँ-वहाँ मैं मुवक्किल से दूसरे वकील के पास जाने को कहता अथवा मुझे वकील करता तो मैं उससे कहता कि अपने से अधिक अनुभवी वकील की सलाह लेकर मैं उसका काम करूँगा। अपने इस शुद्ध व्यवहार के कारण मैं मुवक्किलों का अटूट प्रेम और विश्वास सम्पादन कर सका था।

मेरे मुवक्किल, साथी तथा मित्र पारसी रुस्तमजी एक बार बड़ी मुश्किल में फँस गये। अपने व्यापार की भी बहुत-सी बातें वे मुझसे किया करते थे, लेकिन एक बात उन्होंने मुझसे छिपा रखी थी। पारसी रुस्तमजी चुंगी की चोरी किया करते थे। वे बम्बई-कलकत्ते से जो माल मँगाते थे, सब अधिकारियों से उनका अच्छा मेल-जोल था, इस कारण कोई उन पर शक करता ही न था। वे जो बीजक पेश करते, उसी पर चुंगी ले ली जाती थी। ऐसे भी अधिकारी रहे होंगे, जो उनकी चोरी की ओर से आँखें मूँद लेते होंगे।

वे दौड़े-दौड़े मेरे पास आये। आँखों से आँसू बह रहे थे और वे कह रहे थे, "भाई, मैंने आपसे कपट किया है। मेरा पाप आज प्रकट हो गया है। मैंने चुंगी की

चोरी की है। अब मेरे भाग्य में तो जेल ही हो सकती है। मैं बर्बाद होने वाला हूँ। इस आफत से आप ही मुझे बचा सकते हैं।''

मैंने धीरज देकर कहा, ''मेरी रीति से तो आप परिचित ही हैं। छुड़ाना न छुड़ाना खुदा के हाथ है। अपराध स्वीकार करके छुड़ाया जा सके, तो ही मैं छुड़ा सकता हूँ।''

इन भले पारसी का चेहरा उतर गया।

रुस्तमजी सेठ बोले, ''लेकिन आपके सामने मेरा अपराध स्वीकार कर लेना क्या काफी नहीं है?''

मैंने धीरे-से जवाब दिया, ''आपने अपराध तो सरकार का किया है और स्वीकार मेरे सामने करते हैं! इससे क्या होता है?''

मैंने उन्हें समझाया, ''मैं इस मामले को अदालत में जाने लायक नहीं मानता। मुकद्दमा चलाना न चलाना चुंगी-अधिकारी के हाथ में है। उसे भी सरकार के मुख्य वकील की सलाह के अनुसार चलना पड़ेगा। मैं दोनों से मिलने को तैयार हूँ, मैं सोचता हूँ कि जो दण्ड वे ठहरायें, उसे स्वीकार कर लेना चाहिए। बहुत करके तो वे मान जायेंगे। पर कदाचित् न मानें तो आपको जेल के लिए तैयार रहना होगा। मेरा तो यह मत है कि लज्जा जेल जाने में नहीं, बल्कि चोरी करने में है। लज्जा का काम तो हो चुका है। जेल जाना पड़े तो उसे प्रायश्चित्त समझिये। सच्चा प्रायश्चित्त तो भविष्य में फिर कभी चुंगी की चोरी न करने की प्रतिज्ञा में है।''

मैं नहीं कह सकता कि रुस्तमजी सेठ इन सारी बातों को भली-भाँति समझ गये थे। वे बहादुर आदमी थे। पर इस बार हिम्मत हार गये थे। उनकी प्रतिष्ठा नष्ट होने का समय आ गया था। और प्रश्न यह था कि कहीं उनकी अपनी मेहनत से बनायी हुई इमारत ढह न जाये।

मैंने इस मामले में विनय की अपनी सारी शक्ति लगा दी। मैं अधिकारी से मिला और सारी चोरी की बात उससे निर्भयतापूर्वक कह दी। सब बहीखाते दिखा देने को कहा और पारसी रुस्तमजी के पश्चात्ताप की बात भी कही।

मैंने कहा, ''पारसी रुस्तमजी को अदालत में घसीटने पर ज़ोर न दिया जाये, तो मुझे सन्तोष हो जायेगा।''

इस अधिकारी से अभय-दान प्राप्त करके मैंने सरकारी वकील से पत्र-व्यवहार शुरू किया। उनसे मिला। मुझे कहना चाहिए कि मेरी सत्यप्रियता उनके ध्यान में आ गयी। मैं उनके सामने यह सिद्ध कर सका कि मैं उनसे कुछ छिपा नहीं रहा हूँ।

रुस्तमजी पर मुकद्दमा नहीं चला। उनके द्वारा कबूल की गयी चुँगी की चोरी के दूने रुपये लेकर मुकद्दमा उठा लेने का हुक्म जारी हुआ।

रुस्तमजी ने अपनी चुंगी-चोरी की कहानी लिखकर शीशे में मढ़वा ली और उसे अपने दफ्तर में टाँगकर अपने वारिसों और साथी व्यापारियों को चेतावनी दी।

सत्याग्रह का जन्म

झूलु बंड की नौकरी पूर्ण करके मैं मित्रों से मिलने फीनिक्स पहुँचा। फीनिक्स के सब मित्रों से मिलकर मैं तुरन्त जोहानिस्बर्ग पहुँच गया। वहाँ ऑफिस में मैंने ऊपर बताये एशियाटिक बिल का मसौदा पढ़ा। 22 अगस्त, 1906 को प्रकाशित हुआ ट्रान्सवाल सरकार का वह असाधारण गज़ट जिसमें बिल का मसौदा छपा था।

इस बिल के आधार पर ट्रान्सवाल में रहने का अधिकार रखने वाले प्रत्येक हिन्दुस्तानी पुरुष-स्त्री और आठ वर्ष के अथवा आठ वर्ष से ऊपर के बालक-बालिकाओं को एशियाटिक विभाग के दफ्तर में नाम लिखाकर परवाना ले लेना चाहिए। ये परवाने लेते समय अपने पुराने परवाने वहाँ के अधिकारियों को सौंप देने चाहिए। अर्ज़ी में हर हिन्दुस्तानी को अपना नाम, पता, जाति, उमर वगैरा लिखना चाहिए। नाम दर्ज करने वाले अधिकारी (रजिस्ट्रार) को अर्ज़दार के शरीर पर कोई खास निशानियाँ हों तो उन्हें लिख लेना चाहिए और अर्ज़दार की सब अंगुलियों और अंगूठे की छाप लेनी चाहिए। निश्चित की हुई अवधि के भीतर जो हिन्दुस्तानी स्त्री-पुरुष इस तरह अर्ज़ी न करें, उनके ट्रान्सवाल में रहने के अधिकार रद्द हो जायेंगे। अर्ज़ी न करना कानून के अनुसार अपराध माना जायेगा। इस अपराध के लिए जुर्माना किया जा सकता है, जेल की सज़ा हो सकती है और कोई उचित समझे तो अपराधी को 'देश-निकाले' की सज़ा भी दे सकती है। इस परवाने की मांग रास्ते चलते यात्री से भी की जा सकती है। परवानों की जाँच करने के लिए पुलिस अधिकारी लोगों के घरों में भी प्रवेश कर सकते हैं।

जहाँ तक मैं जानता हूँ, इस प्रकार का कानून दुनिया के किसी भी हिस्से में स्वतन्त्र मानवों के लिए नहीं बनाया गया होगा।

दूसरे दिन अग्रगण्य हिन्दुस्तानियों को एकत्र करके मैंने उन्हें यह बिल अक्षरशः समझाया। इसके फलस्वरूप उन लोगों पर बिल का वही असर हुआ, जो मुझ पर हुआ था। सब कोई बिल की गम्भीरता को समझ गये। यह निर्णय किया गया एक सार्वजनिक सभा की जाये।

11 सितम्बर 1906 को हिन्दुस्तानियों की सभा हुई। सभा में जितने प्रस्ताव पास हुए थे, उसमें चौथा प्रस्ताव बहुत ही महत्त्वपूर्ण था:

'इस बिल के विरोध में सारे उपाय किये जाने के बावजूद यदि वह धारासभा में पास हो ही जाये, तो हिन्दुस्तानी उसके सामने हार न मानें और हार न मानने के फलस्वरूप जो-जो दुःख भोगने पड़ें, उन सबको बहादुरी से सहन करें।'

हममें से कोई यह जानता नहीं था कि इस निश्चय को अथवा आन्दोलन को क्या नाम दिया जा सकता है!

श्री मगनलाल गांधी ने 'सदाग्रह' नाम भेजा। कारण बताते हुए उन्होंने लिखा कि हिन्दुस्तानियों का यह आन्दोलन एक महान् 'आग्रह' है और यह आग्रह 'सद्' अर्थात् शुभ है, इसीलिए उन्होंने यह नाम चुना है। परन्तु जिस वस्तु का समावेश मैं सुझाये हुए नाम में करना चाहता था, वह इसमें नहीं आती थी। इसीलिए मैंने 'द्' का 'त्' करके उसमें 'य' जोड़ दिया और 'सत्याग्रह' नाम बना दिया। सत्य के भीतर शान्ति का समावेश मानकर और किसी भी वस्तु का आग्रह करने से उसमें बल उत्पन्न होता है, इसलिए आग्रह में बल का समावेश करके मैंने भारतीयों के इस आन्दोलन को 'सत्याग्रह' अर्थात् सत्य और शान्ति से उत्पन्न होने वाले बल—का नाम दिया और उसी नाम से इसका परिचय कराया। और तब से 'पैसिव रेज़िस्टेन्स' शब्द का उपयोग इस आन्दोलन के लिए बन्द कर दिया।

कैद

1907 की पहली जुलाई आई। परवाने देने वाले सरकारी दफ्तर खुले। कौम का आदेश था कि हर एक दफ्तर के सामने खुलेआम पिकेटिंग किया जाये—अर्थात् दफ्तर जाने के मार्गों पर स्वयंसेवक रखे जायें और वे दफ्तर में जाने वाले लोगों को वहाँ बिछाये गये जाल से सावधान करें।

अथक परिश्रम करने के बाद भी जब एशियाटिक ऑफिस को 500 से अधिक नाम नहीं मिल सके, तो एशियाटिक विभाग के अधिकारी इस निर्णय पर आये कि किसी-न-किसी हिन्दुस्तानी क़ो गिरफ्तार करना चाहिए। जर्मिस्टन में बहुत से हिन्दुस्तानी रहते थे। उनमें से एक रामसुन्दर पण्डित हिन्दुस्तानी भी था। उसने जगह-जगह भाषण दिये। अपने भाषणों को वह खूब जोशीले बना सकता था। जर्मिस्टन के कुछ विघ्न-सन्तोषी हिन्दुस्तानियों ने एशियाटिक ऑफिस से कहा कि यदि रामसुन्दर पण्डित को गिरफ्तार कर लिया जाये, तो जर्मिस्टन के बहुत से हिन्दुस्तानी एशियाटिक ऑफिस से परवाने ले लेंगे। उस ऑफिस का अधिकारी रामसुन्दर पण्डित को पकड़ने के प्रलोभन से अपने को रोक नहीं सका। रामसुन्दर पण्डित गिरफ्तार कर लिया गया। इस तरह का यह पहला ही मुकद्दमा होने से सरकार और हिन्दुस्तानी कौम में बड़ी खलबली मच गयी।

जिस दिन उसे जेल की सज़ा मिली, वह दिन कौम ने बड़ी धूमधाम से मनाया। कौम का एक भी आदमी उसके जेल जाने से निराश नहीं हुआ, बल्कि सारी कौम का उत्साह और जोश बढ़ गया। सैकड़ों हिन्दुस्तानी जेल जाने को तैयार हो गये। एशियाटिक ऑफिस की आशा पूरी नहीं हुई। जर्मिस्टन के हिन्दुस्तानी भी परवाना लेने नहीं गये। कौम को ही लाभ हुआ।

लेकिन रामसुन्दर पण्डित खोटा सिक्का निकला। फिर भी स्वच्छन्द घूमने वाला और साथ ही व्यसनी आदमी जेल के एकान्तवास को तथा अनेक प्रकार का

भोजन मिलने पर भी जेल के संयम को सहन नहीं कर सकता। यही स्थिति रामसुन्दर पण्डित की हुई। कौम के लोगों का और जेल के अधिकारियों का इतना सम्मान मिलने पर भी जेल उसे कड़वा लगा और वह ट्रान्सवाल तथा सत्याग्रह की लड़ाई को अन्तिम नमस्कार करके रातोंरात भाग खड़ा हुआ।

परन्तु रामसुन्दर का पूरा इतिहास मैंने उसका दोष दिखाने के लिए यहाँ नहीं दिया है; यह इतिहास मैंने इस घटना के भीतर छिपे गूढ़ अर्थ को प्रकट करने के लिए ही दिया है। प्रत्येक शुद्ध आन्दोलन के नेताओं का यह कर्त्तव्य है कि वे शुद्ध आन्दोलन में शुद्ध आदमियों को ही भर्ती करें।

एशियाटिक ऑफिस के अधिकारियों ने सोचा कि कौम के अमुक नेताओं को जब तक गिरफ्तार नहीं किया जायेगा, तब तक लड़ाई का बल कभी टूट नहीं सकेगा। इसके फलस्वरूप दिसम्बर 1907 के अन्तिम सप्ताह में कुछ नेताओं को अदालत में हाज़िर होने का नोटिस मिला।

निश्चित किये हुए दिन—शनिवार, ता० 28-12-1907 को—अदालत में जो नेता हाज़िर रहे थे, उन्हें इस तरह की नोटिस का उत्तर देना था, 'कानून के अनुसार आप लोगों को परवाने प्राप्त कर लेने चाहिए थे, फिर भी आपने प्राप्त नहीं किये। इसलिए आपको ऐसा हुक्म क्यों न दिया जाये कि अमुक समय के भीतर आप ट्रान्सवाल की सीमा छोड़ दें?'

लेकिन सबके केस अलग-अलग चलाये गये थे। मजिस्ट्रेट ने कुछ लोगों को 48 घण्टों के भीतर और बाकी को 7 या 14 दिनों में ट्रान्सवाल छोड़ देने का आदेश दिया। इस आदेश की अवधि 10 जनवरी, 1908 को पूरी होती थी। उसी दिन हमें सज़ा सुनने के लिए अदालत में उपस्थित होने का आदेश मिला था।

हममें से किसी को अपना बचाव तो करना ही नहीं था। कानून के अनुसार परवाने न लेने के कारण निश्चित अवधि में ट्रान्सवाल की सीमा छोड़ देने का मजिस्ट्रेट ने जो आदेश दिया था, उसका सविनय अनादर करने का अपराध हम सबको स्वीकार करना था।

मैंने अदालत से एक छोटा-सा वक्तव्य देने की इजाज़त मांगी। वह इजाज़त मुझे मिली। मैंने इस आशय का वक्तव्य दिया, मेरे मुकद्दमे में और मेरे बाद आने वाले लोगों के मुकद्दमे में भेद किया जाना चाहिए। मुझे अभी-अभी प्रिटोरिया से ये समाचार मिले हैं कि वहाँ मेरे देशबन्धुओं को तीन मास की कड़ी कैद की सज़ा और भारी जुर्माना हुआ है और जुर्माना न देने पर तीन मास की कड़ी कैद की सज़ा दी गयी है। अगर उन लोगों ने अपराध किया है, तो मैंने उनसे कहीं बड़ा अपराध किया है। इसलिए मजिस्ट्रेट से मेरी प्रार्थना है कि वे मुझे कड़ी से कड़ी सज़ा दें।

दूसरे अथवा तीसरे दिन से सत्याग्रही कैदी बड़ी संख्या में आने लगे थे। वे जान-बूझकर गिरफ्तार होते थे। उनमें से अधिकतर लोग फेरी लगाने वाले ही थे।

फेरी वाले लोग इसमें सबसे आगे रहे। उनके लिए गिरफ्तार होना आसान भी था। उन्हें केवल परवाने बताने से इनकार करना होता था; उसके बाद उनका गिरफ्तार होना निश्चित था। एक हफ्ते में इस तरह गिरफ्तार होने वाले सत्याग्रही कैदियों की संख्या 100 से अधिक हो गयी। और थोड़े-बहुत कैदी तो रोज़ ही आते थे, इसलिए हमें बगैर अखबार के ही सारे समाचार मिल जाते थे। जब बड़ी संख्या में सत्याग्रही गिरफ्तार किये जाने लगे, तब सरकार की ओर से मजिस्ट्रेटों की सूचना दी गयी कि कड़ी कैद की सज़ा ही दी जाये।

जोहानिस्बर्ग की जेल में सादी कैद की सज़ा वाले कैदियों को भोजन में सवेरे मक्का के आटे की लपसी या कांजी मिलती थी। उसमें नमक डाला नहीं जाता था, परन्तु हर कैदी को अलग से थोड़ा नमक दिया जाता था। दोपहर बारह बजे चार औंस भात, ऊपर से नमक और एक औंस घी और चार औंस डबलरोटी दी जाती थी। शाम को मक्का के आटे की कांजी और उसके साथ थोड़ा साग, साग में भी मुख्यतः आलू दिये जाते थे। आलू छोटे होते तो दो दिये जाते और बड़े होते तो एक दिया जाता था। इतने भोजन से किसी का भी पेट नहीं भरता था। चावल चिकने और गीले पकाये जाते थे। हमने जेल के डॉक्टर से थोड़े मसाले की मांग की और कहा कि हिन्दुस्तान की जेलों में कैदियों को मसाला मिलता है। डॉक्टर ने कड़ा उत्तर दिया, "यह हिन्दुस्तान नहीं है। कैदी के लिए स्वाद नहीं होता, इसलिए मसाला भी नहीं हो सकता।" हमने दाल की मांग की और कारण में यह बताया कि जेल के भोजन में स्नायुओं को पुष्ट करने वाले कोई तत्त्व नहीं हैं। इस पर डॉक्टर ने कहा, "कैदियों को डॉक्टरी दलील नहीं करनी चाहिए। आपको स्नायु-पोषक भोजन दिया जाता है; क्योंकि सप्ताह में दो बार आपको मक्का के बदले में शाम के भोजन में उबली हुई मटर दी जाती है।" यदि मनुष्य का पेट एक हफ्ते या पखवारे में अलग-अलग समय पर मिलने वाले अलग-अलग तत्त्वों से युक्त भोजन में से शरीर के लिए आवश्यक तत्त्व खींच लेने की शक्ति रखना हो, तब तो डॉक्टर का यह तर्क सही था।

इस तरह जेल में हम लगभग 15 दिन रहे होंगे कि बाहर से आने वाले नये लोग यह समाचार लाने लगे कि सरकार के साथ समझौता करने की कोई बातचीत चल रही है।

उस मसौदे का आशय इस प्रकार था, हिन्दुस्तानियों को स्वेच्छा से अपने परवाने बदल लेने चाहिएँ। और यदि हिन्दुस्तानी कौम का मुख्य भाग स्वेच्छा से परवाने ले लेगा, तो सरकार खूनी कानून रद्द कर देगी और स्वेच्छा से लिये गये परवानों को कानूनी मान्यता देने के लिए नया कानून पास करेगी। समझौते के इस मसौदे में खूनी कानून रद्द करने की बात स्पष्ट नहीं थी। अपनी दृष्टि से यह बात स्पष्ट करने जितना परिवर्तन मैंने मसौदे में सुझाया।

जनरल स्मट्स को मिलने के लिए मुझे प्रिटोरिया ले जाया गया। बातचीत के उपरान्त मैंने जो परिवर्तन सुझाया था, इसके सम्बन्ध में ज़रूरी समझौता के मसौदे को उन्होंने स्वीकार लिया। कैदियों को छोड़ दिया गया। मैंने अपने देशवासियों को मसौदे को समझाना शुरू किया।

हमला

मैंने तो दस अंगुलियों की छाप देने की स्वीकृति दी, इससे कुछेक पठान भाई मुझ पर खफा हुए।

ता० 10-2-1908 के सवेरे हममें से कुछ लोग परवाने लेने के लिए एशियाटिक ऑफिस में जाने को तैयार हो गये। कौम के लोगों को अच्छी तरह समझा दिया गया था कि परवाने लेने का काम यथासम्भव जल्दी-से-जल्दी पूरा कर देना चाहिए। और सलाह-मशविरे के बाद यह बात भी तय हो गयी थी कि पहले दिन कौम के नेता ही सबसे पहले परवाने लेने जायेंगे। इसके पीछे उद्देश्य लोगों का संकोच दूर करना, एशियाटिक विभाग के अधिकारी अपना काम शिष्टता से करते हैं या नहीं, यह जानना और अन्य प्रकार से उस काम की सारी व्यवस्था पर देखरेख रखना था। मेरा ऑफिस सत्याग्रह-मण्डल का भी ऑफिस था। वहाँ पहुँचते ही मैंने ऑफिस की दीवार के बाहर मीर आलम और उसके साथियों को खड़े देखा।

मीर आलम मेरा पुराना मुवक्किल था। अपने हर काम में वह मेरी सलाह लेता था। उसकी ऊँचाई 6 फुट से अधिक थी। वह कद्दावर और दोहरे शरीर का आदमी था। आज पहली ही बार मैंने मीर आलम को ऑफिस के अन्दर न देखकर बाहर खड़े देखा और हम दोनों की आँखें मिलने पर भी उसने पहली ही बार मुझे सलाम नहीं किया। लेकिन मैंने उसे सलाम किया, इसलिए उसने भी मुझे सलाम किया। अपनी आदत के अनुसार मैंने उससे पूछा, "कैसे हो?" मेरा ऐसा खयाल है कि उसने जवाब में कहा था, "अच्छा हूँ।" परन्तु आज उसके चेहरे पर हमेशा की मुसकान नहीं थी। मैंने देखा कि उसकी आँखों में गुस्सा भरा है। यह बात मैंने मन में लिख ली। मुझे यह भी लगा कि आज कुछ-न-कुछ होने वाला है। मैंने ऑफिस में प्रवेश किया। अध्यक्ष ईसप मियां और दूसरे मित्र भी आ पहुँचे और हम एशियाटिक ऑफिस की ओर चल पड़े। मीर आलम और उसके साथी भी हमारे पीछे-पीछे आये।

एशियाटिक ऑफिस की इमारत वॉन ब्रेन्डिस स्क्वेयर में थी। वॉन ब्रेन्डिस स्ट्रीट में चलते-चलते हमने मेसर्स आरनॉट और गिब्सन की सीमा छोड़ी। वहाँ से एशियाटिक ऑफिस तीनेक मिनट के फासले पर रहा होगा कि मीर आलम मेरी बगल में आ गया। उसने मुझसे पूछा, "कहाँ जाते हो?" मैंने उत्तर दिया, "मैं दस

अंगुलियों की छाप देकर रजिस्टर (परवाना) निकलवाना चाहता हूँ। अगर तुम भी चलोगे तो तुम्हें दस अंगुलियों की छाप देने की ज़रूरत नहीं है। तुम्हारा परवाना (सिर्फ दो अंगूठों की छाप के साथ) पहले निकलवाने के बाद मैं अंगुलियों की छाप देकर अपना निकलवाऊँगा।''

अन्तिम वाक्य मैंने मुश्किल से पूरा किया होगा कि मेरी खोपड़ी पर पीछे से लाठी का एक वार हुआ। मैं 'हे राम' बोलते-बोलते बेहोश होकर ज़मीन पर लुढ़क गया। बाद में क्या हुआ, इसका मुझे कोई भान नहीं था। लेकिन मीर आलम ने और उसके साथियों ने मुझ पर लाठियों के अधिक वार किये और लातें भी मारीं। उनमें से कुछ ईसप मियां और थंबी नायडू ने झेलीं। इस कारण से ईसप मियां और थंबी नायडू पर भी थोड़ी मार पड़ी। इतने में शोरगुल मचा। आने-जाने वाले गोरे इकट्ठे हो गये। मीर आलम और उसके साथी भागे, लेकिन गोरों ने उन्हें पकड़ लिया। इस बीच पुलिस भी आ पहुँची। उसने पठानों को हिरासत में ले लिया।

पास ही श्री जे० सी० गिब्सन का ऑफिस था। मुझे उठाकर वहाँ ले जाया गया। कुछ देर बाद जब मुझे होश आया, तब मैंने रेवरेंड डोक को अपने चेहरे पर झुके हुए देखा। उन्होंने मुझसे पूछा, ''आपको कैसा लगता है?''

मैंने हँसकर जवाब दिया, ''अब ठीक हूँ। लेकिन मेरे दाँतों में और पसलियों में दर्द होता है।'' फिर मैंने पूछा, ''मीर आलम कहाँ है?''

डोक बोले, ''उसे और उसके साथियों को गिरफ्तार कर लिया गया है।

मैंने कहा, ''वे छूटने चाहिएँ।''

डोक, ''वह सब तो होता रहेगा। लेकिन आप यहाँ एक अपरिचित के ऑफिस में पड़े हैं। आपका होंठ फट गया है। पुलिस आपको अस्पताल ले जाने को तैयार है। लेकिन अगर आप मेरे यहाँ चलें तो मैं और श्रीमती डोक आपकी यथाशक्ति सार-संभाल करेंगे।''

मैंने कहा, ''मुझे अपने ही घर ले चलिये। पुलिस के प्रस्ताव के लिए उसे धन्यवाद दीजिये। लेकिन उससे कहिये कि मुझे आपके यहाँ जाना ज़्यादा पसन्द है।''

इतने में एशियाटिक विभाग के अधिकारी श्री चमनी भी आ पहुँचे। मुझे एक गाड़ी में लिटाकर भले पादरी श्री डोक के स्मिट स्ट्रीट स्थित निवास-स्थान पर ले जाया गया। मेरी जाँच के लिए एक डॉक्टर को बुलाया गया। इस बीच मैंने श्री चमनी से कहा, ''मेरी आशा तो यह थी कि आपके ऑफिस में आकर और दस अंगुलियों की छाप देकर पहला परवाना मैं लूँगा। लेकिन ईश्वर को यह स्वीकार नहीं था। अब मेरी आपसे प्रार्थना है कि आप इसी समय जाकर ज़रूरी कागज़ात ले आइये और पहला परवाना मुझे दीजिये। मैं आशा रखता हूँ कि मेरे पहले आप दूसरे किसी को परवाना नहीं देंगे।''

उन्होंने कहा, "ऐसी क्या जल्दी है? अभी डॉक्टर आयेगा। आप आराम करें। बाद में सब कुछ हो जायेगा। दूसरों को परवाना दूँगा तो भी आपका नाम सबसे पहला रखूँगा।"

मैं बोला, "ऐसा नहीं। मेरी यह प्रतिज्ञा है कि यदि मैं ज़िन्दा रहूँ और ईश्वर को मंज़ूर हो, तो सबसे पहले मैं ही परवाना लूंगा। इसलिए मेरा आग्रह है कि आप कागज़ात ले आइये।"

इस पर श्री चमनी कागज़ात लाने के लिए ऑफिस गये।

मेरा दूसरा काम एटर्नी-जनरल अर्थात् सरकारी वकील को यह तार करना था कि "मीर आलम और उसके साथियों ने मुझ पर जो हमला किया, उसके लिए मैं उन लोगों को दोषी मानता ही नहीं। जो भी हो, लेकिन मैं नहीं चाहता कि उन पर फौजदारी मुकद्दमा चले। मैं आशा करता हूँ कि मेरे खातिर आप उन्हें छोड़ देंगे।"

लेकिन जोहानिस्बर्ग के गोरों ने एटर्नी-जनरल को इस आशय का एक कड़ा पत्र लिखा, "अपराधी को सज़ा देने के बारे में गांधी के चाहे जो विचार हों, लेकिन इस देश में उन पर अमल नहीं किया जा सकता। गांधी को जो मार पड़ी है, उसके बारे में वे भले ही कुछ न करें, लेकिन हमला करने वाले लोगों ने यह मार उन्हें किसी निजी मकान में नहीं मारी है। यह अपराध पठानों ने आम रास्ते पर किया है। इसलिए यह एक सार्वजनिक अपराध माना जायेगा। कुछ अंग्रेज़ भी इस अपराध की गवाही देने की स्थिति में हैं। अपराधियों को पकड़ना ही चाहिए।" इस आन्दोलन के कारण एटर्नी-जनरल ने फिर मीर आलम और उसके एक साथी को गिरफ्तार कर लिया और उन्हें तीन-तीन महीने की कड़ी कैद की सज़ा दी। केवल मुझे गवाह के रूप में नहीं बुलाया गया।

कौम के प्रति, प्रमुख के द्वारा मैंने संक्षिप्त गुजराती में एक पत्र लिखा और प्रकाशित करने हेतु भेज दिया।

"मेरी तबियत अच्छी है। श्री डोक और श्रीमती डोक हृदय का सारा प्रेम उँड़ेलकर मेरी सेवा-शुश्रूषा कर रहे हैं। मैं कुछ ही दिनों में अपना काम संभाल लूंगा। जिन लोगों ने मुझे मारा है, उन पर मेरे मन में ज़रा भी गुस्सा नहीं है। उन्होंने बेसमझी से यह काम किंया है। उन पर मुकद्दमा चलाने की कोई ज़रूरत नहीं। अगर दूसरे लोग शान्त रहेंगे, तो इस घटना से भी हमें लाभ ही होगा।

"हिन्दुओं को चाहिए कि वे मन में जरा भी रोष न रखें। मैं चाहता हूँ कि इस घटना से हिन्दुओं और मुसलमानों के बीच खटास पैदा होने के बदले मिठास पैदा हो। खुदा से—ईश्वर से मैं यही याचना करता हूँ।

"मैं ईश्वर से प्रार्थना करता हूँ कि वह कौम का भला करे, उसे सत्य के मार्ग पर लगाये और हिन्दुओं तथा मुसलमानों के दिलों को मेरे खून की पट्टी से जोड़ दे।"

श्री चमनी कागज़ात लेकर आये। बड़ी कठिनाई से और जैसे-तैसे मैंने अपनी

दस अंगुलियों की छाप उन्हें दी। उस समय मैंने उनकी आँखों में आँसू देखे। उनके खिलाफ मुझे अकसर कड़ी बातें लिखनी पड़ती थीं। लेकिन इस घटना से मेरे सामने इस बात का प्रत्यक्ष चित्र खड़ा हुआ कि मौका आने पर मानव का हृदय कितना कोमल बन सकता है।

यह विधि पूरी करने में कुछ मिनट से ज़्यादा समय नहीं लगा होगा। श्री डोक और उनकी भली पत्नी मुझे पूर्ण शान्त और स्वस्थ देखने के लिए अत्यन्त उत्सुक थे। हमले से घायल होने के बाद मेरे मानसिक कार्य को देखकर दोनों को दुःख होता था। उन्हें भय था कि इसका बुरा असर कहीं मेरी तबीयत पर न पड़े। इसलिए संकेत देकर और दूसरी तरकीबें काम में लेकर वे सब लोगों को मेरे पलंग से दूर हटा ले गये और मुझे लिखने की या और कुछ करने की मनाही कर दी। मैंने उनसे विनती की (और लिखकर की) कि मैं बिलकुल शान्ति से सो जाऊँ इससे पहले और इसके लिए, उनकी लड़की ऑलिव—जो उस समय छोटी बालिका ही थी—मुझे अपना प्रिय अंग्रेज़ी भजन 'लोर्ड काइंड्ली लाइट' (प्रेमल ज्योति तारो दाखवी, मुझ जीवनपंथ उजाळ) गाकर सुनाये। श्री डोक को मेरी यह विनती बहुत पसन्द आयी। वह बात अपने मधुर हास्य द्वारा उन्होंने मुझे समझा दी और ऑलिव को इशारे से बुलाकर दरवाज़े के बाहर खड़े-खड़े धीमे स्वर में वह भजन गाने के लिए कहा। यह लिखते समय वह सम्पूर्ण दृश्य मेरी आँखों के सामने तैर रहा है और ऑलिव के दिव्य स्वर की गूंज अभी भी मेरे कानों में गूंज रही है।

लड़ाई की पुनरावृत्ति

हिन्दुस्तानियों ने स्वैच्छिक परवाने निकलवा लिये। अब सरकार को खूनी कानून हटा देना चाहिए। लेकिन खूनी कानून रद्द करने के बजाय जनरल स्मट्स ने नया ही कदम उठाया। उन्होंने विधानसभा में जो नया बिल पेश किया, उसके द्वारा खूनी कानून को बहाल रखा और स्वेच्छा से लिये गये परवानों को कानूनी करार दिया। साथ ही, उस बिल में यह धारा भी जोड़ी कि जिन हिन्दुस्तानियों ने स्वेच्छा से परवाने ले लिये हैं, उन पर खूनी कानून लागू नहीं किया जा सकता।

इस नये बिल को पढ़कर मैं तो हक्का-बक्का हो गया।

सरकार को सत्याग्रहियों का 'अल्टीमेटम' अथवा निश्चय-पत्र के भेजने की अवधि पूरी होती थी। अवधि बीतने के दो-एक घण्टे बाद परवाने जलाने की सार्वजनिक विधि पूरी करने के लिए एक सभा बुलाई गयी थी। सत्याग्रह-समिति ने यह माना था कि आशा के विपरीत कहीं सरकार का अनुकूल उत्तर मिल जाये, तो भी सभा बुलाना व्यर्थ नहीं होगा; क्योंकि उस स्थिति में सभा का उपयोग सरकार का अनुकूल निर्णय कौम को सुनाने में कर लिया जायेगा।

सभा शुरू होने ही वाली थी कि एक स्वयंसेवक साइकिल पर आ पहुँचा।

उसके हाथ में तार था। उसमें सरकार का उत्तर था। उत्तर में हिन्दुस्तानी कौम के निश्चय के लिए खेद प्रकट किया गया था और यह भी कहा गया था कि सरकार अपना निश्चय बदलने में असमर्थ है। तार पढ़कर सभा में सबको सुना दिया गया। सभा ने उसका स्वागत किया, मानो सभा के लोगों को इस बात का हर्ष हुआ कि सरकार द्वारा निश्चय-पत्र की मांग स्वीकार कर लिए जाने से परवानों की होली जलाने का जो शुभ अवसर उनके हाथ से चला जाता वह चला नहीं गया।

इस सभा में मीर आलम भी हाज़िर था। उसने सभा में यह घोषणा की कि मुझ पर हमला करने में उससे भूल हुई थी; और अपना असल परवाना भी उसने मुझे जलाने के लिए दे दिया। नया परवाना तो उसने स्वेच्छा से लिया ही नहीं था। मैंने मीर आलम का हाथ पकड़ा और हर्ष से उसे दबाया। मैंने दोबारा मीर आलम से कहा कि मेरे मन में तो उसके प्रति कभी रोष था ही नहीं। इससे सभा की खुशी का पार न रहा।

कमेटी के पास जलाने के लिए 2000 से ऊपर परवाने आ चुके थे। परवानों का ढेर कड़ाही में डाला गया, ऊपर से घासलेट उँड़ेला गया और मैंने उसे दियासलाई दिखाई। सारी सभा खड़ी हो गयी और जब तक परवाने जलते रहे, तब तक उसकी तालियों से मैदान गूंजता रहा। जिन कुछ लोगों ने अभी तक परवाने अपने पास रख छोड़े थे, उनके परवानों की भी अब मंच पर वर्षा होने लगी। वे परवाने भी कड़ाही में डाल दिये गये।

इस सभा में अंग्रेज़ी अखबारों के संवाददाता आये थे। उन पर भी सभा के सम्पूर्ण दृश्य का बड़ा गहरा असर पड़ा। उन्होंने अपने अखबारों में सभा का हूबहू वर्णन किया।

ट्रान्सवाल विधान-सभा की जिस बैठक में एशियाटिक कानून (दूसरा) पास हुआ था, उसी बैठक में जनरल स्मट्स ने एक दूसरा बिल भी पेश किया था। उसका नाम था 'इमिग्रैन्ट्स रेस्ट्रिक्शन एक्ट' (1907 का पन्द्रहवाँ एक्ट)—परोक्ष रूप में ऐसी युक्ति निहित थी, जिससे एक भी नया हिन्दुस्तानी ट्रान्सवाल में दाखिल न हो सके। इसका विरोध करना कौम के लिए नितान्त आवश्यक था। अत: कुछेक सत्याग्रहियों ने जान-बूझकर ट्रान्सवाल में प्रवेश किया; उनको गिरफ्तार कर लिया गया। मुझे भी दूसरी बार गिरफ्तार किया गया था। एक बार वोंक्सरस्ट की जेल में हम लगभग 75 सत्याग्रही कैदी इकट्ठे हो गये थे। सरकार सोच में पड़ गयी। आखिर जेल में कितने हिन्दुस्तानियों को कैद में रखा जा सकता है? खर्च बढ़ेगा, अब क्या किया जाये? सरकार ने परिस्थिति को हल करने के लिए एक नयी प्रयुक्ति खोज डाली। पकड़े गये हिन्दुओं को सरहद पार कराके हिन्दुस्तान भेज देना शुरू कर दिया।

मगर हुआ ऐसा कि बहुत से हिन्दुस्तानी तो अटल रहे और विनम्रतापूर्वक

अपनी लड़त जारी रखी थी। थोड़े-बहुत ढीले पड़ गये थे।

टॉल्स्टॉय फार्म

आज तक (1910) तक जेल जाने वाले सत्याग्रहियों के परिवारों का भरण-पोषण उन्हें हर महीने पैसा देकर होता था। सबको उनकी आवश्यकता के अनुसार पैसा दिया जाता था। चींटी को कन और हाथी को मन। लेकिन यह व्यवस्था सन्तोषप्रद नहीं थी। कोष पर भारी बोझ आना शुरू हो गया था। यह कठिनाई एक ही तरह से हल हो सकती थी—सारे परिवारों को एक स्थान पर रखा जाये और वहीं सब साथ मिलकर काम करें।

मेरे मित्र श्री कैलनबैक का परिचय मैं पहले करा चुका हूँ। उन्होंने 1100 एकड़ ज़मीन खरीदी और कोई पैसा लिये बिना सत्याग्रहियों के उपयोग के लिए बिना किराये दे दी (30 मई, 1910)। उस ज़मीन पर करीब 1000 फल के झाड़ थे, ज़मीन की ऊँचाई पर एक छोटा-सा टीला था। और एक छोटा-सा मकान था, जिसमें पाँच-सात आदमी रह सकते थे। पानी के लिए दो कुएँ और एक झरना था। निकटतम रेलवे स्टेशन लॉले वहाँ से एक मील दूर था। जोहानिस्बर्ग वहाँ से 21 मील पर था। इसी ज़मीन पर मकान बनवाने और सत्याग्रहियों के परिवारों को बसाने का हमने निश्चय किया।

इस स्थान में हमने यह आग्रह रखा था कि नौकरों से कोई भी घरेलू काम न कराया जाये; इसलिए पाखाना-सफाई से लेकर रसोई बनाने तक का सारा काम हमें अपने ही हाथों से करना था।

हमने पहले से ही यह निश्चय कर लिया था कि स्त्रियों और पुरुषों को अलग-अलग रखा जाये। इसलिए दोनों के मकान अलग और एक-दूसरे से थोड़ी दूरी पर बनाने की बात तय हुई। दस स्त्रियाँ और साठ पुरुष रह सकें, इतने मकान तुरन्त बनाने का निर्णय हुआ। श्री कैलनबैक के रहने के लिए भी एक मकान बनवाया था और उसके पास शाला का एक मकान खड़ा करना था। इसके सिवा, एक कारखाना भी बढ़ई-काम और मोची-काम के लिए बनवाना था।

जो लोग इस स्थान पर रहने आने वाले थे, वे गुजरात के, मद्रास के, आंध्र प्रदेश के और उत्तर भारत के थे। धर्म से वे हिन्दू, मुसलमान, पारसी और ईसाई थे। उनमें लगभग चालीस नौजवान थे, दो-तीन वयोवृद्ध थे, पाँच स्त्रियाँ थीं और बीस से तीस की संख्या में बालक थे। इन बालकों में चार-पाँच लड़कियाँ थीं।

टॉल्स्टॉय फार्म में आकर निर्बल लोग बलवान् बन गये और परिश्रम सबके लिए शक्तिदायी सिद्ध हुआ।

फार्म के हर निवासी को किसी-न-किसी काम से जोहानिस्बर्ग जाना पड़ता था। बालक वहाँ सैर के लिए जाना चाहते थे। मुझे भी कामकाज के सिलसिले में

जोहानिस्बर्ग जाना पड़ता था। निर्णय यह किया गया था कि जो फार्म के सामाजिक काम से जाये, उसी को रेल से मुसाफिरी करने की इजाज़त दी जाये और रेल की मुसाफिरी भी तीसरे दर्जे में ही की जाये। और जिसे सैर के लिए जाना हो, वह चलकर जाये। उसके साथ खाने के लिए नाश्ता दे दिया जाये। शहर जाकर कोई खाने-पीने में एक पैसा भी खर्च न करे। ऐसे कड़े नियम न बनाये गये होते, तो जो पैसा बचाने के लिए हमने जंगल में रहना पसन्द किया था, वह पैसा रेल-किराये में और शहर के बाज़ार में किये जाने वाले नाश्ते में उड़ जाता। घर का बना हुआ नाश्ता भी सादा ही होता था। नाश्ते में घर के पिसे और बिना छने मोटे आटे की डबलरोटी, उस पर मूंगफली का घर में बनाया हुआ मक्खन और घर में ही बना हुआ नारंगी के छिलकों का मुरब्बा होता था। आटा पीसने के लिए हाथ से चलने वाली लोहे की चक्की खरीदी गयी थी। मूंगफली को भूनकर पीसने से उसका मक्खन बन जाता था। उसकी कीमत दूध के मक्खन से चौगुनी सस्ती पड़ती थी। नारंगी तो फार्म में ही खूब होती थी। फार्म में हम गाय का दूध शायद ही कभी लेते थे; सामान्यत: डिब्बे के दूध का ही उपयोग करते थे।

लेकिन हम फिर मुसाफिरी की बात पर आयें। जिन लोगों को जोहानिस्बर्ग जाने का शौक होता, वे सप्ताह में एक या दो बार चलकर जाते थे और उसी दिन लौट आते थे। मैं पहले कह चुका हूँ कि यह रास्ता 21 मील का था। पैदल जाने के इस एक नियम से हमारे सैकड़ों रुपये बच गये और चलकर जाने वालों को बड़ा लाभ हुआ। कुछ लोगों की चलने की नयी आदत पड़ी। सामान्य नियम यह था कि इस तरह जोहानिस्बर्ग जाने वाले रात में दो बजे उठ जायें और ढाई बजे निकल पड़ें। सब कोई छह से सात घण्टों के भीतर जोहानिस्बर्ग पहुँच सकते थे। कम-से-कम समय लेने वाले लोग 4 घण्टे और 18 मिनट में पहुँच जाते थे।

हमारा काम सत्याग्रही परिवारों को उद्यमशील रखना, पैसा बचाना और अन्त में स्वावलम्बी बनना था। यह ध्येय सिद्ध कर लेने के बाद तो हम चाहे जितनी अवधि तक ट्रान्सवाल सरकार से लड़ सकते थे। जूतों पर हमें पैसे खर्च करने पड़ते थे। कांटों, पत्थरों वगैरा से पैरों को बचाने के लिए किसी रक्षण की आवश्यकता को हमने स्वीकार किया था। इसलिए हमने चप्पल या सैंडल बनाने का धन्धा सीखने का निश्चय किया।

इस तरह अनेक नौजवान चप्पल बनाना सीख गये और हम अपने मित्रों को आश्रम में बने हुए चप्पल बेचने भी लगे। यह कहना तो मेरे लिए ज़रूरी नहीं होना चाहिए कि मेरे अनेक शिष्य इस कला में मुझसे आसानी से आगे बढ़ गये। दूसरा उद्योग हमने सुतारी का शुरू किया। एक गाँव जैसा बसाकर हम वहाँ रहे, इसलिए पाट से लेकर पेटी तक की सारी छोटी-मोटी चीज़ों की हमें ज़रूरत पड़ती थी; उन्हें हम अपने हाथ से ही बनाते थे।

उपर्युक्त युवकों, बालकों और बालिकाओं के लिए एक शाला का होना अनिवार्य था। यह काम हमें सबसे कठिन लगा और इसमें पूर्णता तो हम अन्त तक भी प्राप्त नहीं कर सके। पढ़ाने का खास बोझ भी कैलनबैक और मुझ पर था। शाला दोपहर को ही चलाई जा सकती थी। हम दोनों सवेरे के शारीरिक श्रम से खूब थक जाते थे। विद्यार्थी भी सब थके हुए ही रहते थे। इसलिए अकसर विद्यार्थी भी ऊँघने लगते थे और हम शिक्षक भी ऊँघने लगते थे। हम अपनी आँखों पर पानी छिड़कते थे, बालकों के साथ खेलते थे और उनका तथा अपना आलस्य दूर करने का प्रयत्न करते थे। परन्तु कभी-कभी हमारा प्रयत्न व्यर्थ जाता था। जितना आराम शरीर के लिए ज़रूरी होता था, उतना तो वह लेकर ही रहता था। यह तो मैंने एक और छोटे-से-छोटे विघ्न की बात कही; क्योंकि ऊँघते-ऊँघते भी हमारे वर्ग तो चलते ही थे। परन्तु समस्या यह थी कि तमिल, तेलगू और गुजराती तीन भाषाएँ बोलने वाले विद्यार्थियों को क्या और कैसे सिखाया जाये? मातृभाषा द्वारा बालकों को पढ़ाने का लोभ तो मेरे मन में था ही। तमिल मैं थोड़ी बहुत जानता था, परन्तु तेलगू का तो एक अक्षर भी नहीं जानता था। ऐसी स्थिति में एक शिक्षक भला क्या कर सकता था?

परन्तु आश्रम में किया हुआ शिक्षा का यह प्रयोग व्यर्थ नहीं गया। इसके फलस्वरूप बालकों में कभी असहिष्णुता की भावना पैदा नहीं हुई। वे एक-दूसरे के धर्म के प्रति और एक-दूसरे के रीति-रिवाजों के प्रति उदारता रखना सीखे। सब कोई सगे भाइयों की तरह रहना सीखे। एक-दूसरे की सेवा करना सीखे। सभ्यता सीखे। उद्यमी बने। और आज भी उन बालकों में से जिन-जिनके कार्यों की थोड़ी भी जानकारी मुझे है, उनके बारे में मैं यह कह सकता हूँ कि टॉल्स्टॉय फार्म में उन्होंने जो कुछ पाया, वह बेकार नहीं गया। भले ही वह प्रयोग अधूरा था, फिर भी वह एक विचारपूर्ण और धार्मिक प्रयोग था। और टॉल्स्टॉय फार्म के जो अत्यन्त मीठे संस्मरण हैं, उनमें शिक्षक के प्रयोग के संस्मरण कम मीठे नहीं हैं।

फार्म पर आहार तथा दर्द की सुश्रूषा के सम्बन्ध में बहुत से प्रयोग किये गये।

शाकाहारियों के नाते हमें दूध लेने का अधिकार है या नहीं, इस प्रश्न पर मैंने बहुत सोचा था और उसके बारे में खूब पढ़ा भी था। लेकिन फार्म में रहते-रहते मेरे हाथ में कोई पुस्तक या अखबार आया था। उसमें मैंने पढ़ा था कि कलकत्ते में गायों और भैंसों के साथ क्रूर व्यवहार करके दूध की एक-एक बूँद उनके थनों से निकाल ली जाती है। उसमें मैंने फूँके की निर्दय और भयंकर क्रिया का भी वर्णन पढ़ा था। उसी दिन मैंने दूध पीना छोड़ दिया।

स्त्रियाँ लड़ाई में शामिल

गोखले 22 अक्टूबर, 1912 को दक्षिण अफ्रीका पधारे। सत्याग्रहियों तथा

सरकार के बीच समझौता कराने का आशय था। गोखले को विश्वास हुआ था कि जनरल बोथा अपने वचन के मुताबिक एक साल में ही काला कानून रद्द कर देंगे तथा तीन पाउण्ड का कर भी हटायेंगे। लेकिन जनरल बोथा ने वचनभंग किया।

सरकार के वचनभंग की बात मैंने गोखले को लिखी। उन्हें अतिशय दुःख हुआ। मैंने उन्हें लिखा कि आप सर्वथा निर्भय रहें; हम मरणपर्यन्त लड़ेंगे और तीन पाउण्ड का कर रद्द करवायेंगे।

ट्रान्सवाल की सरकार की नामर्ज़ी होते हुए भी कर रद्द करवायेंगे। जेल लम्बी अवधि तक चलेगी, ऐसा हम लोग मानते थे; अतः टॉल्स्टॉय फार्म बन्द करने का निर्णय किया गया तथा केन्द्र फीनिक्स किया जाये, ऐसा निर्णय भी किया गया।

लड़ाई छेड़ने की हमारी तैयारियाँ अभी चल ही रही थीं कि इतने में एक नया विघ्न खड़ा हो गया, जिसकी वजह से स्त्रियों को भी लड़ाई में भाग लेने का अवसर मिल गया। परन्तु उस समय विदेश में स्त्रियों को जेल भेजना हम सबको अनुचित लगा।

परन्तु इस समय अदालत में एक मुकद्दमा ऐसा आया कि जिसमें सुप्रीम कोर्ट के न्यायाधीश ने निर्णय दिया कि दक्षिण अफ्रीका के कानून में ईसाई धर्म के अनुसार हुए विवाह के सिवा–विवाह-अधिकारी के ऑफिस में रजिस्टर कराये हुए विवाह के सिवा–दूसरे किसी विवाह के लिए स्थान नहीं है। इसका अर्थ यह हुआ कि हिन्दू, मुस्लिम, पारसी आदि धर्मों की विधि के अनुसार हुए विवाह न्यायाधीश के उपर्युक्त भयंकर निर्णय से दक्षिण अफ्रीका में रद्द माने गये और इसलिए उस कानून के अनुसार दक्षिण अफ्रीका में असंख्य विवाहित हिन्दुस्तानी स्त्रियों का दर्जा अपने पतियों की धर्मपत्नी का न रहकर उपपत्नियों का हो गया तथा उन स्त्रियों की सन्तान को अपने पिता की विरासत पाने का भी अधिकार नहीं रह गया। इस स्थिति को न तो स्त्रियाँ सहन कर सकती थीं, न पुरुष सहन कर सकते थे।

स्त्रियों का अपमान होने के बाद धैर्य कैसे रखा जाता ? कम या अधिक जितने भी सत्याग्रही मिलें उन्हीं के साथ हमने तीव्र सत्याग्रह करने का निश्चय किया। अब स्त्रियों को लड़ाई में भाग लेने से रोका नहीं जा सकता था। यही नहीं, हमने स्त्रियों को लड़ाई में भर्ती होने का निमन्त्रण देने का निश्चय किया। सबसे पहले उन बहनों को निमन्त्रण दिया, जो टॉल्स्टॉय फार्म में रह चुकी थीं। वे तो लड़ाई में शरीक होने के लिए अत्यन्त उत्सुक थीं। मैंने उन्हें सत्याग्रह की लड़ाई में भाग लेने के सारे खतरों से परिचित कराया। मैंने उन्हें समझाया कि लड़ाई में सम्मिलित होने के बाद उनके खाने-पीने, पोशाक, सोने-बैठने–सब पर नियन्त्रण लग जायेंगे। मैंने उन्हें यह चेतावनी भी दी कि जेल में उन्हें कड़ी मेहनत का काम सौंपा जा सकता है, उनसे कपड़े धुलवाये जा सकते हैं, जेल अधिकारी उनका अपमान भी कर सकते हैं। लेकिन वे सब बहनें बहादुर थीं; वे मेरी बताई एक भी बात से भयभीत नहीं

हुई। एक तो गर्भवती थी; छह बहनों की गोद में छोटे बच्चे थे। ऐसी बहनों ने भी लड़ाई में भाग लेने का आग्रह किया। इनमें से किसी भी बहन को रोकने की शक्ति मुझमें नहीं थी। इनमें छह बहनें दूध पीते छोटे बच्चों वाली थीं।

इन बहनों का प्रथम प्रयत्न निष्फल गया। उन्होंने ट्रान्सवाल के वेरीनिजिंग नामक स्थान में बिना परवाने के प्रवेश करके फेरी लगाई, लेकिन पुलिस ने उन्हें पकड़ने से इनकार कर दिया।

जब फीनिक्स का दल ट्रान्सवाल में प्रवेश करे, उसी समय वे 16 बहनें—जिन्होंने ट्रान्सवाल में गिरफ्तार होने का विफल प्रयत्न किया था—नेटाल में प्रवेश करने वाली थीं। जिस प्रकार नेटाल से ट्रान्सवाल में बिना परवाने के प्रवेश करना अपराध था, उसी प्रकार ट्रान्सवाल से नेटाल में बिना परवाने के प्रवेश करना भी अपराध था। इस तरह यदि पुलिस गिरफ्तार करे तो इन बहनों को नेटाल में गिरफ्तार होना था; और यदि न करे तो उन्हें नेटाल की कोयले की खदानों के केन्द्र न्यूकैसल तक जाकर उनमें काम करने वाले गिरमिटिया मज़दूरों को खदानें छोड़कर बाहर निकल जाने की बात समझानी थी। यदि मज़दूर इन बहनों की बात मानकर अपना काम छोड़ देते, तो मज़दूरों के साथ उन्हें भी सरकार अवश्य ही गिरफ्तार करती। और बहनों की गिरफ्तारी से इन मज़दूरों का उत्साह अधिक बढ़ने की पूरी सम्भावना थी। इस तरह की व्यूह-रचना मन में तैयार करके मैंने ट्रान्सवाल की बहनों को अच्छी तरह समझा दी।

इसके बाद मैं फीनिक्स गया। वहाँ रहने वाली बहनों को तथा अन्यों को उठाये गये कदमों के बारे में होने वाली भयंकरता तथा जो कष्ट उठाने पड़ेंगे, इसके बारे में बात बताई। उन्होंने ट्रान्सवाल की बहनों की तरह बीड़ा उठा लिया। उसमें कस्तूरबाई भी थीं। और वे जेलयात्रा करने के लिए तैयार हो गयी। उन्होंने मुझे विश्वास दिलाया कि हर तरह का दु:ख सहन करके भी वे जेल की सज़ा पूरी करेंगी।

सत्याग्रहियों का यह दल सीमा लाँघकर बगैर परवाने के ट्रान्सवाल में प्रवेश हुआ। इस दल को गिरफ्तार कर लिया। उस पर अदालत में मुकद्दमा चला। हर सत्याग्रही को तीन-तीन महीने की सख्त कैद की सज़ा मिली।

जो बहनें ट्रान्सवाल में गिरफ्तार होने के प्रयत्न में निराश हुई थीं, उन्होंने अब नेटाल में प्रवेश किया। उन्हें बगैर परवाने के नेटाल में प्रवेश करने के अपराध में पुलिस ने गिरफ्तार नहीं किया। यह निश्चय किया गया था कि पुलिस यदि उन्हें गिरफ्तार न करे, तो न्यूकैसल में छावनी डालकर बहनों ने अपना काम आरम्भ कर दिया। उनका प्रभाव बिजली की तरह फैल गया। तीन पौण्ड के कर की करुण कहानी ने मज़दूरों के हृदय को पिघला दिया। उन्होंने अपना काम छोड़ दिया।

अब सरकार इन बहादुर बहनों को कैसे छोड़ती? उन्हें गिरफ्तार कर लिया गया। प्रत्येक को तीन महीने की कैद की सज़ा मिली।

स्त्रियों की वीरता का वर्णन भला किन शब्दों में किया जाये! सभी को नेटाल की राजधानी मेरित्सबर्ग के जेल में रखा गया था। वहाँ उन्हें काफी कष्ट दिये गये। उनके भोजन के बारे में ज़रा भी ध्यान नहीं रखा गया। मेहनत में उन्हें धोबी का काम सौंपा गया। सरकार ने लगभग सज़ा खत्म होने तक बाहर से भोजन पहुँचाने पर कड़ा प्रतिबन्ध लगा रखा था। एक बहन का एक विशेष प्रकार का भोजन करने का व्रत था। बड़ी कठिनाई के बाद जेल-अधिकारियों ने उसे विशेष भोजन की इजाज़त दी, लेकिन जो भोजन दिया जाता था, वह इतना खराब होता था कि खाया नहीं जाता था। जैतून के तेल की उस बहन को बड़ी ज़रूरत थी। पहले तो वह नहीं दिया गया; कुछ दिन बाद दिया गया, लेकिन वह पुराना था और उतरा हुआ था। जब उस बहन ने अपने पैसे से यह तेल मँगाने की प्रार्थना की, तो उत्तर में कहा गया, "यह कोई होटल नहीं है। जो भोजन दिया जाये, वही तुम्हें खाना होगा।" वह बहन जब जेल से बाहर निकली तब हाड़-पिंजर मात्र रह गयी थी। बड़े प्रयत्न से ही वह बची।

दूसरी एक बहन जानलेवा बुखार लेकर जेल से रिहा हुई। उसके इस बुखार ने उसे जेल में रिहा होने के कुछ ही दिन बाद भगवान् के पास पहुँचा दिया (22 फरवरी, 1914)। उसे मैं कैसे भुला सकता हूँ? उसका नाम वालियाम्मा आर० मुनुस्वामी मुदलियार था। वह 18 वर्ष की बाला थी। मैं जब उससे मिलने गया, तब वह रोग-शय्या पर पड़ी थी। वह कद में ऊँची थी, इसीलिए उसका लकड़ी-जैसा कृश शरीर भयंकर दिखाई देता था।

मैंने पूछा, "वालियाम्मा, जेल जाने का तुम्हें पश्चात्ताप तो नहीं है?"

"पश्चात्ताप क्यों होगा? मुझे फिर से पकड़ा जाये तो मैं फिर जेल जाने को तैयार हूँ।"

"लेकिन इसका परिणाम तुम्हारी मौत में आये तो?" मैंने पूछा।

"भले आये! देश के खातिर मरना कौन पसन्द न करेगा?"

हमारी इस बातचीत के बाद कुछ ही दिनों में वालियाम्मा मर गयी। परन्तु वह बाला अपना नाम अमर कर गयी। इन बहनों का बलिदान विशुद्ध था। शुद्ध हेतु से दिया गया बलिदान सफल होता है। ईश्वर भावना का भूखा है। भक्ति से, अर्थात् निःस्वार्थ बुद्धि से अर्पण किया गया पत्र, पुष्प या जल भी ईश्वर प्रेम से स्वीकार करता है और उसका करोड़ गुना फल देता है। सत्याग्रहियों का इतना समझ लेना ही है कि उसमें से एक भी शुद्ध है, तो उसका यज्ञ फल देने के लिए पर्याप्त है।

पृथ्वी सत्य के बल पर टिकी हुई है—असत्-असत्य—का अर्थ है 'नहीं'; सत्-सत्य का अर्थ है, 'है'। असत् का जब कोई अस्तित्व ही नहीं है, तो उसकी सफलता कैसे हो सकती है? और जो 'है' उसका नाश कौन कर सकता है, इतने में सत्याग्रह में सम्पूर्णशास्त्र समा जाता है।

मज़दूरों का प्रवाह

न्यूकैसल के पास की कोयले की खदानों के हिन्दुस्तानी मज़दूरों पर बहनों के इस त्याग को अद्‌भुत असर पड़ा। उन्होंने अपने औज़ार छोड़ दिये और उनका प्रवाह शहर की ओर बहने लगा। इसका पता चलते ही मैंने फीनिक्स छोड़ा और मैं न्यूकैसल जा पहुँचा।

ऐसे मज़दूरों के अपने मकान नहीं होते। खदानों के मालिक ही उनके लिए घर बनाते हैं और मालिक ही उनके रास्तों पर बत्तियाँ लगाते हैं। मालिक ही उन्हें पानी भी देते हैं। इसलिए मज़दूर हर तरह से मालिकों के अधीन रहते हैं।

ये हड़ताली मेरे पास तरह-तरह की शिकायतें लाने लगे। कोई कहते कि मालिक रास्तों की बत्तियाँ बन्द कर देते हैं; कोई कहते कि मालिक हमारा पानी बन्द कर देते हैं। तीसरे कहते कि मालिक हड़तालियों की गृहस्थी का सामान कोठरियों से बाहर फेंक देते हैं। मैंने सुझाव दिया, एकमात्र मार्ग यही रह जाता है कि मज़दूर मालिकों की कोठरियाँ छोड़ दें—अर्थात् वे 'हिजरत' करें।

मज़दूर कोई पाँच-पच्चीस नहीं थे, बल्कि सैकड़ों थे; और उनके हज़ारों होने में भी कोई देर नहीं लगती। उन सबके लिए मकान मैं कहाँ से लाऊँ? खाना कहाँ से लाऊँ? लोगों की भारी भीड़ जम गयी। इतने अधिक और निरन्तर बढ़ते रहने वाले मज़दूरों को एक ही स्थान पर बगैर काम-धन्धे के रखना यदि असम्भव नहीं तो भयंकर काम अवश्य था। मुझे अपनी समस्या का हल मिल गया। इस समूह को मुझे ट्रान्सवाल ले जाना चाहिए और जिस प्रकार फीनिक्स के 16 सत्याग्रही गिरफ्तार हो गये, उसी प्रकार इस समूह को भी जेल में बैठा देना चाहिए।

मेरे पास लगभग पाँच हज़ार आदमी एकत्र हो गये थे। इतने लोगों को ट्रेन से ले जाना सम्भव नहीं था। इतने पैसे मैं कहाँ से लाता? और ट्रेन से ले जाने में उन सबकी परीक्षा नहीं हो सकती थी। न्यूकैसल से ट्रान्सवाल की सीमा 36 मील दूर थी। नेटाल का सरहदी गाँव चार्ल्सटाउन और ट्रान्सवाल का वॉक्सरस्ट था। अन्त में मैंने पैदल यात्रा करने का निश्चय किया। मज़दूरों के साथ मैंने चर्चा की। उनके साथ उनकी पत्नियाँ और बालक भी थे। कुछ लोगों ने आनाकानी की। लेकिन हृदय को कड़ा बनाने के सिवा मेरे पास दूसरा इलाज ही नहीं था। मैंने उनसे कह दिया कि जिन्हें वापस खदानों पर जाना हो, वे जा सकते हैं। लेकिन कोई वापस जाने को तैयार नहीं था। जो लोग अपंग थे, उन्हें ट्रेन से भेजने का हमने निर्णय किया। बाकी सब लोगों ने पैदल चार्ल्सटाउन जाने की तैयारी बताई। यह मंज़िल दो दिन में तय करनी थी।

एक दिन शाम को मैंने उन लोगों से कह दिया कि कल प्रातःकाल हमें अपना कूच आरम्भ करना है। रास्ते पर चलने के नियम मैंने उनके सामने पढ़ सुनाये। पाँच-छह हज़ार आदमियों के समुदाय को संभालना कोई खेल नहीं था। उनकी

निश्चित संख्या तो मेरे पास थी ही नहीं। न मेरे पास उनके नाम और पते ही थे। जितने आदमी मेरे साथ रहना चाहते थे, उतनों ही से मुझे सन्तोष था। प्रत्येक हड़ताली को डेढ़ पौण्ड डबलरोटी और ढाई तोला शक्कर के सिवा अन्य कोई भोजन देने की शक्ति मुझमें नहीं थी। मैंने उनसे कहा था कि रास्ते में अगर कोई हिन्दुस्तानी व्यापारी कुछ देगा, तो उसे हम स्वीकार करेंगे। लेकिन कुछ नहीं मिला तो सबको डबलरोटी और शक्कर से ही सन्तोष करना होगा। बोअर-युद्ध और जुलू-विद्रोह के समय जो अनुभव मुझे प्राप्त हुए थे, वे इस समय मेरे लिए बड़े उपयोगी सिद्ध हुए। एक शर्त यह भी थी कि साथ में कोई ज़रूरत से ज़्यादा कपड़े न रखे। रास्ते में किसी की कोई चीज़ नहीं ली जा सकती। अधिकारी या कोई अंग्रेज़ रास्ते में मिलें और वे गाली दें अथवा मार मारें, तो वह भी सहन कर लिया जाये। पुलिस गिरफ्तार करे, तो गिरफ्तार हो जाना चाहिए; मैं गिरफ्तार हो जाऊँ, तो भी कूच उन्हें जारी रखना चाहिए आदि-आदि बातें मैंने हड़तालियों को समझायीं। मेरी गिरफ्तारी के बाद एक के बाद एक कौन व्यक्ति नेता के रूप में नियुक्त होंगे, उनके नाम भी मैंने सबको बता दिये।

सब लोग मेरी सूचनाओं को समझ गये। हमारा काफिला सही-सलामत चार्ल्सटाउन पहुँच गया। चार्ल्सटाउन में हिन्दुस्तानी व्यापारियों ने ख़ूब मदद दी। उन्होंने अपने मकानों का उपयोग हमें करने दिया। मस्जिद के मैदान में खाना बनाने की इजाज़त दी। कूच के समय जो खाना दिया जाता था, वह स्थायी छावनी में नहीं रहता था। इसलिए वहाँ रसोई बनाने के बरतनों की ज़रूरत पड़ती थी। ये बरतन भी व्यापारी हमें खुशी से देते थे। चावल वगैरा तो मेरे पास बड़ी मात्रा में जमा हो गये थे। उसमें भी व्यापारियों ने अपना हिस्सा दिया था।

चार्ल्सटाउन एक छोटा-सा गाँव था। उसकी आबादी उस समय मुश्किल से चार-पाँच हज़ार आदमियों की थी। उनमें इन कई हज़ार हड़तालियों का समावेश करना कठिन था। सिर्फ स्त्रियों और बच्चों को ही हमने मकानों में ठहराया। बाकी के सब लोगों ने मैदान में ही पड़ाव डाला।

मेरे साथी और मैं झाड़ू लगाने, मैला उठाने और ऐसे ही दूसरे कामों में ज़रा भी नहीं हिचकिचाते थे। इसलिए दूसरे लोग भी बड़े उत्साह से ये काम करते थे। यदि हम ये काम न करते, तो किसे हुक्म देते? यदि सब कोई सरदार बनकर दूसरों को हुक्म दें, तो अन्त में कोई काम पूरा ही न हो। परन्तु जहाँ सरदार खुद सेवक बन जाता है, वहाँ दूसरे लोग सरदारी का दावा कर ही कैसे सकते हैं?

रसोई बनाने वालों में मुख्य मैं ही था। कभी दाल में पानी ज़्यादा पड़ जाता था, तो कभी कच्ची रह जाती थी, कभी ऐसा भी होता था कि सब्जी कच्ची रह जाती थी, तो कभी चावल कच्चे रह जाते थे। ऐसा भोजन हँसते-हँसते ले लेने वाले मैंने संसार में विरले ही पाये हैं।

खाना बनाने के बजाय खाना परोसने का काम अधिक कठिन था। और यह काम केवल मेरे ही हाथ में रहता था। कच्चे-पक्के खाने का हिसाब तो मुझे ही लोगों को देना होता था। खाना कम हो और खाने वाले बढ़ जायें, तब सबको कम खाना देकर सन्तुष्ट करने का काम भी मुझे ही करना होता था। जब मैं बहनों को कम खाना देता तो वे एक क्षण के लिए मेरे सामने उलाहने की नज़र से देखतीं और फिर मेरी स्थिति को समझकर हँसती-हँसती चल देती थीं। उन दृश्यों को मैं जीवन में कभी भूल नहीं सकूँगा। मैं उनसे कहता, "क्या करूँ? मैं लाचार हो गया हूँ। मेरे पास बना हुआ खाना कम है और खाने वाले लोग ज़्यादा हैं। इसलिए मुझे सबके हिस्से में जितना आ सकता है, उतना ही देना होगा।" इतने से वे स्थिति को समझ लेती थीं और 'सन्तोषम्' कहकर हँसती हुई चली जाती थीं।

एक भव्य कूच

मैंने ट्रान्सवाल सरकार को पत्र लिखा था कि हम ट्रान्सवाल में बसने के उद्देश्य से प्रवेश नहीं करना चाहते। हमारा यह प्रवेश सरकार के वचनभंग के विरुद्ध उठाई जाने वाली हमारी प्रभावशाली आवाज़ है; और हमारे स्वाभिमान के भंग से हमें जो दु:ख हो रहा है उसकी शुद्ध निशानी है। यदि आप हमें यहाँ—चार्ल्सटाउन में ही—पकड़ लेंगे, तो हम सब निश्चिन्त हो जायेंगे। यदि आप ऐसा न करें और हमारे दल में कोई छिपे तौर पर ट्रान्सवाल में दाखिल हो जाये, तो उसके लिए हम ज़िम्मेदार नहीं रहेंगे। हमारी इस लड़ाई में गुप्त कुछ है ही नहीं। किसी को अपना व्यक्तिगत स्वार्थ नहीं साधना है। हममें से कोई आदमी छिपे तौर पर ट्रान्सवाल में प्रवेश करे, यह हमें पसन्द नहीं है। लेकिन जहाँ हज़ारों अपरिचित और अनजाने लोगों से काम लेना है और जहाँ प्रेम के सिवा दूसरा कोई बन्धन नहीं है, वहाँ किसी के काम के लिए हम ज़िम्मेदार नहीं हो सकते। इसके सिवा, आप यह भी जान लें कि अगर आप तीन पौण्ड का कर रद्द कर देंगे, तो गिरमिटिया मज़दूर फिर से काम कर लग जायेंगे और हड़ताल बन्द हो जायेगी। हमारे दूसरे दु:खों को दूर कराने के लिए हम इन मज़दूरों को सत्याग्रह में शरीक नहीं करेंगे।

लेकिन ऐसी स्थिति में सरकार के उत्तर की प्रतीक्षा अधिक दिन तक नहीं की जा सकती थी। अगर पकड़े नहीं जायेंगे, तो हमने निश्चय किया कि सरकार गिरफ्तार न करे, तो तुरन्त चार्ल्सटाउन छोड़कर ट्रान्सवाल में प्रवेश करना चाहिए। अगर सरकार रास्ते में गिरफ्तार न करे, तो काफिले को प्रतिदिन 20 से 24 मील की यात्रा आठ दिन तक करनी थी। आठ दिन में हमारा इरादा टॉल्स्टॉय फार्म पहुँचने का था। हमने सोचा था कि लड़ाई पूरी होने तक सब सत्याग्रही वहीं रहेंगे और फार्म पर काम करके अपनी जीविका उत्पन्न करेंगे।

काफिले के कूच की दूसरी तैयारियाँ भी हमने कीं। चार्ल्सटाउन के भले

अंग्रेज़ डॉक्टर ब्रिस्को ने हमारे लिए दवाइयों की एक छोटी-सी पेटी तैयार कर दी और अपने कुछ ऐसे औज़ार भी दे दिये, जिनका उपयोग मेरे जैसा सामान्य आदमी कर सके।

खुराक में डबलरोटी और शक्कर के सिवा दूसरा कुछ नहीं था। परन्तु डबलरोटी आठ दिन के कूच में मुहैया कैसे की जाये? फिर रोटी रोज़ काफिले के लोगों में बाँटना ज़रूरी था। इसका एकमात्र उपाय यह था कि हर मंज़िल पर हमें डबलरोटी पहुँचाने की ज़िम्मेदारी कोई ले। लेकिन यह काम कौन करे? वॉक्सरस्ट (चार्ल्सटाउन के नजदीक ट्रान्सवाल का सरहदी केन्द्र) चार्ल्सटाउन से लगभग दुगुना बड़ा था। वहाँ गोरे भठियारे की एक बड़ी दुकान थी। उसने प्रत्येक स्थान पर डबलरोटी पहुँचाने का करार हमारे साथ किया। उसने समय से रेल पर डबलरोटी भेजी और रेल-कर्मचारियों ने (ये भी गोरे ही थे) ईमानदारी से डबलरोटी हम तक पहुँचाई। यही नहीं, उन लोगों ने डबलरोटी हम तक पहुँचाने में पूरी सावधानी बरती और हमारे लिए कुछ खास सुविधाएँ कर दीं। वे जानते थे कि हमारी किसी से दुश्मनी नहीं थी।

जब हमारे कूच की सारी तैयारियाँ हो गयीं, तब मैंने फिर एक बार सरकार के साथ समझौते का प्रयत्न किया। पत्र और तार तो मैंने भेजे ही थे। अब मैंने यह निर्णय किया कि सरकार को टेलीफोन भी किया जाये, भले वह मेरा अपमान ही क्यों न करे।

आधे मिनट में मुझे इसका उत्तर मिल गया—"जनरल स्मट्स आपके साथ कोई सम्बन्ध नहीं रखना चाहते। आप जो चाहें सो करें।" और टेलीफोन बन्द हो गया।

मैंने इसी उत्तर की आशा रखी थी। केवल अशिष्टता की आशा नहीं रखी थी।

मुझे अपने सामने स्पष्ट दिखाई देता था। दूसरे दिन (6 नवम्बर, 1913) निश्चित समय पर (प्रात: साढ़े छह बजे) हमने प्रार्थना की और ईश्वर के नाम पर अपना कूच आरम्भ किया। हमारे इस काफिले में 2037 पुरुष, 127 स्त्रियाँ और 57 बालक थे।

चार्ल्सटाउन से एक मील दूर वॉक्सरस्ट का छोटा-सा नाला पड़ता था। उस नाले को पार किया कि वॉक्सरस्ट में या कहिये ट्रान्सवाल में प्रवेश किया, ऐसा माना जाता था। उस नाले के छोर पर घुड़सवार पुलिस पहरे पर खड़ी थी। सबसे पहले मैं उसके पास गया। जाते समय काफिले के लोगों से कह गया था कि जब मैं आने का संकेत करूँ, तब वे सीमा में प्रवेश करें। लेकिन मैं पुलिस से बात कर ही रहा था कि लोग तेज़ी-से आगे बढ़े और उन्होंने नाला पार कर दिया। वे ट्रान्सवाल की सीमा में पहुँच गये। घुड़सवारों ने उन्हें घेर लिया। परन्तु यह

काफिला इस तरह पुलिस के रोके रुकने वाला नहीं था। पुलिस का इरादा हमें पकड़ने का तो था ही नहीं। मैंने सब लोगों को शान्त किया और कतारों में व्यवस्थित होकर चलने की बात समझाई। पाँच-सात मिनट में ही सब कुछ ठीक हो गया और हमारा कूच ट्रान्सवाल में आरम्भ हुआ।

वॉक्सरस्ट के लोगों ने दो दिन पहले ही एक सभा की थी और उसमें अनेक तरह की धमकियाँ हमें दी थीं। कुछ लोगों ने कहा था कि यदि हिन्दुस्तानी ट्रान्सवाल में प्रवेश क़रेंगे, तो हम उन पर गोलियाँ बरसायेंगे। उस सभा में श्री कैलनबैक गोरों को समझाने गये थे। लेकिन कोई उनकी बात सुनने को तैयार नहीं थे।

हमारा जुलूस तो शान्ति से आगे बढ़ गया। मुझे याद नहीं आता कि किसी गोरे ने हमारे साथ ज़रा भी शरारत की हो। वे सब यह अनोखा दृश्य देखने के लिए बाहर निकल आये। उनमें से कुछ लोगों की आँखों में मित्रता का भाव भी दिखाई देता था।

पहले दिन हमारा पड़ाव वॉक्सरस्ट से करीब आठ मील दूर के एक स्टेशन पासफोर्ड पर था। वहाँ हम शाम के कोई 5-6 बजे पहुँचे होंगे। लोगों ने डबलरोटी और शक्कर खायी और सब खुली हवा में मैदान में लेट गये। कोई भजन गाते थे, तो कोई बातें करते थे। रास्ते में कुछ स्त्रियाँ थक गयीं। अपने बच्चों को गोद में लेकर चलने की हिम्मत तो उन्होंने की थी, लेकिन आगे चलना उनकी शक्ति से बाहर था। इसलिए मेरी चेतावनी के अनुसार मैंने उन्हें एक भले हिन्दुस्तानी की दुकान में छोड़ दिया और उससे कहा कि हम टॉल्स्टॉय फार्म में पहुँच जायें तो इन बहनों को वहाँ पहुँचा देना और यदि गिरफ्तार हो जायें, तो इन्हें इनके घर भेज देना। हिन्दुस्तानी व्यापारी ने मेरी यह प्रार्थना स्वीकार कर ली।

ज्यों-ज्यों रात बढ़ती गयी त्यों-त्यों शोरगुल शान्त होता गया। मैं भी सोने की तैयारी में ही था कि मुझे किसी के जूतों की खट-खट सुनाई दी। मैंने एक गोरे को हाथ में लालटेन लिये आते देखा। मुझे तैयारी तो कुछ करनी ही नहीं थी। पुलिस-अधिकारी ने मुझसे कहा, "आपके लिए मेरे पास वारन्ट है। मुझे आपको गिरफ्तार करना है।"

"कब ?" मैंने पूछा।

"इसी समय।" उत्तर मिला।

"आप मुझे कहाँ ले जायेंगे ?"

"इस समय तो पास के रेलवे स्टेशन पर; और जब गाड़ी आयेगी, तब उस पर बैठाकर वॉक्सरस्ट।"

मैं बोला, "तो मैं किसी को जगाये बिना आपके साथ आता हूँ। लेकिन मैं अपने एक साथी को थोड़ी सूचनाएँ दे दूँ।"

"ज़रूर दे दें।"

पास ही सोये हुए पी० के० नायडू को मैंने जगाया। उन्हें अपनी गिरफ्तारी की बात बताई और कहा कि सुबह होने से पहले वे लोगों को न जगायें। सवेरा होने पर नियमानुसार कूच करने की सूचना उन्हें कर दें। साथ ही यह भी कहा कि कूच सूर्योदय से पहले आरम्भ हो। जहाँ विश्राम करने और खुराक बाँटने का समय हो जाये, वहाँ लोगों से मेरी गिरफ्तारी की बात कही जाये। इस बीच जो कोई पूछे, उसे यह बात कहते जायें। काफिले को पुलिस पकड़े तो वह गिरफ्तार हो जायें; और न पकड़े तो निश्चित कार्यक्रम के अनुसार अपना कूच जारी रखें। नायडू को कोई डर तो था ही नहीं। वे गिरफ्तार कर लिये जायें तो क्या किया जाये, यह भी मैंने उनसे कह दिया।

श्री कैलनबैक तो वॉक्सरस्ट में मौजूद थे ही।

मैं पुलिस अधिकारी के साथ गया। सवेरा हुआ। हम दोनों वॉक्सरस्ट की ट्रेन में बैठे। वॉक्सरस्ट की अदालत में मुझ पर मुकद्दमा चला। पब्लिक प्रॉसिक्यूटर ने स्वयं माँग की कि केस मुलतवी रखा जाये; क्योंकि उसके पास सबूत तैयार नहीं था। केस मुलतवी रहा। मैंने जमानत पर छूटने की अर्ज़ी दी और कारण में बताया कि मेरे साथ 122 स्त्रियों, 50 बालकों तथा 2000 पुरुषों से अधिक लोग हैं। मुकद्दमे की तारीख लगने तक मैं उन्हें निश्चित स्थान पर रखकर वापस आ सकता हूँ और मुकद्दमे के समय हाज़िर हो सकता हूँ। सरकारी वकील ने जमानत की मेरी अर्ज़ी का विरोध किया, लेकिन मजिस्ट्रेट लाचार था। मुझ पर जो आरोप लगाया गया था, वह ऐसा नहीं था जिसमें जमानत पर छुटकारा पाने की बात भी मजिस्ट्रेट की सत्ता पर निर्भर हो। इसलिए मजिस्ट्रेट ने मुझे 50 पौण्ड की जमानत पर छोड़ दिया। श्री कैलनबैक ने मेरे लिए मोटर तैयार रखी थी। उसमें बैठाकर उन्होंने मुझे अपने काफिले के पास पहुँचा दिया। 'दि ट्रान्सवाल लीडर' का विशेष संवाददाता हमारे साथ आना चाहता था। हमने उसे कार में बैठने की इजाज़त दे दी। उसने कार की इस यात्रा का, मेरे मुकद्दमे का और काफिले के साथ हुए मेरे मिलाप का सुन्दर चित्रण अपने अखबारों में उस समय किया था। लोगों ने मेरा हार्दिक स्वागत किया। उनके उत्साह और जोश का कोई पार न रहा। इसके बाद कैलनबैक तुरन्त वॉक्सरस्ट लौट गये। उनके जिम्मे चार्ल्सटाउन में रुके हुए और नये आने वाले हिन्दुस्तानियों की देखभाल करने का काम था।

हमने अपना कूच जारी रखा। परन्तु मुझे स्वतन्त्र रखना सरकार को अनुकूल नहीं लगा। इसलिए उसने दूसरे दिन 8वीं को स्टैण्डरटन में दूसरी बार मुझे गिरफ्तार कर लिया। स्टैण्डरटन तुलना में बड़ा गाँव था। वहाँ मुझे विचित्र तरीके से पकड़ा गया। मैं काफिले के लोगों को डबलरोटी बाँट रहा था। वहाँ के हिन्दुस्तानी व्यापारियों ने मुरब्बे के डिब्बे भेंट किये थे, इसलिए बँटवारे के काम में ज़्यादा देर

लगती थी। मजिस्ट्रेट मेरे पास आकर खड़े हो गये। उन्होंने खुराक बाँटने का काम मुझे पूरा कर लेने दिया। उसके बाद उन्होंने मुझे एक ओर बुलाया। मैं उन्हें पहचानता था। इसलिए मैं समझा कि वे मुझसे कोई बात करना चाहते होंगे। लेकिन उन्होंने हँसकर मुझसे कहा, "आप मेरे कैदी हैं।"

मैंने कहा, "मेरा दर्जा बढ़ गया है। पुलिस के बदले मज़िस्ट्रेट स्वयं पकड़ने आये हैं। लेकिन आप मुझ पर इसी समय मुकद्दमा चलायेंगे न?"

वे बोले, "मेरे साथ ही आप चलिये। कोर्ट बैठी ही है।"

काफिले के लोगों को कूच जारी रखने की सलाह देकर मैं उनसे अलग हुआ। कोर्ट में पहुँचते ही मैंने देखा कि मेरे कुछ साथी भी गिरफ्तार कर लिये गये हैं। वे पाँच थे।

मुझे तुरन्त कोर्ट के सामने खड़ा किया गया। मैंने वॉक्सरस्ट में जमानत पर छूटने के जो कारण बताये थे, वे ही कारण यहाँ भी बताते हुए जमानत पर छूटने की अर्ज़ी दी। यहाँ भी सरकारी वकील ने मेरी अर्ज़ी का विरोध किया। लेकिन यहाँ भी मजिस्ट्रेट ने 21 नवम्बर, 1913 तक मुकद्दमा मुलतवी कर दिया। हिन्दुस्तानी व्यापारियों ने मेरे लिए इक्का तैयार ही रखा था। उसमें बैठाकर मुझे काफिले के पास पहुँचा दिया, जो अभी तीन मील का फासला भी तय नहीं कर पाया था। अब काफिले के लोगों ने और मैंने भी सोचा कि शायद टॉल्स्टॉय फार्म तक सब पहुँच जायेंगे। परन्तु हमारी यह धारणा गलत निकली। फिर भी काफिले के लोग मेरी गिरफ्तारी के आदी हो गये, यह कोई मामूली परिणाम नहीं था। मेरे साथी तो जेल में ही रहे।

हम कूच करते-करते अब जोहानिस्बर्ग के निकट आ पहुँचे। सम्पूर्ण यात्रा को हमने आठ दिन की आठ मंज़िलों में बाँट दिया था। अभी तक हम निश्चित की हुई मंज़िलें पूरी करते चले आ रहे थे। इसलिए अब हमारे सामने कुल चार मंज़िलें तय करना बाकी था। परन्तु ज्यों-ज्यों हमारा उत्साह बढ़ता जा रहा था, त्यों-त्यों सरकार की जागृति भी बढ़ती जा रही थी। सरकार हमें अपनी मंज़िल पूरी कर लेने देती और उसके बाद हमें पकड़ती, तब तो वह उसकी कमज़ोरी और अकुशलता मानी जाती। इसलिए यदि उसे हमें पकड़ना हो, तो मंज़िल पूरी होने के पहले ही पकड़ना चाहिए।

गोखले ने समुद्री तार द्वारा यह इच्छा प्रकट की थी कि श्री पोलाक हिन्दुस्तान आकर उनकी सहायता करें। इसलिए उन्हें हिन्दुस्तान भेजने की तैयारी चल रही थी। मैंने उन्हें लिख भेजा था कि वे हिन्दुस्तान जा सकते हैं। लेकिन मुझसे मिले बिना और पूरी हिदायतें लिये बिना जाने की उनकी इच्छा नहीं थी। इसलिए हमारे कूच के दौरान ही मुझसे मिलने आने की उन्होंने माँग की। मैंने तार किया कि गिरफ्तारी का खतरा उठाकर आप आना चाहें, तो आ सकते हैं। श्री पोलाक ने

गिरफ्तारी का खतरा उठाकर भी मेरे पास आना पसन्द किया।

9वीं के रोज़ स्टैण्डरटन तथा ग्रालिंगस्टेड के बीच टीकवर्थ स्थान पर आकर हमसे मिले। हमारी बातें चल रही थीं; लगभग पूरी होने को आयी थीं। उस समय दोपहर के करीब 3 बजे होंगे। हम दोनों काफिले के आगे चल रहे थे। दूसरे साथी भी हमारी बातें सुन रहे थे। शाम को श्री पोलाक को डरबन जाने वाली गाड़ी पकड़नी थी। परन्तु जब रामचन्द्रजी जैसे को भी राजतिलक के ही समय वनवास मिला, तो पोलाक भला किस गिनती में थे? हम बातें कर रहे थे, इतने में एक घोड़ागाड़ी हमारे सामने आकर खड़ी हो गयी। उसमें एशियाई विभाग के अधिकारी श्री चमनी और पुलिस का एक अधिकारी था। दोनों नीचे उतरे। मुझे ज़रा दूर ले जाकर उनमें से एक ने कहा, "मैं आपको गिरफ्तार करता हूँ।" इस प्रकार मैं चार दिन में तीन बार गिरफ्तार किया गया।

मैंने पूछा, "काफिले का क्या होगा?"

"सब हो जायेगा।"

मैं कुछ न बोला। पुलिस अधिकारी ने मुझे केवल अपनी गिरफ्तारी की ही खबर लोगों को सुनाने दी। मैंने पोलाक से कह दिया कि वे काफिले के साथ जायें। जब मैं लोगों को शान्ति रखने आदि की बात समझाने लगा, तो अधिकारी महोदय ने कहा, "अब आप कैदी हैं। आप कोई भाषण नहीं दे सकते।"

मुझे ग्रीलिंग स्टैण्ड और वहाँ से बेलफार होकर हेडलबर्ग के थाने में ले गये। रात मेरी वहीं बीती।

काफिले को लेकर पोलाक आगे बढ़े। सब हेडलबर्ग पहुँचे। मेरे साथ आये हुए पूरे काफिले को भी गिरफ्तार करने की व्यवस्था हो चुकी थी।

वहाँ दो स्पेशियल ट्रेनें स्टेशन पर काफिले के लोगों को कैद करके नेटाल पहुँचा देने के लिए खड़ी थीं। लेकिन लोगों ने कुछ ज़िद्द पकड़ ली। वे बोले, "गांधी को बुलाइये। वे कहेंगे तो हम गिरफ्तार हो जायेंगे और ट्रेन में बैठ जायेंगे।" श्री पोलाक और काछलिया सेठ की मदद ली। दोनों बड़ी कठिनाई से काफिले को समझा सके। अन्त में सब लोग समझ गये और शान्ति से ट्रेन में बैठ गये।

सत्याग्रह की विजय

दूसरी ओर मुझे फिर कोर्ट में मजिस्ट्रेट के सामने खड़ा किया गया। इस बार डण्डी से गिरफ्तारी का वारन्ट निकला था। गिरमिटियाओं को नाताल छोड़ने के लिए लालच देने का आरोप मुझ पर रखा गया।

उसी दिन मुझे ट्रेन से डण्डी ले जाया गया।

इधर श्री पोलाक को हेडलबर्ग में गिरफ्तार नहीं किया गया; बल्कि अधिकारियों ने उनकी मदद के लिए उनका आभार भी माना। लेकिन जब वे चार्ल्सटाउन में ट्रेन

के इन्तज़ार में खड़े थे, तब पकड़ लिये गये। श्री कैलनबैक भी गिरफ्तार कर लिये गये। दोनों को वॉक्सरस्ट की जेल में रखा गया।

मुझ पर 11 नवम्बर, 1913 को डण्डी में मुकद्दमा चला और 9 माह की सख्त कैद की सज़ा मिली। अभी निषिद्ध लोगों को ट्रान्सवाल के भीतर प्रवेश करने में मदद देने के अभियोग में मुझ पर वॉक्सरस्ट में मुकद्दमा चलना बाकी था। इसलिए डण्डी से मुझे 13 नवम्बर को वॉक्सरस्ट ले जाया गया। वहाँ मैंने श्री कैलनबैक और श्री पोलाक को देखा। इससे हमें अपार आनन्द हुआ। हम लोग कुछेक दिन सुखपूर्वक वॉक्सरस्ट की ज़ेल में रहे; परन्तु सरकार ने हम तीनों को अलग-अलग जेलों में भेज दिया।

काफिले के यात्रियों को सरकार विशेष ट्रेनों में बैठाकर नाताल ले गयी। सरकार ने कोयले की खदानों के चारों तरफ तार की जाली बाँध दी और डण्डी तथा न्यूकैसल की सीमा में बाहरी जेल बना ली। और खदानों के यूरोपियन नौकरों को उन जेलों के बार्डर पर नियुक्त कर दिया। ऐसा करके मज़दूरों ने जिस काम को स्वेच्छा से छोड़ा था, वह काम सरकार ने उनसे ज़बरदस्ती करवाया, अतः अब मज़दूर सम्पूर्ण रूप में गुलाम बनकर रह गये।

उन्होंने खदानों में काम करने से साफ इनकार कर दिया। इसके फलस्वरूप उन्हें कोड़ों की मार सहनी पड़ी। उन्होंने इन मज़दूरों को लातें मारीं, गालियाँ दीं और दूसरे भी अनेक अत्याचार किये। ऐसे अत्याचार के तार हिन्दुस्तान आये। उसका परिणाम यह हुआ कि समूचा हिन्दुस्तान भड़क उठा और दक्षिण अफ्रीका का प्रश्न हिन्दुस्तान का प्रमुख प्रश्न बन गया।

यही वह अवसर था, जब (दिसम्बर 1913) वाइसरॉय लॉर्ड हार्डिंग ने अपना मद्रास का प्रसिद्ध भाषण किया था, जिसने दक्षिण अफ्रीका में और इंग्लैण्ड में खलबली मचा दी थी। वाइसरॉय दूसरे उपनिवेशों की अथवा ब्रिटिश साम्राज्य के अंगभूत देशों की सार्वजनिक रूप में टीका नहीं कर सकते थे; परन्तु लॉर्ड हार्डिंग ने न केवल यूनियन सरकार की कड़ी टीका की, बल्कि दक्षिण अफ्रीका के सत्याग्रहियों का पूरा बचाव भी किया और उनके द्वारा किये जाने वाले सविनय कानून भंग का समर्थन किया। लॉर्ड हार्डिंग की इस दृढ़ता का बड़ा अच्छा असर हुआ।

हज़ारों निर्दोष मनुष्यों को जेल में बन्द रखने की शक्ति दक्षिण अफ्रीका की सरकार में नहीं थी। भारत के वाइसरॉय भी इस बात को सहन करने वाले नहीं थे। सारी दुनिया देख रही थी कि जनरल स्मट्स अब क्या करते हैं! दक्षिण अफ्रीका की सरकार ने वही किया, जो ऐसे समय सामान्यतः दूसरी सरकारें करती हैं।

प्रजामत से डरकर चलने वाले राज्य एक कमीशन नियुक्त करके ऐसी विषम स्थिति से बाहर निकल जाते हैं। यह कमीशन नाम की जाँच करता है; क्योंकि ऐसे

कमीशन की जाँच का परिणाम पहले से ही जाना हुआ रहता है। और कमीशन जो सिफारिशें करता है, उन पर अनिवार्य रूप में अमल करने की सामान्य प्रथा होती है। इसलिए ऐसे सिफारिशों का आश्रय लेकर राज्य वही न्याय करते हैं, जिनके लिए वे पहले इनकार कर चुके होते हैं। जनरल स्मट्स के इस कमीशन में तीन सदस्य नियुक्त किये गये थे। स्वयं कमीशन ने सरकार से सिफारिश की थी कि उनका काम सरल बनाने के लिए श्री कैलनबैक को, श्री पोलाक को और मुझे बिना शर्त के छोड़ दिया जाये। सरकार ने उसकी यह सलाह मान ली और हम तीनों को एक साथ (18 दिसम्बर, 1913) छोड़ दिया। हमने मुश्किल से दो मास की कैद भोगी होगी।

कमीशन में हिन्दुओं की ओर से कोई भी एक प्रतिनिधि रूप आदमी हो यह ज़रूरी मालूम पड़ा। मैंने जनरल स्मट्स को पत्र इस सम्बन्ध में लिखा।

जनरल स्मट्स ने कमीशन के सदस्य बढ़ाने से इनकार कर दिया। हमने जेल जाने की तैयारी करके यह घोषणा कर दी कि 1 जनवरी, 1914 के दिन डरबन से जेल जाने वाले हिन्दुस्तानियों का एक कूच आरम्भ होगा।

इसी समय यूनियन रेलवे में गोरे कर्मचारियों की बहुत बड़ी हड़ताल हुई। उस हड़ताल से यूनियन सरकार की स्थिति नाजुक हो गयी। मुझसे कहा गया कि ऐसे समय में हिन्दुस्तानियों का कूच आरम्भ कर दूँ। पर मैंने घोषित किया कि मैं हड़ताली गोरों की इस तरह मदद नहीं कर सकता। हमारा उद्देश्य सरकार को परेशान करना नहीं है। हमारी लड़ाई गोरों की लड़ाई से अलग है और भिन्न प्रकार की है। हमें कूच करना भी होगा तो हम दूसरे समय करेंगे, जब रेलवे का उपद्रव शान्त हो जायेगा। हमारे इस निश्चय का गहरा प्रभाव हुआ। इसकी सूचना रायटर ने तार से इंग्लैण्ड भेजी। लॉर्ड एम्प्टहिल ने हमें इंग्लैण्ड से धन्यवाद का तार भेजा। दक्षिण अफ्रीका के अंग्रेज़ मित्रों ने भी हमें धन्यवाद दिया। जनरल स्मट्स के एक सचिव ने मुझसे विनोद में कहा, "मुझे आपके लोग बिलकुल अच्छे नहीं लगते। मैं उनकी ज़रा भी मदद नहीं करना चाहता। लेकिन हम उनका क्या करें? आप लोग संकट की स्थिति में हमारी सहायता करते हैं। आपको कैसे मारा जाये? मैं तो बहुत बार चाहता हूँ कि आप भी इन अंग्रेज़ हड़तालियों की तरह हुल्लड़ करें। वैसी स्थिति में तो हम तुरन्त आप लोगों को सीधा कर सकते हैं। लेकिन आप तो दुश्मनों को भी दुखी नहीं करना चाहते। आप स्वयं ही दु:ख सहन करके जीतना चाहते हैं। आप शिष्टता की मर्यादा कभी छोड़ते नहीं, इससे हम आपके सामने लाचार हो जाते हैं।"

इसी प्रकार के उद्गार जनरल स्मट्स ने भी प्रकट किये थे।

हिन्दुस्तानियों के सौजन्य के ऐसे अनेक उदाहरणों का जो अदृश्य प्रभाव चारों ओर पड़ता ही रहता था, उसे मैं देख सकता था। इस प्रभाव के फलस्वरूप

हिन्दुस्तानियों की प्रतिष्ठा में वृद्धि होती रहती थी और समझौते के लिए अनुकूल हवा बनती रहती थी।

कमीशन के काम के सम्बन्ध में जनरल स्मट्स के साथ मैंने पत्र व्यवहार किया। प्राथमिक समझौता हुआ। कमीशन ने रिपोर्ट में कौम की जो-जो माँगें थीं, उन सबको पूरा करने की सिफारिश की तथा उसके तुरन्त बाद सरकार ने यूनियन गज़ेट में हिन्दी को राहत देने वाला कानून घोषित कर दिया, जिसके अन्तर्गत तीन पौण्ड का कर अवश्य ही रद्द कर दिया जाना, जो विवाह हिन्दुस्तान में कानूनन माने जाते, ये सारे विवाह दक्षिण अफ्रीका में भी कानूनन समझे गये, जिन लोगों को दक्षिण अफ्रीका में रहने के लिए प्रमाणपत्र मिलते थे, उन प्रमाणपत्रों से दक्षिण अफ्रीका में निवास का अधिकार प्राप्त हो गया।

इस प्रकार आठ वर्ष के अन्त में सत्याग्रह की यह महान् लड़ाई पूरी हुई और यह माना गया कि सम्पूर्ण दक्षिण अफ्रीका में बसे हुए हिन्दुस्तानियों को शान्ति मिली। 18 जुलाई, 1914 को दु:ख और हर्ष के साथ मैं इंग्लैण्ड में गोखले से मिलकर वहाँ से हिन्दुस्तान जाने के लिए दक्षिण अफ्रीका से रवाना हो गया। जिस दक्षिण अफ्रीका में मैंने 21 वर्ष निवास किया और असंख्य कड़वे और मीठे अनुभव प्राप्त किये तथा जहाँ मैं अपने जीवन के लक्ष्य को समझ सका, उस देश को छोड़ना मुझे बहुत कठिन मालूम हुआ।

भाग 9

विलायत तथा लड़ाई

लड़ाई में हिस्सा

1914 की 4 अगस्त को युद्ध घोषित किया गया। 6 अगस्त को हम विलायत पहुँचे।

मुझे लगा कि विलायत में रहने वाले हिन्दुस्तानियों को लड़ाई में अपना हिस्सा अदा करना चाहिए। अंग्रेज़ विद्यार्थियों ने लड़ाई में सेवा करने का अपना निश्चय घोषित किया था। हिन्दुस्तानी इससे कम नहीं कर सकते थे। इन दलीलों के विरोध में इस सभा में बहुत दलीलें दी गयीं।

जब जनता की माँग को दृढ़तापूर्वक प्रकट करना चाहिए और शासन-पद्धति में सुधार करा लेने का आग्रह रखना चाहिए। मैंने अंग्रेज़ों की इस आपत्ति के समय अपनी माँगें पेश करना ठीक न समझा और लड़ाई के समय अधिकारों की माँग को मुलतवी रखने के संयम में सभ्यता और दूरदृष्टि का दर्शन किया। इसलिए मैं अपनी सलाह पर दृढ़ रहा और मैंने लोगों से कहा कि जिन्हें स्वयंसेवकों की भर्ती में नाम लिखाने हों, वे लिखायें। काफी संख्या में नाम लिखाये गये। उनमें लगभग सभी प्रान्तों और सभी धर्मों के लोगों के नाम थे।

मैंने इस विषय में लार्ड क्रू को पत्र लिखा और हिन्दुस्तानियों की माँग को स्वीकार करने के लिए घायल सैनिकों की सेवा की तालीम लेना आवश्यक माना जाये, तो वैसी तालीम लेने की इच्छा और तैयारी प्रकट की। थोड़े विचार-विमर्श के बाद लार्ड क्रू ने हिन्दुस्तानियों की माँग स्वीकार कर ली और संकट के समय में साम्राज्य की सहायता करने की तैयारी दिखाने के लिए आभार प्रदर्शित किया।

युद्ध में सम्मिलित होने का अहिंसा के साथ कोई मेल नहीं बैठ सकता। किन्तु कर्त्तव्य का बोध हमें दीपक की भाँति स्पष्ट नहीं होता।

मुझे अंग्रेज़ी राज्य के द्वारा अपनी, अर्थात् अपने राष्ट्र की स्थिति सुधारनी थी। मैं विलायत में बैठा हुआ अंग्रेज़ों के जंगी बेड़े से सुरक्षित था। उस बल का इस प्रकार उपयोग करके मैं उसमें विद्यमान हिंसा में सीधी तरह साझेदार बनता था। अतएव यदि मुझे उस राज्य के साथ व्यवहार बनाये रखना हो, उस राज्य के झण्डे के नीचे रहना हो, तो या तो मुझे प्रकट रूप में युद्ध का विरोध करके उसका सत्याग्रह के शस्त्र के अनुसार उस समय तक बहिष्कार करना चाहिए, जब तक उस राज्य की युद्धनीति में परिवर्तन न हो अथवा उसके जो कानून भंग करने योग्य हों, उनको

सविनय भंग करके जेल की राह पकड़नी चाहिए अथवा उसके युद्धकार्य में सम्मिलित होकर उसका मुकाबला करने की शक्ति और अधिकार प्राप्त करना चाहिए। मुझमें ऐसी शक्ति नहीं थी। इसलिए मैंने माना कि मेरे पास युद्ध में सम्मिलित होने का ही मार्ग बचा था।

मैंने बन्दूकधारी में और उसकी मदद करने वाले में अहिंसा की दृष्टि से कोई भेद नहीं माना। जो मनुष्य लुटेरों की टोली में उनकी आवश्यक सेवा करने, उनका बोझ ढोने, लूट के समय पहरा देने तथा घायल होने पर उनकी सेवा करने में सम्मिलित होता है, वह लूट के सम्बन्ध में लुटेरों जितना ही ज़िम्मेदार है। इस तरह सोचने पर फौज में केवल घायलों की ही सार-संभाल करने के काम में लगा हुआ व्यक्ति भी युद्ध के दोषों से मुक्त नहीं हो सकता।

पोलाक का तार मिलने से पहले ही मैंने यह सब सोच लिया था। उनका तार मिलने पर मैंने कुछ मित्रों से उसकी चर्चा की। युद्ध में सम्मिलित होने में मैंने धर्म माना; और आज भी इस प्रश्न पर सोचता हूँ, तो मुझे उपर्युक्त विचारधारा में कोई दोष नज़र नहीं आता। ब्रिटिश साम्राज्य के विषय में उस समय मेरे जो विचार थे, उनके अनुसार मैंने युद्ध-कार्य में हिस्सा लिया था। अतएव मुझे उसका पश्चात्ताप भी नहीं है।

विलायत में इस दरम्यान मुझे पसली की वरम की शिकायत हुई। मुझे सलाह मिली कि मैं जाड़े के दिनों से पहले ही देश में पहुँच जाऊँ। मैंने इस सलाह को स्वीकार किया। अनेक वर्षों के निवास के उपरान्त स्वदेश-गमन से मुझे अत्यन्त खुशी हुई।

भाग 10

देश में और साबरमती आश्रम की स्थापना

पूणे में

मैं बम्बई के बन्दरगाह पर उतरा, तभी मुझे पता चला कि उस समय यह परिवार शान्तिनिकेतन में था। इसलिए गोखले से मिलने के बाद मैं वहाँ जाने को अधीर हो गया।

गोखले ने और सोसायटी (भारत-सेवक-समाज) के सदस्यों ने मुझे अपने प्रेम से नहला दिया। जहाँ तक मुझे याद है, उन्होंने सब सदस्यों को पूना बुलाया था। सबके साथ कई विषयों पर मैंने दिल खोलकर बातचीत की। गोखले की तीव्र इच्छा थी कि मैं भी सोसायटी में सम्मिलित हो जाऊँ। मेरी इच्छा तो थी ही। किन्तु सोसायटी के सदस्यों को ऐसा लगा कि सोसायटी के आदर्श और काम करने की रीति मुझसे भिन्न है, इसलिए मुझे सदस्य बनना चाहिए या नहीं, इस बारे में उनके मन में शंका थी।

मैंने अपने विचार गोखले को बता दिये थे, "मैं सोसायटी का सदस्य बनूँ चाहे न बनूँ, तो भी मुझे एक आश्रम खोलकर उसमें फीनिक्स के साथियों को रखना और खुद वहाँ बैठ जाना है। इस विश्वास के कारण कि गुजराती होने से मेरे पास गुजरात की सेवा के ज़रिये देश की सेवा करने की पूँजी अधिक होनी चाहिए, मैं गुजरात में ही कहीं स्थिर होना चाहता हूँ।" गोखले को ये विचार पसन्द पड़े थे, इसलिए उन्होंने कहा, "आप अवश्य ऐसा करें। सदस्यों के साथ की बातचीत का जो भी परिणाम आये, पर यह निश्चित है कि आपको आश्रम के लिए पैसा मुझी से लेना है। उसे मैं अपना ही आश्रम समझूँगा।"

मेरा हृदय फूल उठा। मैं यह सोचकर बहुत खुश हुआ कि मुझे पैसा उगाहने के धन्धे से मुक्ति मिल गयी और यह कि अब मुझे अपनी जवाबदारी पर नहीं चलना पड़ेगा, बल्कि हर परेशानी के समय मुझे रास्ता दिखाने वाला कोई होगा। इस विश्वास के कारण मुझे ऐसा लगा, मानो मेरे सिर का बड़ा बोझ उतर गया हो।

गोखले ने मुझसे प्रतिज्ञा करवायी है कि मुझे एक वर्ष तक देश में भ्रमण करना है, किसी सार्वजनिक प्रश्न पर अपना विचार न तो बनाना है, न प्रकट करना है।

तीसरे दर्जे की विडम्बना

दक्षिण अफ्रीका में सत्याग्रह की लड़ाई के सिलसिले में मैंने अपनी पोशाक

जिस हद तक गिरमिटिया मज़दूरों से मिलती-जुलती की जा सकती थी, कर ली थी। विलायत में भी घर में मैं यही पोशाक पहनता था। हिन्दुस्तान आकर मुझे काठियावाड़ी पोशाक पहननी थी। दक्षिण अफ्रीका में मैंने उसे अपने साथ रखा था। अतएव बम्बई में मैं उसी पोशाक में उतर सका था। इस पोशाक में कुरता अंगरखा, धोती और सफेद साफे का समावेश होता था। ये सब देशी मिल के ही कपड़े के बने हुए थे। बम्बई से काठियावाड़ मुझे तीसरे दर्जे में ही जाना था। उसमें साफा और अंगरखा मुझे झंझट मालूम हुए। अतएव मैंने केवल कुरता, धोती और आठ-दस आने की कश्मीरी टोपी का उपयोग किया। ऐसी पोशाक पहनने वाले की गिनती गरीब आदमी में होती थी।

शान्तिनिकेतन से वापस लौटते समय हमें तीसरे दर्जे का टिकट लेना था। उसे लेने में परेशानी हुई। जवाब मिला, "तीसरे दर्जे के यात्री को टिकट पहले से नहीं दिया जाता।" मैं स्टेशन मास्टर से मिलने गया। उनके पास मुझे कौन जाने देता? किसी ने दया करके स्टेशन मास्टर को दिखा दिया। मैं वहाँ पहुँचा। उनसे भी उपर्युक्त उत्तर ही मिला। खिड़की खुलने पर टिकट लेने गया। पर टिकट आसानी से मिलने वाला न था। बलवान् यात्री एक के बाद एक घुसते जाते और मुझ-जैसों को पीछे हटाते जाते। आखिर टिकट मिला।

गाड़ी आयी। उसमें भी जो बलवान् थे, वे घुस गये। बैठे हुओं और चढ़ने वालों के बीच गाली-गलौज और धक्का-मुक्की शुरू हुई। इसमें हिस्सा लेना मेरे लिए सम्भव न था। हम तीनों इधर से उधर चक्कर काटते रहे। सब ओर से एक ही जवाब मिलता था, "यहाँ जगह नहीं है।" मैं गार्ड के पास गया। उसने कहा, "जगह मिले तो बैठो, नहीं तो दूसरी ट्रेन में जाना।"

मैंने नम्रतापूर्वक कहा, "लेकिन मुझे ज़रूरी काम है।" यह सुनने के लिए गार्ड के पास समय नहीं था। मैं हारा। मगनलाल से कहा, "जहाँ जगह मिले, बैठ जाओ।" पत्नी को लेकर मैं तीसरे दर्जे के टिकट से ड्योढ़े दर्जे में घुसा। गार्ड ने मुझे उसमें जाते देख लिया था।

आसनसोल स्टेशन पर गार्ड ज़्यादा किराये के पैसे लेने आया। मैंने कहा, "मुझे जगह बताना आपका धर्म था। जगह न मिलने के कारण मैं इसमें बैठा हूँ। आप मुझे तीसरे दर्जे में जगह दिलाइये। मैं उसमें जाने को तैयार हूँ।"

गार्ड साहब बोले, "मुझसे बहस मत कीजिये। मेरे पास जगह नहीं है। पैसे न देने हों, तो गाड़ी से उतरना पड़ेगा।"

मुझे तो किसी भी तरह पूना पहुँचना था। गार्ड से लड़ने की मेरी हिम्मत नहीं थी। मैंने पैसे चुका दिये। उसने ठेठ पूना तक का ड्योढ़ा भाड़ा लिया। यह अन्याय मुझे अखर गया।

सवेरे मुगलसराय स्टेशन आया। मगनलाल ने तीसरे दर्जे में जगह कर ली

थी। मुगलसराय में मैं तीसरे दर्जे में गया। टिकट कलेक्टर को मैंने वस्तुस्थिति की जानकारी दी और उससे इस बात का प्रमाण-पत्र माँगा कि मैं तीसरे दर्जे में चला आया हूँ। उसने देने से इनकार किया। मैंने अधिक किराया वापस प्राप्त करने के लिए रेलवे के उच्च अधिकारी को पत्र लिखा।

उनकी ओर से इस आशय का उत्तर मिला, ''प्रमाण-पत्र के बिना अतिरिक्त किराया लौटाने का हमारे यहाँ रिवाज नहीं है। पर आपके मामले में हम लौटाये दे रहे हैं। बर्दवान से मुगलसराय तक का ड्योढ़ा किराया वापस नहीं किया जा सकता।''

तीसरे दर्जे की यात्रा में अधिकारियों की मनमानी से उत्पन्न होने वाली विडम्बना तो रहती ही है। पर तीसरे दर्जे में बैठने वाले कई यात्रियों का उजड्डपन, उनकी गन्दगी, उनकी स्वार्थबुद्धि और उनका अज्ञान भी कुछ कम नहीं होता। दुःख तो यह है कि अकसर यात्री यह जानते ही नहीं है कि वे अशिष्टता कर रहे हैं। वे जो करते हैं, वह उन्हें स्वाभाविक मालूम होता है। हम सभ्य और पढ़े-लिखे लोगों ने उनकी कभी चिन्ता ही नहीं की।

पर रेल की भीड़ की तकलीफ का मुझे लाहौर से दिल्ली के बीच कड़वे-से-कड़वा अनुभव हुआ। कराची से कलकत्ते मुझे लाहौर के रास्ते जाना था। लाहौर में ट्रेन बदलनी थी। वहाँ की ट्रेन में मेरी कहीं दाल गलती नहीं थी। यात्री ज़बरदस्ती अपना रास्ता बना लेते थे। दरवाज़ा बन्द होता, तो खिड़की में से अन्दर घुस जाते थे। मुझे कलकत्ते निश्चित तारीख पर पहुँचना था। यह ट्रेन खो देता तो मैं कलकत्ते पहुँच न पाता। मैं जगह मिलने की आशा छोड़ बैठा था। कोई मुझे अपने डिब्बे में आने न देता था। आखिर एक मज़दूर ने मुझे जगह ढूँढ़ते देखकर कहा, ''मुझे बारह आने दो, तो जगह दिला दूँ।'' मैंने कहा, ''मुझे जगह दिला दो, तो ज़रूर बारह आने दूँगा।'' बेचारा मज़दूर यात्रियों से गिड़गिड़ाकर कह रहा था, पर कोई मुझे लेने को तैयार न होता था। ट्रेन छूटने ही वाली थी कि एक डिब्बे के कुछ यात्रियों ने कहा, ''यहाँ जगह नहीं है, लेकिन इसके भीतर से (खिड़की से) घुसा सकते हो, तो घुसा दो। खड़ा रहना होगा।'' मज़दूर मेरी ओर देखकर बोला, ''क्यों जी?'' मैंने 'हाँ' कहा और उसने मुझे उठाकर खिड़की में से अन्दर डाल दिया। मैं अन्दर घुसा और उस मज़दूर ने बारह आने कमा लिये।

मेरी यह रात मुश्किल से बीती। दूसरे यात्री ज्यों-त्यों करके बैठ गये। मैं ऊपर वाली बैठक की ज़ंजीर पकड़कर दो घण्टे खड़ा ही रहा। इस बीच कुछ यात्री मुझे धमकाते ही रहते थे, ''अजी, अब तक क्यों नहीं बैठते हो?'' मैंने बहुतेरा समझाया कि कहीं जगह नहीं है। पर उन्हें तो मेरा खड़ा रहना भी सहन नहीं हो रहा था, यद्यपि वे ऊपर की बैठकों पर आराम से लम्बे होकर पड़े थे। बार-बार मुझे परेशान करते थे। वे जितना मुझे परेशान करते थे, उतनी ही शान्ति से मैं उन्हें जवाब

देता था। इससे वे कुछ शान्त हुए। मेरा नाम-धाम पूछा। जब मुझे नाम बतलाना पड़ा, तब वे शर्माये। मुझसे माफी माँगी और मेरे लिए अपनी बगल में जगह कर दी। 'सब्र का फल मीठा होता है' कहावत मुझे याद आयी। मैं बहुत थक गया था। मेरा सिर घूम रहा था। बैठने के लिए जगह की जब सचमुच ज़रूरत थी, तब ईश्वर ने दिला दी।

आश्रम की स्थापना

सन् 1915 के मई महीने की 25 तारीख के दिन सत्याग्रह-आश्रम की स्थापना हुई।

अहमदाबाद पर मेरी नज़र टिकी थी। गुजराती होने के कारण मैं मानता था कि गुजराती भाषा द्वारा मैं देश की अधिक-से-अधिक सेवा कर सकूँगा। यह भी धारणा थी कि चूँकि अहमदाबाद पहले हाथ की बुनाई का केन्द्र था, इसलिए चरखे का काम यहीं अधिक अच्छी तरह हो सकेगा। साथ ही, यह आशा भी थी कि गुजरात का मुख्य नगर होने के कारण यहाँ के धनी लोग धन की अधिक मदद कर सकेंगे।

मकानों की तलाश करते हुए कोचरब में श्री जीवणलाल बैरिस्टर का मकान किराये पर लेने का निश्चय हुआ। श्री जीवणलाल मुझे अहमदाबाद में बसाने वालों में अग्रगण्य थे।

तुरन्त ही प्रश्न उठा कि आश्रम का नाम क्या रखा जाये? हमें तो सत्य की पूजा, सत्य की शोध करनी थी, उसी का आग्रह रखना था; और दक्षिण अफ्रीका में मैंने जिस पद्धति का उपयोग किया था, उसका परिचय भारतवर्ष को कराना था तथा यह देखना था कि उसकी शक्ति कहाँ तक व्यापक हो सकती है। इसलिए मैंने और साथियों ने सत्याग्रह-आश्रम नाम पसन्द किया। इस नाम से सेवा का और सेवा की पद्धति का भाव सहज ही प्रकट होता था।

आश्रम चलाने के लिए नियमावली की आवश्यकता थी। अतएव मैंने नियमावली का मसविदा तैयार करके उस पर मित्रों की राय माँगी।

लगभग पच्चीस स्त्री-पुरुषों से आश्रम का आरम्भ हुआ था। सब एक रसोई में भोजन करते थे और इस तरह रहने की कोशिश करते थे, मानो एक ही कुटुम्ब के हों।

आश्रम को कायम हुए अभी कुछ ही महीने बीते थे कि इतने में जैसी कसौटी की मुझे आशा नहीं थी, वैसी कसौटी हमारी हुई। भाई अमृतलाल ठक्कर का पत्र मिला, "एक गरीब और प्रामाणिक अन्त्यज परिवार है। वह आपके आश्रम में रहना चाहता है। क्या उसे भर्ती करेंगे?"

उन्होंने उसका स्वागत किया। भाई अमृतलाल ठक्कर को लिखा गया कि

यदि वह परिवार आश्रम के नियमों का पालन करने को तैयार हो, तो हम उसे भर्ती करने के लिए तैयार हैं।

दूदाभाई, उनकी पत्नी दानीबहन और दूध-पीती तथा घुटनों चलती बच्ची लक्ष्मी तीनों आये। दूदाभाई बम्बई में शिक्षक का काम करते थे। नियमों का पालन करने को वे तैयार थे। उन्हें आश्रम में रख लिया।

सहायक मित्रमण्डल में खलबली मच गयी। जिस कुएँ में बंगले के मालिक का हिस्सा था, उस कुएँ से पानी भरने में हमें अड़चन होने लगी। चरस वाले पर हमारे पानी के छींटे पड़ जाते, तो वह भ्रष्ट हो जाता। उसने गालियाँ देना और दूदाभाई को सताना शुरू किया। मैंने सबसे कह दिया कि गालियाँ सहते जाओ और दृढ़तापूर्वक पानी भरते रहो। हमें चुपचाप गालियाँ सुनते देखकर चरस वाला शर्मिन्दा हुआ और उसने गालियाँ देना बन्द कर दिया। पर पैसे की मदद बन्द हो गयी। पैसे की मदद बन्द होने के साथ बहिष्कार की अफवाहें मेरे कानों तक आने लगीं। मैंने साथियों से चर्चा करके तय कर रखा था, "यदि हमारा बहिष्कार किया जाये और हमें कहीं से कोई मदद न मिले, तो भी अब हम अहमदाबाद नहीं छोड़ेंगे। अन्त्यजों की बस्ती में जाकर उनके साथ रहेंगे और जो कुछ मिलेगा उससे अथवा मज़दूरी करके अपना निर्वाह करेंगे।"

आखिर मगनलाल ने मुझे नोटिस दी, "अगले महीने आश्रम का खर्च चलाने के लिए हमारे पास पैसे नहीं हैं।" मैंने धीरज से जवाब दिया, "तो हम अन्त्यजों की बस्ती में रहने जायेंगे।"

मुझ पर ऐसा संकट पहली ही बार नहीं आया था। हर बार अन्तिम घड़ी में प्रभु ने मदद भेजी है।

मगनलाल के नोटिस देने के बाद तुरन्त ही एक दिन सवेरे किसी लड़के ने आकर खबर दी, "बाहर मोटर खड़ी है और एक सेठ आपको बुला रहे हैं।" मैं मोटर के पास गया। सेठ ने मुझसे पूछा, "मेरी इच्छा आश्रम को कुछ मदद देने की है, आप लेंगे?"

मैंने जवाब दिया, "अगर आप कुछ देंगे, तो मैं ज़रूर लूँगा। मुझे कबूल करना चाहिए क्योंकि इस समय मैं आर्थिक संकट में भी हूँ।"

"मैं कल इसी समय आऊँगा। तब आप आश्रम में होंगे?"

मैंने 'हाँ' कहा और सेठ चले गये। दूसरे दिन नियत समय पर मोटर का भोंपू बोला। लड़कों ने खबर दी। सेठ अन्दर नहीं आये। मैं उनसे मिलने गया। वे मेरे हाथ पर तेरह हज़ार के नोट रखकर बिदा हो गये।

मैंने इस मदद की कभी आशा नहीं रखी थी। मदद देने की यह रीति भी नयी देखी। उन्होंने आश्रम में पहले कभी कदम नहीं रखा था। मुझे याद आता है कि मैं उनसे एक ही बार मिला था। न आश्रम में आना, न कुछ पूछना, बाहर-ही-बाहर

पैसे देकर लौट जाना। ऐसा यह मेरा पहला ही अनुभव था। इस सहायता के कारण अन्त्यजों की बस्ती में जाना रुक गया। मुझे लगभग एक साल का खर्च मिल गया।

पर जिस तरह बाहर खलबली मची, उसी तरह आश्रम में भी मची। यद्यपि दक्षिण अफ्रीका में मेरे यहाँ अन्त्यज आदि आते रहते और भोजन करते थे, तथापि यह नहीं कहा जा सकता कि यहाँ अन्त्यज कुटुम्ब का आना मेरी पत्नी को और आश्रम की दूसरी स्त्रियों को पसन्द आया। दानीबहन के प्रति घृणा नहीं तो उनकी उदासीनता ऐसी थी, जिसे मेरी अत्यन्त सूक्ष्म आँखें देख लेती थीं और तेज़ कान सुन लेते थे। आर्थिक सहायता के अभाव के डर ने मुझे ज़रा भी चिन्तित नहीं किया था। पर यह आन्तरिक क्षोभ कठिन सिद्ध हुआ। दानीबहन साधारण स्त्री थी। दूदाभाई की शिक्षा भी साधारण थी, पर उनकी बुद्धि अच्छी थी। उनका धीरज मुझे पसन्द आया था। उन्हें कभी-कभी गुस्सा आता था, पर कुल मिलाकर उनकी सहनशक्ति की मुझ पर अच्छी छाप पड़ी थी। मैं दूदाभाई को समझाता था कि वे छोटे-मोटे अपमान पी लिया करें। वे समझ जाते थे और दानीबहन से भी सहन करवाते थे।

इस परिवार को आश्रम में रखकर आश्रम में बहुतेरे पाठ सीखे हैं और प्रारम्भिक काल में ही इस बात के बिलकुल स्पष्ट हो जाने से कि आश्रम में अस्पृश्यता के लिए कोई स्थान नहीं है, आश्रम की मर्यादा निश्चित हो गयी और इस दिशा में उसका काम बहुत सरल हो गया। इसके बावजूद, आश्रम का खर्च, बराबर बढ़ता रहने पर भी मुख्यत: कट्टर माने जाने वाले हिन्दुओं की तरफ से ही मिलता रहा है। कदाचित् यह इस बात का स्पष्ट सूचक है कि अस्पृश्यता की जड़ें अच्छी तरह हिल गयी हैं। इसके दूसरे प्रमाण तो अनेकों हैं। परन्तु जहाँ अन्त्यज के साथ रोटी तक का व्यवहार रखा जाता हो, वहाँ भी अपने को सनातनी मानने वाले हिन्दू मदद दें, यह कोई नगण्य प्रमाण नहीं माना जायेगा।

भाग 11

चम्पारन

नील का दाग

चम्पारन जनक राजा की भूमि है। जिस तरह चम्पारन में आम के वन हैं, उसी तरह सन् 1917 में वहाँ नील के खेत थे। चम्पारन के किसान अपनी ही ज़मीन के 3/20 भाग में नील की खेती उसके असल मालिकों के लिए करने के कानून से बँधे हुए थे। इसे वहाँ 'तीन कठिया' कहा जाता था। बीस कट्ठे का वहाँ एक एकड़ था और उसमें से तीन कट्ठे ज़मीन में नील बोने की प्रथा को 'तीन कठिया' कहते थे।

राजकुमार शुक्ल नामक चम्पारन के एक किसान थे। उन पर दुःख पड़ा था। यह दुःख उन्हें अखरता था। लेकिन अपने इस दुःख के कारण उनमें नील के इस दाग को सबके लिए धो डालने की तीव्र लगन पैदा हो गयी थी।

वे तो खुद मुझे चम्पारन के किसानों के दुःख बताना चाहते थे। मैंने कहा, "अपने भ्रमण में मैं चम्पारन को भी सम्मिलित कर लूँगा और एक-दो दिन वहाँ ठहरूँगा।"

उन्होंने कहा, "एक दिन काफी होगा। नज़रों से देखिये तो सही।"

सन् 1917 के आरम्भ में कलकत्ते से हम दो व्यक्ति रवाना हुए। दोनों की एक-सी जोड़ी थी। दोनों किसान-जैसे ही लगते थे। कौन-सी गाड़ी लेनी थी, यह भी मुझे तो पता नहीं था। राजकुमार शुक्ल जिस गाड़ी में ले गये, उस पर हम दोनों सवार हुए। सवेरे पटना उतरे।

मुझे वे राजेन्द्र बाबू के घर ले गये। राजेन्द्र बाबू पुरी अथवा और कहीं गये थे। बंगले पर एक-दो नौकर थे। मेरे साथ खाने की कुछ सामग्री थी। मुझे थोड़ी खजूर की ज़रूरत थी। बेचारे राजकुमार शुक्ल बाज़ार से ले आये।

पर बिहार में तो छूआछूत का बहुत कड़ा रिवाज था। मेरी बालटी के पानी के छींटे नौकर को भ्रष्ट करते थे। नौकर को क्या पता कि मैं किस जाति का हूँ। राजकुमार शुक्ल ने अन्दर के पाखाने का उपयोग करने को कहा। नौकर ने बाहर के पाखाने की ओर इशारा किया। मेरे लिए इसमें परेशान या गुस्सा होने का कोई कारण न था। इस प्रकार के अनुभव कर-करके मैं बहुत पक्का हो गया था। नौकर तो अपने धर्म का पालन कर रहा था और राजेन्द्र बाबू के प्रति अपना कर्तव्य पूरा कर रहा था।

मुझे पहली बार मुजफ्फरपुर जाने का तय हुआ। आचार्य कृपालानी, वे मुजफ्फरपुर कॉलेज में प्रोफेसर थे। इस समय प्रोफेसरी छोड़ चुके थे। मैंने उन्हें तार किया। ट्रेन आधी रात को मुजफ्फरपुर पहुँचती थी। वे अपने शिष्यमण्डल के साथ स्टेशन पर आये थे।

कृपालानीजी ने बिहार और उसमें भी तिरहुत विभाग की दीन दशा की बात की और मेरे काम की कठिनाई की कल्पना दी। कृपालानीजी ने बिहार वालों के साथ घनिष्ठ सम्बन्ध जोड़ लिया था। उन्होंने उन लोगों से मेरे काम का ज़िक्र कर रखा था। सवेरे वकीलों का एक छोटा-सा दल मेरे पास आया।

ब्रजकिशोर बाबू दरभंगा से आये। राजेन्द्र बाबू पुरी से आये।

इस मण्डल के और मेरे बीच जीवन-भर की गाँठ बँध गयी।

ब्रजकिशोर बाबू ने मुझे सारी हकीकतों की जानकारी दी। वे गरीब किसानों के लिए मुकद्दमे लड़ते थे। ऐसे दो मुकद्दमे चल रहे थे। इस तरह के मुकद्दमों की पैरवी करके वे थोड़ा व्यक्तिगत आश्वासन प्राप्त कर लिया करते थे।

मैंने कहा, ''इन मुकद्दमों को पढ़ जाने के बाद मेरी राय तो यह बनी है कि अब हमें ये मुकद्दमे लड़ना ही बन्द कर देना चाहिए। ऐसे मुकद्दमों से लाभ बहुत कम होता है। जहाँ रैयत इतनी कुचली गयी है, जहाँ सब इतने भयभीत रहते हैं, वहाँ कचहरियों की मारफत थोड़ा ही इलाज हो सकता है। लोगों के लिए सच्ची दवा तो उनके डर को भगाना है। जब तक यह 'तीन कठिया' प्रथा रद्द न हो, तब तक हम चैन से बैठ ही नहीं सकते। मैं तो दो दिन में जितना देखा जा सके, उतना देखने आया हूँ। लेकिन अब देख रहा हूँ कि यह काम तो दो वर्ष भी ले सकता है। इतना समय भी लगे, तो मैं देने को तैयार हूँ। मुझे यह तो सूझ रहा है कि इस काम के लिए क्या करना चाहिए। लेकिन इसमें आपकी मदद ज़रूरी है।''

ब्रजकिशोर बाबू को मैंने बहुत ठण्डे दिमाग का पाया। उन्होंने शान्ति से उत्तर दिया, ''हमसे जो मदद बनेगी, हम देंगे। लेकिन हमें समझाइये कि आप किस प्रकार की मदद चाहते हैं?''

इस बातचीत में हमने सारी रात बिता दी। मैंने कहा, ''मुझे आपकी वकालत की शक्ति का कम ही उपयोग होगा। आपके समान लोगों से तो मैं लेखक और दुभाषिये का काम लेना चाहूँगा। मैं देखता हूँ कि इसमें जेल भी जाना पड़ सकता है। मैं इसे पसन्द करूँगा कि आप यह जोखिम उठायें। पर आप उसे उठाना न चाहें, तो भले न उठायें। वकालत छोड़कर लेखक बनने और अपने धंधे को अनिश्चित अवधि के लिए बन्द करने की माँग करके में आप लोगों से कुछ कम नहीं माँग रहा हूँ। यहाँ की हिन्दी बोली समझने में मुझे कठिनाई होती है। कागज-पत्र सब कैथी में या उर्दू में लिखे होते हैं, जिन्हें मैं पढ़ नहीं सकता। इनके तरजुमे की मैं आपसे आशा रखता हूँ। यह काम पैसे देकर कराना हमारे बस का नहीं है। यह सब सेवा

भाव से और बिना पैसे के होना चाहिए।"

ब्रजकिशोर बाबू समझ गये, किन्तु उन्होंने मुझसे और अपने साथियों से जिरह शुरू की।

अन्त में उन्होंने अपना यह निश्चय प्रकट किया, "हम इतने लोग आप जो काम हमें सौंपेंगे, वह कर देने के लिए तैयार रहेंगे। इनमें से जितनों को आप जिस समय चाहेंगे, उतने आपके पास रहेंगे। जेल जाने की बात नयी है। उसके लिए हम शक्ति-संचय करने की कोशिश करेंगे।"

अहिंसा देवी का साक्षात्कार?

मुझे तो किसानों की हालत की जाँच करनी थी। नील के मालिकों के विरुद्ध जो शिकायतें थीं, उनमें कितनी सचाई है, यह देखना था। इस काम के लिए हज़ारों किसानों से मिलने की ज़रूरत थी। किन्तु उनके सम्पर्क में आने से पहले मुझे यह आवश्यक मालूम हुआ कि मैं नील के मालिकों की बात सुन लूँ और कमिश्नर से मिल लूँ। मैंने दोनों को चिट्ठी लिखी।

मालिकों के मन्त्री के साथ मेरी जो मुलाकात हुई, उसमें उसने साफ कह दिया कि आपकी गिनती परदेशी में होती है। आपको हमारे और किसानों के बीच दखल नहीं देना चाहिए। फिर भी अगर आपको कुछ कहना हो, तो मुझे लिखकर सूचित कीजिये। मैंने मन्त्री से नम्रतापूर्वक कहा कि मैं अपने को परदेशी नहीं मानता और किसान चाहें तो उनकी स्थिति की जाँच करने का मुझे पूरा अधिकार है। मैं कमिश्नर साहब से मिला। उन्होंने तो धमकाना ही शुरू कर दिया और मुझे सलाह दी कि मैं आगे बढ़े बिना तिरहुत छोड़ दूँ।

मैंने सारी बातें साथियों को सुनाकर कहा कि सम्भव है सरकार मुझे जाँच करने से रोके और जेल जाने का समय मेरी अपेक्षा से भी पहले आ जाये। अगर गिरफ्तारी होनी ही है, तो मुझे मोतीहारी में और सम्भव हो तो बेतिया में गिरफ्तार होना चाहिए और इसके लिए वहाँ जल्दी-से जल्दी पहुँच जाना चाहिए।

चम्पारन तिरहुत विभाग का एक ज़िला है और मोतीहारी उसका मुख्य शहर। बेतिया के आस-पास राजकुमार शुक्ल का घर था और उसके आस-पास की कोठियों के किसान ज़्यादा-से-ज़्यादा कंगाल थे। राजकुमार शुक्ल को उनकी दशा दिखाने का लोभ था और मुझे अब उसे देखने की इच्छा थी।

अतएव मैं उसी दिन साथियों को लेकर मोतीहारी के लिए रवाना हो गया। मोतीहारी में गोरख बाबू ने आश्रय दिया और उनका घर धर्मशाला बन गया। हम सब मुश्किल से उसमें समा सकते थे। जिस दिन हम पहुँचे, उसी दिन सुना कि मोतीहारी से कोई पाँच मील दूर रहने वाले एक किसान पर अत्याचार किया गया है। मैंने निश्चय किया कि धरणीधर प्रसाद वकील को साथ लेकर मैं दूसरे दिन

सवेरे उसे देखने जाऊँगा। सवेरे हाथी पर सवार होकर हम चल पड़े। चम्पारन में हाथी का उपयोग लगभग उसी तरह होता है, जिस तरह गुजरात में बैलगाड़ियों का। आधे रास्ते पहुँचे होंगे कि इतने में पुलिस सुपरिंटेण्डेण्ट का आदमी आ पहुँचा और मुझसे बोला, "सुपरिंटेण्डेण्ट साहब ने आपको सलाम भेजा है।" मैं समझ गया। धरणीधर बाबू से मैंने आगे जाने को कहा। मैं उस जासूस के साथ उसकी भाड़े की गाड़ी में सवार हुआ। उसने मुझे चम्पारन छोड़कर चले जाने का नोटिस दिया। वह मुझे घर ले गया और मेरी सही माँगी। मैंने जवाब दिया कि मैं चम्पारन छोड़ना नहीं चाहता; मुझे तो आगे बढ़ना है और जाँच करनी है। निर्वासन की आज्ञा का अनादर करने के लिए मुझे दूसरे ही दिन कोर्ट में हाज़िर रहने का समन मिला।

मैंने सारी रात जागकर जो पत्र मुझे लिखने थे लिखे और ब्रजकिशोर बाबू को सब प्रकार की आवश्यक सूचनाएँ दीं।

समन की बात एकदम चारों ओर फैल गयी। लोग कहते थे कि उस दिन मोतीहारी में जैसा दृश्य देखा गया, वैसा पहले कभी न देखा गया था। गोरख बाबू के घर और दफ्तर पर लोगों की भीड़ उमड़ पड़ी। सौभाग्य से मैंने अपना सारा काम रात को निबटा लिया था। इसलिए मैं इस भीड़ को संभाल सका। साथियों का मूल्य मुझे पूरा-पूरा मालूम हुआ। वे लोगों को संयत रखने में जुट गये। कचहरी में जहाँ जाता, वहाँ दल-के-दल लोग मेरे पीछे आते। कलेक्टर, मजिस्ट्रेट, सुपरिंटेण्डेण्ट आदि के साथ भी मेरा एक प्रकार का सम्बन्ध स्थापित हो गया। सरकारी नोटिसों वगैरा के खिलाफ कानूनी विरोध करना चाहता, तो मैं कर सकता था। इसके बदले मैंने उनकी सब नोटिसों को स्वीकार कर लिया और अधिकारियों के साथ निजी व्यवहार में मिठास से काम लिया। इससे वे समझ गये कि मुझे उनका विरोध नहीं करना है, बल्कि उनकी आज्ञा का विनयपूर्वक विरोध करना है। इससे उनमें एक प्रकार की निर्भयता आ गयी। मुझे तंग करने के बदले उन्होंने लोगों को काबू में रखने में मेरी और मेरे साथियों की सहायता का प्रसन्नतापूर्वक उपयोग किया। किन्तु साथ ही वे समझ गये कि उनकी सत्ता आज से लुप्त हुई। लोग क्षण-भर को दण्ड का भय छोड़कर अपने नये मित्र के प्रेम की सत्ता के अधीन हो गये।

याद रहे कि चम्पारन में मुझे कोई पहचानता न था। किसान-वर्ग बिलकुल अनपढ़ था। चम्पारन गंगा के उस पार ठेठ हिमालय की तराई में नेपाल का समीपवर्ती प्रदेश है, अर्थात् नयी दुनिया है। वहाँ न कहीं काँग्रेस का नाम सुनायी देता था, न काँग्रेस के कोई सदस्य दिखायी पड़ते थे। जिन्होंने नाम सुना था, वे काँग्रेस का नाम लेने में अथवा उसमें सम्मिलित होने से डरते थे।

अतएव काँग्रेस की ओर से किन्हीं गुप्त या प्रकट दूतों द्वारा कोई भूमिका तैयार नहीं करायी गयी थी। राजकुमार शुक्ल में हज़ारों लोगों में प्रवेश करने की शक्ति नहीं थी। उनके बीच किसी ने आज तक राजनीति का काम किया ही नहीं

था। चम्पारन के बाहर की दुनिया को वे जानते नहीं थे। फिर भी उनका और मेरा मिलाप पुराने मित्रों-जैसा लगा। अतएव यह कहने में अतिशयोक्ति नहीं, बल्कि अक्षरश: सत्य है कि इस कारण मैंने वहाँ ईश्वर का, अहिंसा का और सत्य का साक्षात्कार किया। जब मैं इस साक्षात्कार के अपने अधिकार की जाँच करता हूँ, तो मुझे लोगों के प्रति अपने प्रेम के सिवा और कुछ भी नहीं मिलता। इस प्रेम का अर्थ है—प्रेम अथवा अहिंसा के प्रति मेरी अविचल श्रद्धा।

चम्पारन का यह दिन मेरे जीवन में कभी न भूलने-जैसा था। मेरे लिए और किसानों के लिए यह एक उत्सव का दिन था। सरकारी कानून के अनुसार मुझ पर मुकद्दमा चलाया जाने वाला था। पर सच पूछा जाये तो मुकद्दमा सरकार के विरुद्ध था। कमिश्नर ने मेरे विरुद्ध जो जाल बिछाया था, उसमें उसने सरकार को ही फँसा दिया।

मुकद्दमा वापस लिया गया

मुकद्दमा चला। सरकारी वकील, मजिस्ट्रेट आदि घबराये हुए थे। उन्हें सूझ नहीं रहा था कि किया क्या जाये? सरकारी वकील सुनवाई मुलतवी रखने की माँग कर रहा था। मैं बीच में पड़ा और विनती की कि सुनवाई मुलतवी रखने की कोई ज़रूरत नहीं है; क्योंकि मुझे चम्पारन छोड़ने के नोटिस का अनादर करने का अपराध स्वीकार करना है।

अब मुकद्दमे की सुनवाई को मुलतवी रखने की ज़रूरत न रही थी, किन्तु चूँकि मजिस्ट्रेट और वकील ने इस परिणाम की आशा नहीं की थी, इसलिए सज़ा सुनाने के लिए अदालत ने केस मुलतवी रखा। मैंने वाइसरॉय को सारी स्थिति तार द्वारा सूचित कर दी थी। पटना भी तार भेजा था। भारतभूषण पण्डित मालवीयजी आदि को भी वस्तुस्थिति की जानकारी तार से भेज दी थी। सज़ा सुनने के लिए कोर्ट में जाने का समय हुआ, उससे कुछ पहले मेरे नाम मजिस्ट्रेट का हुक्म आया कि गवर्नर साहब की आज्ञा से मुकद्दमा वापस ले लिया गया है। साथ ही कलेक्टर का पत्र मिला कि मुझे जो जाँच करनी हो, मैं करूँ और उसमें अधिकारियों की ओर से जो मदद आवश्यक हो, सो माँग लूँ। ऐसे तात्कालिक और शुभ परिणाम की आशा हममें से किसी ने नहीं रखी थी।

मैं कलेक्टर मि० हेकांक से मिला। मुझे वह स्वयं भला और न्याय करने में तत्पर जान पड़ा। उसने कहा कि आपको जो कागज़-पत्र या कुछ और देखना हो, सो आप माँग लें और मुझसे जब भी मिलना चाहें, मिल लिया करें।

दूसरी ओर सारे हिन्दुस्तान को सत्याग्रह का, कानून के सविनय भंग का पहला स्थानीय पदार्थ-पाठ मिला। अखबारों में इसकी खूब चर्चा हुई और चम्पारन को तथा मेरी जाँच को अनपेक्षित रीति से प्रसिद्धि मिल गयी।

स्थिति ऐसी नहीं थी कि हम बिलकुल बिना पैसे के अपना काम चला सकें। आज तक की प्रथा सार्वजनिक काम के लिए जनता से धन प्राप्त करने की नहीं थी। ब्रजकिशोर बाबू का मण्डल मुख्यत: वकीलों का मण्डल था। अतएव वे ज़रूरत पड़ने पर अपनी जेब से खर्च कर लेते थे और कुछ मित्रों से भी माँग लेते थे। उनकी भावना यह थी कि जो लोग स्वयं पैसे-टके से सुखी हों, वे लोगों से द्रव्य की भिक्षा क्यों माँगें? मेरा यह दृढ़ निश्चय था कि चम्पारन की रैयत से एक कौड़ी भी न ली जाये। यदि ली जाती तो उसके गलत अर्थ लगाये जाते। यह भी निश्चय था कि इस जाँच के लिए हिन्दुस्तान में सार्वजनिक चन्दा न किया जाये। वैसा करने पर यह जाँच राष्ट्रीय और राजनीतिक रूप धारण कर लेती। गरीबी-से, कम-से-कम खर्च करते हुए, लड़ाई चलानी थी। अतएव अधिक द्रव्य की आवश्यकता पड़ने की सम्भावना न थी। असल में पड़ी भी नहीं। मेरा खयाल है कि कुल मिलाकर दो या तीन हज़ार से अधिक खर्च नहीं हुआ था। जो द्रव्य इकट्ठा किया गया था, उसमें पाँच सौ या एक हज़ार रुपये बच गये थे, ऐसा मुझे याद है।

किसानों के दल-के-दल अपनी कहानी लिखाने के लिए आने लगे थे। कहानी लिखाने वालों के साथ सेना भी तो रहती ही थी। इससे मकान का अहाता और बगीचा सहज ही भर जाता था।

कहानी लिखने वालों को कुछ नियमों का पालन करना पड़ता था। जैसे, हर एक किसान से जिरह की जाये। जिरह में जो उखड़ जाये, उसका बयान न लिया जाये। जिसकी बात मूल में ही बेबुनियाद मालूम हो, उसके बयान न लिखे जायें। इस तरह नियमों के पालन से यद्यपि थोड़ा अधिक समय खर्च होता था, फिर भी बयान बहुत सच्चे और साबित हो सकने वाले मिलते थे।

इन बयानों के लेते समय खुफिया पुलिस का कोई-न-कोई अधिकारी हाज़िर रहता ही था। इन अधिकारियों को आने से रोका जा सकता था। पर हमने शुरू से ही निश्चय कर लिया था कि उन्हें सिर्फ हम आने से ही नहीं रोकेंगे, बल्कि उनके प्रति विनय का बरताव करेंगे और दे सकने योग्य खबरें भी उन्हें देते रहेंगे।

मैं निलहों को खिझाना नहीं चाहता था, बल्कि मुझे तो उन्हें विनय द्वारा जीतने का प्रयत्न करना था। इसलिए जिसके विरुद्ध विशेष शिकायतें आतीं, उसे मैं पत्र लिखता और उससे मिलने का प्रयत्न भी करता था। निलहों के मण्डल से भी मैं मिला था और रैयत की शिकायतें उनके सामने रखकर मैंने उनकी बातें भी सुन ली थीं। उनमें से कुछ मेरा तिरस्कार करते थे, कुछ उदासीन रहते थे और कोई-कोई मेरे साथ सभ्यता और नम्रता का व्यवहार करते थे।

ग्राम-प्रवेश

जैसे-जैसे मुझे अनुभव प्राप्त होता गया, वैसे-वैसे मैंने देखा कि चम्पारन में

ठीक से काम करना हो, तो गाँवों में शिक्षा का प्रवेश होना चाहिए। लोगों का अज्ञान दयनीय था। गाँवों के बच्चे मारे-मारे फिरते थे अथवा माता-पिता दो या तीन पैसे की आमदनी के लिए उनसे सारे दिन नील के खेतों में मज़दूरी करवाते थे। उन दिनों वहाँ पुरुषों की मज़दूरी दस पैसे से अधिक नहीं थी। स्त्रियों की छह पैसे और बालकों की तीन पैसे थी। चार आने की मज़दूरी पाने वाला किसान भाग्यशाली समझा जाता था।

साथियों से सलाह करके पहले तो छह गाँवों में बालकों के लिए पाठशालाएँ खोलने का निश्चय किया। शर्त यह थी कि उन गाँवों के मुखिया मकान और शिक्षक का भोजन व्यय दें; उसके दूसरे खर्च की व्यवस्था हम करें। यहाँ के गाँवों में पैसे की विपुलता नहीं थी, यहाँ अनाज वगैरा देने की शक्ति लोगों में थी। इसलिए लोग कच्चा अनाज देने को तैयार हो गये थे।

प्राय: प्रत्येक पाठशाला में एक पुरुष और एक स्त्री की व्यवस्था की गयी थी। उन्हीं के द्वारा दवा और सफाई के काम करने थे। स्त्रियों की मार्फत स्त्री-समाज में प्रवेश करना था। दवा का काम बहुत सरल बना लिया था। अरण्डी का तेल, कुनैन और एक मरहम—इतनी ही चीज़ें प्रत्येक पाठशाला में रखी जाती थीं। जाँचने पर चीज़ मैली दिखाई दे और कब्ज की शिकायत हो, तो अरण्डी का तेल पिला देना। बुखार की शिकायत हो, तो अरण्डी का तेल देने के बाद आने वाले को कुनैन पिला देना। और अगर फोड़े हों, तो उन्हें धोकर उन पर मरहम लगा देना। खाने की दवा अथवा मरहम साथ ले जाने के लिए शायद ही दिया जाता था। कहीं कोई खतरनाक या समझ में न आने वाली बीमारी होती, तो वह डॉ० देव को दिखाने के लिए छोड़ दी जाती। डॉ० देव अलग-अलग जगहों में नियत समय पर हो आते थे। ऐसी सादी सुविधा का लाभ लोग ठीक मात्रा में उठाने लगे थे। आमतौर से होने वाली बीमारियाँ थोड़ी ही हैं और उनके लिए बड़े-बड़े विशारदों की आवश्यकता नहीं होती। इसे ध्यान में रखा जाये, तो उपर्युक्त रीति से की गयी व्यवस्था किसी को हास्यजनक प्रतीत नहीं होगी। इन लोगों को तो नहीं ही हुई।

सफाई का काम कठिन था। लोग गन्दगी दूर करने को तैयार नहीं थे। जो लोग रोज़ खेतों की मज़दूरी करते थे, वे भी अपने हाथ से मैला साफ करने के लिए तैयार न थे। डॉ० देव झट हार मान लेने वाले आदमी न थे। उन्होंने और स्वयंसेवकों ने अपने हाथ से एक गाँव के रास्तों की सफाई की, लोगों के आँगनों से कचरा साफ किया, कुओं के आस-पास के गड्ढे भरे, कीचड़ निकाला और गाँववालों को स्वयंसेवक देने की बात प्रेमपूर्वक समझाते रहे। कुछ स्थानों में लोगों ने शर्म में पड़कर काम करना शुरू किया और कहीं-कहीं तो लोगों ने मेरी मोटर के आने-जाने के लिए अपनी मेहनत से सड़कें भी तैयार कर दीं। ऐसे मीठे अनुभवों के साथ ही लोगों की लापरवाही के कड़वे अनुभव भी होते रहते थे। मुझे याद है कि सफाई

की बात सुनकर कुछ जगहों में लोगों ने अपनी नाराज़गी भी प्रकट की थी।

इन अनुभवों में से एक जिसका वर्णन मैंने स्त्रियों की कई सभाओं में किया है, यहाँ देना अनुचित न होगा। भीतिहरवा एक छोटा-सा गाँव था। उसके पास उससे भी छोटा एक गाँव था। वहाँ कुछ बहनों के कपड़े बहुत मैले दिखाई दिये। इन बहनों को कपड़े धोने-बदलने के बारे में समझाने के लिए मैंने कस्तूरबाई से कहा। उसने उन बहनों से बात की। उनमें से एक बहन कस्तूरबाई को अपनी झोंपड़ी में ले गयी और बोली, "आप देखिये, यहाँ कोई पेटी या अलमारी नहीं है कि जिसमें कपड़े बन्द हों। मेरे पास यही एक साड़ी है, जो मैंने पहन रखी है। इसे मैं कैसे धो सकती हूँ? महात्माजी से कहिये कि वे कपड़े दिलवायें। उस दशा में मैं रोज़ नहाने और कपड़े बदलने को तैयार रहूँगी।" हिन्दुस्तान में ऐसे झोंपड़े अपवादरूप नहीं हैं। असंख्य झोंपड़ों में साज-सामान, सन्दूक-पेटी, कपड़े-लत्ते, कुछ नहीं होते और असंख्य लोग केवल पहने हुए कपड़ों पर ही अपना निर्वाह करते हैं।

एक दूसरा अनुभव भी बताने-जैसा है। चम्पारन में बाँस या घास की कमी नहीं रहती। लोगों ने भीतिहरवा में पाठशाला का जो छप्पर बनाया था, वह बाँस और घास का था। किसी ने उसे रात को जला दिया। सन्देह तो आस-पास के निलहों के आदमियों पर हुआ था। फिर से बाँस और घास का मकान बनाना मुनासिब मालूम नहीं हुआ। यह पाठशाला श्री सोमण और कस्तूरबाई के ज़िम्मे थी। श्री सोमण ने ईंटों का पक्का मकान बनाने का निश्चय किया और उनके स्वपरिश्रम की छूत दूसरों को लगी, जिससे देखते-देखते ईंटों का मकान बनकर तैयार हो गया और फिर से मकान के जल जाने का डर न रहा।

इस प्रकार पाठशाला, सफाई और औषधोपचार के कामों से लोगों में स्वयंसेवकों के प्रति विश्वास और आदर की वृद्धि हुई और उन पर अच्छा प्रभाव पड़ा।

पर मुझे खेद के साथ कहना पड़ता है कि इस काम को स्थायी रूप देने का मेरा मनोरथ सफल न हो सका। जो स्वयंसेवक मिले थे, वे एक निश्चित अवधि के लिए ही मिले थे। दूसरे नये स्वयंसेवकों के मिलने में कठिनाई हुई और बिहार से इस काम के लिए योग्य स्थायी सेवक न मिल सके। मुझे भी चम्पारन का काम पूरा होते-होते एक दूसरा काम, जो तैयार हो रहा था, घसीट ले गया। इतने पर भी छह महीनों तक हुए इस काम ने इतनी जड़ पकड़ ली कि एक नहीं तो दूसरे स्वरूप में उसका प्रभाव आज तक बना हुआ है।

नील का दाग धुल गया

जैसे-जैसे मेरे पड़ाव पर लोगों की आमद-रफ्त बढ़ती गयी, वैसे-वैसे निलहों का क्रोध बढ़ता गया, उनकी ओर से मेरी जाँच को बन्द कराने के प्रयत्न बढ़ते गये।

एक दिन मुझे बिहार सरकार का पत्र मिला। उसका आशय इस प्रकार था,

"आपकी जाँच काफी लम्बे समय तक चल चुकी है और अब आपको उसे बन्द करके बिहार छोड़ देना चाहिए।" पत्र विनयपूर्वक लिखा गया था, पर उसका अर्थ स्पष्ट था। मैंने लिखा कि जाँच का काम तो अभी देर तक चलेगा और समाप्त होने पर भी जब तक लोगों के दु:ख दूर न होंगे, मेरा इरादा बिहार छोड़कर जाने का नहीं है।

मेरी जाँच बन्द कराने के लिए सरकार के पास एक समुचित उपाय यही था कि वह लोगों की शिकायत को सच मानकर उन्हें दूर करे अथवा शिकायतों को ध्यान में लेकर अपनी जाँच-समिति नियुक्त करे। गवर्नर सर एडवर्ड गेट ने मुझे बुलाया और कहा कि वे स्वयं एक जाँच-समिति नियुक्त करना चाहते हैं। उन्होंने मुझे उसका सदस्य बनने के लिए आमन्त्रित किया। समिति के दूसरे नाम देखने के बाद मैंने साथियों से सलाह की और इस शर्त के साथ सदस्य बनना कबूल किया कि मुझे अपने साथियों से सलाह-मशविरा करने की स्वतन्त्रता रहनी चाहिए और सरकार को यह समझ लेना चाहिए कि सदस्य बन जाने से मैं किसानों की हिमायत करना छोड़ न दूँगा तथा जाँच पूरी-पूरी हो जाने पर यदि मुझे सन्तोष न हुआ, तो किसानों का मार्गदर्शन करने की अपनी स्वतन्त्रता को मैं हाथ से जाने न दूँगा।

सर एडवर्ड गेट ने इन शर्तों को उचित मानकर उन्हें मंज़ूर किया। स्व० सर फ्रेंक स्थायी समिति के अध्यक्ष नियुक्त किये गये थे। जाँच-समिति ने किसानों की सारी शिकायतों को सही ठहराया और निलहे गोरों ने उनसे जो रकम अनुचित रीति से वसूल की थी, उसका कुछ अंश लौटाने और 'तीन कठिया' के कानून को रद्द करने की सिफारिश की।

इस रिपोर्ट के सांगोपांग तैयार होने और अन्त में कानून के पास होने में सर एडवर्ड गेट का बहुत बड़ा हाथ था। यदि वे दृढ़ न रहे होते अथवा उन्होंने अपनी कुशलता का पूरा उपयोग न किया होता, तो जो सर्वसम्मत रिपोर्ट तैयार हो सकी, वह न हो पाती और आखिर में जो कानून पास हुआ, वह भी न हो पाता। निलहों की सत्ता बहुत प्रबल थी। रिपोर्ट के पेश हो जाने पर भी उनमें से कुछ ने बिल का कड़ा विरोध किया था। पर सर एडवर्ड गेट अन्त तक दृढ़ रहे और उन्होंने समिति की सिफारिशों पर पूरा-पूरा अमल किया।

इस प्रकार सौ साल से चले आने वाले 'तीन कठिया' के कानून के रद्द होते ही निलहे गोरों के राज्य का अस्त हुआ, जनता का जो समुदाय बराबर दबा ही रहता था, उसे अपनी शक्ति का कुछ भान हुआ और लोगों का यह वहम दूर हुआ कि नील का दाग धोने पर धुल ही नहीं सकता।

भाग 12

अहमदाबाद का मज़दूर

मज़दूरों के सम्पर्क में

दूसरी ओर से श्रीमती अनसूयाबाई का पत्र उनके मज़दूर संघ के बारे में आया था। मज़दूरों की तनख्वाहें कम थीं। तनख्वाह बढ़ाने की उनकी माँग बहुत पुरानी थी। इस मामले में उनकी रहनुमाई करने का उत्साह मुझमें था। लेकिन मुझमें यह क्षमता न थी कि इस अपेक्षाकृत छोटे प्रतीत होने वाले काम को भी मैं दूर बैठकर कर सकूँ। इसलिए मौका मिलते ही मैं पहले अहमदाबाद पहुँचा।

मेरी स्थिति बहुत ही नाज़ुक थी। मज़दूरों का मामला मुझे मज़बूत मालूम हुआ। श्रीमती अनसूयाबाई को अपने सगे भाई के साथ लड़ना था। मज़दूरों और मालिकों के बीच के इस दारुण-युद्ध में श्री अंबालाल साराभाई ने मुख्य रूप से हिस्सा लिया था। मिल-मालिकों के साथ मेरा मीठा सम्बन्ध था। उनके विरुद्ध लड़ने का काम विकट था। उनसे चर्चायें करके मैंने प्रार्थना की कि वे मज़दूरों की माँग के सम्बन्ध में पंच नियुक्त करें। किन्तु मालिकों ने अपने और मज़दूरों के बीच पंच के हस्तक्षेप की आवश्यकता को स्वीकार न किया।

मैंने मज़दूरों को हड़ताल करने की सलाह दी। यह सलाह देने से पहले मैं मज़दूरों के और मज़दूर-नेताओं के सम्पर्क में अच्छी तरह आया। उन्हें हड़ताल की शर्तें समझायीं:

1. किसी भी दशा में शान्ति भंग न होने दी जाये।
2. जो मज़दूर काम पर जाना चाहे, उसके साथ ज़ोर-ज़बरदस्ती न की जाये।
3. मज़दूर भिक्षा का अन्न न खायें।
4. हड़ताल कितनी ही लम्बी क्यों न चले, वे दृढ़ रहें और अपने पास पैसा न रहे तो दूसरी मज़दूरी करके खाने योग्य कमा लें।

मज़दूर नेताओं ने ये शर्तें समझ लीं और स्वीकार कर लीं। मज़दूरों की आम सभा हुई और उसमें उन्होंने निश्चय किया कि जब तक उनकी माँग मंज़ूर की जाये अथवा उसकी योग्यता-अयोग्यता की जाँच के लिए पंच की नियुक्ति न हो, तब तक वे काम पर नहीं जायेंगे।

यह हड़ताल इक्कीस दिन तक चली। इस बीच समय-समय पर मैं मालिकों से बातचीत किया करता था और उन्हें इन्साफ करने के लिए मनाता था। मुझे यह जबाव मिला, ''हमारी भी तो टेक है न? हममें और हमारे मज़दूरों में बाप-बेटे का

सम्बन्ध है। उसके बीच में कोई दखल दे, तो हम कैसे सहन करें? हमारे बीच पंच कैसे?'' यह प्रत्युत्तर मुझे मिलता था।

उपवास

मज़दूरों ने शुरू के दो हफ्तों में खूब हिम्मत दिखायी; शान्ति भी खूब रखी; प्रतिदिन की सभाओं में वे बड़ी संख्या में हाज़िर भी रहे। प्रतिज्ञा का स्मरण मैं रोज़ उन्हें कराता ही था। वे रोज़ पुकार-पुकार कर कहते थे, ''हम मर मिटेंगे, पर अपनी टेक कभी न छोड़ेंगे।''

लेकिन आखिर वे कमज़ोर पड़ते जान पड़े। और जिस प्रकार कमज़ोर आदमी हिंसक होता है, उसी प्रकार उनमें जो कमज़ोर पड़े, वे मिल में जाने वालों का द्वेष करने लगे और मुझे डर मालूम हुआ कि कहीं वे किसी के साथ ज़बरदस्ती न कर बैठें। रोज़ की सभा में लोगों की उपस्थिति कम पड़ने लगी। आने वालों के चेहरों पर उदासीनता छायी रहती थी। मुझे खबर मिली कि मज़दूर डगमगाने लगे हैं। मैं परेशान हुआ। यह सोचने लगा कि ऐसे समय में मेरा धर्म क्या हो सकता है!

सवेरे का समय था। मैं सभा में बैठा था। मेरी समझ में नहीं आ रहा था कि मुझे क्या करना चाहिए। किन्तु सभा में ही मेरे मुँह से निकल गया, ''यदि मज़दूर फिर से दृढ़ न बनें और फैसला होने तक हड़ताल को चला न सकें, तो मैं तब तक के लिए उपवास करूँगा।''

जो मज़दूर हाज़िर थे, वे सब हक्के-बक्के रह गये। अनसूया बहन की आँखों से आँसू की धारा बह चली। मज़दूर बोल उठे, ''आप नहीं, हम उपवास करेंगे। आपको उपवास नहीं करना चाहिए। हमें माफ कीजिये। हम अपनी प्रतिज्ञा का पालन करेंगे।''

मैंने कहा, ''आपको उपवास करने की ज़रूरत नहीं है। आपके लिए तो यही बस ठीक है कि आप अपनी प्रतिज्ञा का पालन करें। हमारे पास पैसा नहीं है। हम मज़दूरों को भीख का अन्न खिलाकर हड़ताल चलाना नहीं चाहते। आप कुछ मज़दूरी कीजिये और उससे अपनी रोज़ की रोटी के लायक पैसा कमा लीजिये। ऐसा करेंगे तो फिर हड़ताल कितने ही दिन क्यों न चले, आप निश्चिन्त रह सकेंगे। मेरा उपवास तो अब फैसले से पहले न छूटेगा।''

वल्लभभाई पटेल मज़दूरों के लिए म्युनिसिपैलिटी में काम खोज रहे थे, पर वहाँ कुछ काम मिलने की सम्भावना न थी। आश्रम की बुनाईशाला में रेत का भराव करने की ज़रूरत थी। मगनलाल गांधी ने सुझाया कि इस काम में बहुत से मज़दूर लगाये जा सकते हैं। मज़दूर इसे करने को तैयार हो गये। अनसूया बहन ने पहली टोकरी उठायी और नदी में से रेत की टोकरियाँ ढोने वाले मज़दूरों की एक कतार खड़ी हो गयी। मज़दूरों में नया बल आ गया। उन्हें पैसे चुकाने वाले चुकाते-

चुकाते थक गये।

इस उपवास में एक दोष था। मैं ऊपर लिख चुका हूँ कि मालिकों के साथ मेरा मीठा सम्बन्ध था। इसलिए उन पर उपवास का प्रभाव पड़े बिना रह ही नहीं सकता था। मैं तो जानता था कि सत्याग्रही के नाते मैं उनके विरुद्ध उपवास कर ही नहीं सकता; उन पर कोई प्रभाव पड़े, तो वह मज़दूरों की हड़ताल का ही पड़ना चाहिए। मेरा प्रायश्चित्त उनके दोषों के लिए नहीं था; मज़दूरों के दोष के निमित्त से था। मैं मज़दूरों का प्रतिनिधि था। इसलिए उनके दोष से मैं दोषित होता था। मालिकों से तो मैं केवल विनती ही कर सकता था। उनके विरुद्ध उपवास करना उन पर ज़्यादती करने के समान था। फिर भी मैं जानता था कि मेरे उपवास का प्रभाव उन पर पड़े बिना रहेगा ही नहीं। प्रभाव पड़ा भी। किन्तु मैं अपने उपवास को रोक नहीं सकता था। मैंने स्पष्ट देखा कि ऐसा दोषमय उपवास करना मेरा धर्म है।

मैंने मालिकों को समझाया, "मेरे उपवास के कारण आपको अपना मार्ग छोड़ने की तनिक भी ज़रूरत नहीं।" उन्होंने मुझे कड़वे-मीठे ताने भी दिये। उन्हें वैसा करने का अधिकार था।

सेठ अंबालाल इस हड़ताल के विरुद्ध दृढ़ रहने वालों में अग्रगण्य थे। उनकी दृढ़ता आश्चर्यजनक थी। उनकी निष्कपटता भी मुझे उतनी ही पसन्द आयी। उनसे लड़ना मुझे प्रिय लगा। उनके जैसे अगुवा जिस विरोधी दल में थे, उस पर उपवास का पड़ने वाला अप्रत्यक्ष प्रभाव मुझे अखरा। फिर, उनकी धर्मपत्नी श्रीमती सरला देवी का मेरे प्रति सगी बहन जैसा प्रेम था। मेरे उपवासों से उन्हें जो घबराहट होती थी, वह मुझसे देखी नहीं जाती थी।

मेरे पहले उपवास में अनसूया बहन, दूसरे कई मित्र और मज़दूर साथी बने। उन्हें अधिक उपवास न करने के लिए मैं मुश्किल से समझा सका। इस प्रकार चारों ओर प्रेममय वातावरण बन गया। मालिक केवल दयावश होकर समझौते का रास्ता खोजने लगे। अनसूया बहन के यहाँ उनकी चर्चायें चलने लगीं। श्री आनन्दशंकर ध्रुव भी बीच में पड़े। आखिर वे पंच नियुक्त हुए और हड़ताल टूटी। मुझे केवल तीन उपवास करने पड़े। मालिकों ने मज़दूरों को मिठाई बाँटी। इक्कीसवें दिन समझौता हुआ।

भाग 13

खेड़ा सत्याग्रह

खेड़ा में सत्याग्रह

मज़दूरों की हड़ताल समाप्त होने के बाद दम लेने को भी समय न मिला और मुझे खेड़ा ज़िले के सत्याग्रह का काम हाथ में लेना पड़ा। खेड़ा ज़िले में अकाल की-सी स्थिति होने के कारण खेड़ा के पाटीदार लोग लगान माफ कराने की कोशिश कर रहे थे।

लोगों की माँग इतनी साफ और इतनी साधारण थी कि उसके लिए लड़ाई लड़ने की ज़रूरत ही न होनी चाहिए थी। कानून यह था कि अगर फसल चार ही आना या उससे कम आवे, तो उस साल का लगान माफ किया जाना चाहिए। पर सरकारी अधिकारियों का अन्दाज़ चार आने से अधिक था। लोगों द्वारा यह सिद्ध किया जा रहा था कि उपज चार आने से कम कूती जानी चाहिए, पर सरकार क्यों मानने लगी? लोगों की ओर से पंच बैठाने की माँग की गयी। सरकार को वह असह्य मालूम हुई। जितना अनुनय-विनय हो सकता था, सो सब कर चुकने के बाद और साथियों से परामर्श करने के पश्चात् मैंने सत्याग्रह करने की सलाह दी।

साथियों में खेड़ा ज़िले के सेवकों के अतिरिक्त मुख्यत: श्री वल्लभभाई पटेल, श्री शंकरलाल बैंकर, श्रीमती अनसूया बहन, श्री इन्दुलाल कन्हैयालाल याज्ञिक, श्री महादेव देसाई आदि थे। श्री वल्लभभाई अपनी बड़ी और बढ़ती हुई वकालत की बलि देकर आये थे। ऐसा कहा जा सकता है कि इसके बाद वे निश्चिन्त होकर वकालत कर ही न सके।

हम नड़ियाद के अनाथाश्रम में ठहरे थे। अनाथाश्रम में ठहरने को कोइ विशेषता न समझे। नड़ियाद में उसके जैसा कोई स्वतन्त्र मकान नहीं था, जिसमें इतने सारे लोग समा सकें। अन्त में नीचे लिखी प्रतिज्ञा पर हस्ताक्षर लिये गये :

"हम जानते हैं कि हमारे गाँवों की फसल चार आने से कम हुई है। इस कारण हमने सरकार से प्रार्थना की कि वह लगान-वसूली का काम अगले वर्ष तक मुलतवी रखे। फिर भी वह मुलतवी नहीं किया गया। अतएव हम नीचे सही करने वाले लोग यह प्रतिज्ञा करते हैं कि हम इस साल का पूरा या बाकी रहा सरकारी लगान नहीं देंगे। पर उसे वसूल करने के लिए सरकार जो भी कानूनी कार्रवाई करना चाहेगी, हम करने देंगे और उससे होने वाले दु:ख सहन करेंगे। यदि हमारी ज़मीन खालसा की गयी, तो हम उसे खालसा भी होने देंगे। पर अपने हाथों पैसे

जमा करके हम झूठे नहीं ठहरेंगे और स्वाभिमान नहीं खोयेंगे। अगर सरकार बाकी बची हुई सब जगह में दूसरी किस्त की वूसली मुलतवी रखे, तो हममें से जो लोग जमा करा सकते हैं वे पूरा अथवा बाकी रहा हुआ लगान जमा कराने को तैयार हैं। हममें से जो जमा करा सकते हैं, उनके लगान जमा न कराने का कारण यह है कि अगर समर्थ लोग जमा करा दें, तो असमर्थ लोग घबराहट में पड़कर अपनी कोई भी चीज़ बेचकर या कर्ज़ करके लगान जमा करा देंगे और दुःख उठायेंगे। हमारी यह मान्यता है कि ऐसी स्थिति में गरीबों की रक्षा करना समर्थ लोगों का कर्तव्य है।''

इस लड़ाई के लिए मैं अधिक प्रकरण नहीं दे सकता। अतएव अनेक मीठे स्मरण छोड़ देने पड़ेंगे। जो इस महत्त्वपूर्ण लड़ाई का गहरा अध्ययन करना चाहें, उन्हें श्री शंकरलाल पारीख द्वारा लिखित खेड़ा की लड़ाई का विस्तृत प्रामाणिक इतिहास पढ़ जाने की मैं सिफारिश करता हूँ।

'प्याज चोर'

गुजरातियों को इस नयी वस्तु में विशेष रस आने लगा था। वे पैसा लुटाने को तैयार थे। सत्याग्रह की लड़ाई पैसे से नहीं चल सकती, उसे पैसे की कम-से-कम आवश्यकता रहती है, यह बात जल्दी उनकी समझ में नहीं आ रही थी। मना करने पर भी बम्बई के सेठों ने आवश्यकता से अधिक पैसे दिये थे और लड़ाई के अन्त में उसमें से कुछ रकम बच गयी थी।

सरकारी अधिकारी जनता के मालिक नहीं, बल्कि नौकर हैं; जनता के पैसे से उन्हें तनख्वाह मिलती है—यह सब समझाकर उनका भय दूर करने का काम मुख्य था। और निर्भय होने पर भी विनय के पालन का उपाय बताना और उसे गले उतारना लगभग असम्भव-सा प्रतीत होता था। अधिकारियों का डर छोड़ने के बाद उनके द्वारा किये गये अपमानों का बदला चुकाने की इच्छा किसे नहीं होती! फिर भी यदि सत्याग्रही अविनयी बनता है, तो वह दूध में ज़हर मिलने के समान है। पाटीदार विनय का पाठ पूरी तरह पढ़ नहीं पाये, इसे मैं बाद में अधिक समझ सका। अनुभव से मैं इस परिणाम पर पहुँचा हूँ कि विनय सत्याग्रह का कठिन-से-कठिन अंश है। यहाँ विनय का अर्थ केवल सम्मानपूर्वक वचन कहना ही नहीं है। विनय से तात्पर्य है, विरोधी के प्रति भी मन में आदर, सरल भाव, उसके हित की इच्छा और तद्नुसार व्यवहार।

शुरू के दिनों में लोगों में खूब हिम्मत दिखाई देती थी। शुरू-शुरू में सरकारी कार्रवाई भी कुछ ढीली ही थी। लेकिन जैसे-जैसे लोगों की दृढ़ता बढ़ती मालूम हुई, वैसे-वैसे सरकार को भी अधिक उग्र कार्रवाई करने की इच्छा हुई। कुर्की करने वालों ने लोगों के पशु बेच डाले, घर में से जो चाहा, सो माल उठाकर ले गये। चौथाई जुर्माने की नोटिसें निकलीं। किसी-किसी गाँव की सारी फसल ज़ब्त कर

ली गयी। लोगों में घबराहट फैली। कुछ ने लगान जमा करा दिया। दूसरे मन-ही-मन यह चाहने लगे कि सरकारी अधिकारी उनका सामान ज़ब्त करके लगान वसूल कर लें तो भर पायें। कुछ लोग मर-मिटने वाले भी निकले।

इसी बीच शंकरलाल पारीख की ज़मीन का लगान उनकी ज़मीन पर रहने वाले आदमी ने जमा करा दिया। इससे हाहाकार मच गया। शंकरलाल पारीख ने वह ज़मीन जनता को देकर अपने आदमी से हुई भूल का प्रायश्चित किया। इससे उनकी प्रतिष्ठा की रक्षा हुई और दूसरों के लिए एक उदाहरण प्रस्तुत हो गया।

भयभीत लोगों को प्रोत्साहित करने के लिए मोहनलाल पंड्या के नेतृत्व में मैंने एक ऐसे खेत में खड़ी प्याज की तैयार फसल को उतार लेने की सलाह दी, जो अनुचित रीति से ज़ब्त किया गया था। मेरी दृष्टि में इससे कानून का भंग नहीं होता था। लेकिन अगर कानून टूटता हो, तो मैंने यह सुझाया कि मामूली-से लगान के लिए समूची तैयार फसल को ज़ब्त करना कानूनन ठीक होते हुए भी नीति के विरुद्ध है और स्पष्ट लूट है, अतएव इस प्रकार की ज़ब्ती का अनादर करना हमारा धर्म है। लोगों को स्पष्ट रूप से समझा दिया था कि ऐसा करने में जेल जाने और जुर्माना होने का खतरा है। मोहनलाल पंड्या तो यही चाहते थे। सत्याग्रह के अनुरूप किसी रीति से किसी सत्याग्रही के जेल गये बिना खेड़ा की लड़ाई समाप्त हो जाये, यह चीज़ उन्हें अच्छी नहीं लग रही थी। उन्होंने इस खेत का प्याज खुदवाने का बीड़ा उठाया। सात-आठ आदमियों ने उनका साथ दिया।

सरकार उन्हें पकड़े बिना भला कैसे रहती? मोहनलाल और उनके साथी पकड़े गये। इससे लोगों का उत्साह बढ़ गया। जहाँ लोग जेल इत्यादि के विषय में निर्भय बन जाते हैं, वहाँ राजदण्ड लोगों को दबाने के बदले उनमें शूरवीरता उत्पन्न करता है। अदालत में लोगों के दल-के-दल मुकद्दमा देखने को उमड़ पड़े। मोहनलाल पंड्या और उनके साथियों को थोड़े-थोड़े दिनों की कैद की सज़ा दी गयी। मैं मानता हूँ कि अदालत का फैसला गलत था। प्याज उखाड़ने का काम चोरी की कानूनी व्याख्या की सीमा में नहीं आता था। पर अपील करने की किसी की वृत्ति ही न थी।

जेल जाने वालों को पहुँचाने के लिए एक जुलूस उनके साथ हो गया, और उस दिन से मोहनलाल पंड्या को लोगों की ओर से 'प्याज चोर' की सम्मानित पदवी प्राप्त हुई, जिसका उपभोग वे आज तक कर रहे हैं।

खेड़ा की लड़ाई का अन्त

यह तो साफ था कि लोग थक चुके थे। जो दृढ़ रहे थे उन्हें पूरी तरह बरबाद होने देने में संकोच हो रहा था। मेरा झुकाव इस ओर था कि सत्याग्रही के अनुरूप इसकी समाप्ति का कोई शोभास्पद मार्ग निकल आये, तो उसे अपनाना ठीक होगा।

ऐसा एक अनसोचा उपाय सामने आ गया। नड़ियाद तालुका के तहसीलदार ने सन्देशा भेजा कि अगर अच्छी स्थिति वाले पाटीदार लगान अदा कर दें, तो गरीबों का लगान मुलतवी रहेगा। इस विषय में मैंने लिखित स्वीकृति माँगी और वह मिल गयी। तहसीलदार अपनी तहसील की ही ज़िम्मेदारी ले सकता था। सारे ज़िले की ज़िम्मेदारी तो कलेक्टर ही ले सकता था। इसलिए मैंने कलेक्टर से पूछा। उनका जवाब मिला कि तहसीलदार ने जो कहा है उसके अनुसार तो हुक्म निकल ही चुका है। मुझे इसका पता नहीं था। लेकिन यदि ऐसा हुक्म निकल चुका हो, तो माना जा सकता है कि लोगों की प्रतिज्ञा का पालन हुआ। प्रतिज्ञा में यही वस्तु थी, अतएव इस हुक्म से हमने सन्तोष माना।

फिर भी इस प्रकार की समाप्ति से हम प्रसन्न न हो सके। सत्याग्रह की लड़ाई के पीछे जो एक मिठास होती है, वह इसमें नहीं थी। कलेक्टर मानता था कि उसने कुछ किया ही नहीं। गरीब लोगों को छोड़ने की बात कही जाती थी, किन्तु वे शायद ही छूट पाये। जनता यह कहने का अधिकार आज़मा न सकी कि गरीब में किसकी गिनती की जाये। मुझे इस बात का दुःख था कि जनता में इस प्रकार की शक्ति रह नहीं गयी थी। अतएव लड़ाई की समाप्ति का उत्सव तो मनाया गया, पर इस दृष्टि से मुझे वह निस्तेज लगा।

फिर भी इस लड़ाई के जो अदृश्य परिणाम आये उसका फायदा आज भी देखा जा सकता है। और उठाया भी जा रहा है खेड़ा सत्याग्रह से।

इससे गुजरात के लोक-जीवन में नया तेज आया, नया उत्साह उत्पन्न हुआ। पाटीदारों को अपनी शक्ति का जो ज्ञान हुआ, उसे वे कभी न भूले। सब कोई समझ गये कि जनता की मुक्ति का आधार स्वयं जनता पर, उसकी त्यागशक्ति पर है। सत्याग्रह ने खेड़ा के द्वारा गुजरात में अपनी जड़ जमा ली।

भाग 14

रंगरूटों की भर्ती

रंगरूटों की भर्ती

जिन दिनों खेड़ा आन्दोलन चल रहा था, उन दिनों यूंरोप का महायुद्ध भी जारी ही था। वाइसरॉय ने उसके सिलसिले में नेताओं को दिल्ली बुलाया था। मुझसे आग्रह किया गया कि मैं भी उसमें हाज़िर होऊँ।

मैंने निमन्त्रण स्वीकार किया और मैं दिल्ली गया। किन्तु इस सभा में सम्मिलित होते समय मेरे मन में एक संकोच था। मुख्य कारण तो यह था कि इस सभा में अली भाइयों को, लोकमान्य को और दूसरे नेताओं को निमन्त्रित नहीं किया गया था।

इस बात को तो मैं दक्षिण अफ्रीका में ही समझ चुका था कि हिन्दू-मुसलमानों के बीच सच्चा मित्रभाव नहीं है। मैं वहाँ ऐसे एक भी उपाय को हाथ से जाने न देता था, जिससे दोनों के बीच की अनबन दूर हो। झूठी खुशामद करके अथवा स्वाभिमान खोकर उनको अथवा किसी और को रिझाना मेरे स्वभाव में न था। लेकिन वहीं से मेरे दिल में यह बात जमी हुई थी कि मेरी अहिंसा की कसौटी और उसका विशाल प्रयोग इस एकता के सिलसिले में ही होगा।

इस प्रकार के विचार लेकर मैं बम्बई बन्दर पर उतरा था। इसलिए मुझे इन दोनों अली भाइयों से मिलकर प्रसन्नता हुई। हमारा स्नेह बढ़ता गया। हमारी जान-पहचान होने के बाद तुरन्त ही अली भाइयों को सरकार ने जीते-जी दफना दिया। मौलाना मुहम्मद अली को जब इजाज़त मिलती, तब वे बैतूल या छिंदवाड़ा जेल से मुझे लम्बे-लम्बे पत्र लिखा करते थे। मैंने उनसे मिलने की इजाज़त सरकार से माँगी थी, पर वह मिल न सकी।

चूँकि मैंने खिलाफत के मामलों में मुसलमानों का साथ दिया था, इसलिए इस सम्बन्ध में मित्रों और आलोचकों ने मेरी काफी आलोचना की है। उन सब पर विचार करने के बाद जो राय मैंने बनायी और जो मदद दी या दिलायी, उसके बारे में मुझे कोई पश्चात्ताप नहीं है, न उसमें मुझे कोई सुधार ही करना है। मुझे लगता है कि आज भी ऐसा सवाल उठे, तो मेरा व्यवहार पहले की तरह ही होगा।

इस प्रकार के विचार लेकर मैं दिल्ली गया। मुसलमानों के दुःख की चर्चा मुझे वाइसरॉय से करनी थी। खिलाफत के प्रश्न ने अभी पूर्ण स्वरूप धारण नहीं किया था।

दिल्ली पहुँचते ही दीनबन्धु एण्डूज ने एक नैतिक प्रश्न खड़ा कर दिया। उन्हीं दिनों इटली और इंग्लैण्ड के बीच गुप्त-सन्धि होने की जो चर्चा अंग्रेज़ी अखबारों में छिड़ी थी, उसकी बात कहकर दीनबुन्ध ने मुझसे कहा, "यदि इंग्लैण्ड ने इस प्रकार की गुप्त-सन्धि किसी राष्ट्र के साथ की हो, तो आप इस सभा में सहायक की तरह कैसे भाग ले सकते हैं?" मैं इन सन्धियों के विषय में कुछ जानता नहीं था। दीनबन्धु का शब्द मेरे लिए पर्याप्त था। इस कारण को निमित्त बनाकर मैंने लार्ड चेम्सफोर्ड को पत्र लिखा कि सभा में सम्मिलित होते हुए मुझे संकोच हो रहा है। उन्होंने मुझे चर्चा के लिए बुलाया। उनके साथ और बाद में मि० मेफी के साथ मेरी लम्बी चर्चा हुई। उसका परिणाम यह हुआ कि मैंने सभा में सम्मिलित होना स्वीकार किया। थोड़े शब्दों में वाइसरॉय की दलील यह थी, "आप यह तो नहीं मानते कि ब्रिटिश मन्त्रीमण्डल जो कुछ करे, उसकी जानकारी वाइसरॉय को होनी ही चाहिए? मैं यह दावा नहीं करता कि ब्रिटिश सरकार कभी भूल करती ही नहीं। कोई भी ऐसा दावा नहीं करता। किन्तु यदि आप यह स्वीकार करते हैं कि उसका अस्तित्व संसार के लिए कल्याणकारी है, यदि आप यह मानते हैं कि उसके कार्यों से इस देश को कुल मिलाकर कुछ लाभ हुआ है, तो क्या आप यह स्वीकार नहीं करेंगे कि उसकी विपत्ति के समय उसे मदद पहुँचाना प्रत्येक नागरिक का धर्म है? गुप्त-सन्धि के विषय में आपने समाचारपत्रों में जो देखा है, वही मैंने भी देखा है। इससे अधिक मैं कुछ नहीं जानता, यह मैं आपसे विश्वासपूर्वक कह सकता हूँ। अखबारों में कैसी-कैसी गप्पें आती हैं, यह तो आप जानते ही हैं। क्या अखबारों में आयी हुई एक निन्दासूचक बात पर आप ऐसे समय राज्य का त्याग कर सकते हैं? लड़ाई समाप्त होने पर आपको जितने नैतिक प्रश्न उठाने हों, उतने उठा सकते हैं और जितनी तकरार करनी हो, उतनी कर सकते हैं।"

यह दलील नयी नहीं थी। लेकिन जिस अवसर पर और जिस रीति से यह पेश की गयी, उससे मुझे नयी-जैसी लगी और मैंने सभा में जाना स्वीकार कर लिया। खिलाफत के बारे में यह निश्चय हुआ कि मैं वाइसरॉय को पत्र लिखकर भेजूँ।

मैं सभा में हाज़िर हुआ। वाइसरॉय की तीव्र इच्छा थी कि मैं सिपाहियों की मदद वाले प्रस्ताव का समर्थन करूँ। मैंने हिन्दी-हिन्दुस्तानी में बोलने की इजाज़त चाही। वाइसरॉय ने इजाज़त तो दी, किन्तु साथ ही अंग्रेज़ी में भी बोलने को कहा। मुझे भाषण तो करना ही नहीं था। मैंने वहाँ जो कहा, सो इतना ही था, "मुझे अपनी ज़िम्मेदारी का पूरा खयाल है और उस ज़िम्मेदारी को समझते हुए मैं इस प्रस्ताव का समर्थन करता हूँ।"

मेरी दूसरी ज़िम्मेदारी रंगरूट भर्ती करने की थी। इसकी याचना मैं खेड़ा में न करता तो और कहाँ करता? पहले अपने साथियों को न न्योतता तो किसे न्योतता?

खेड़ा पहुँचते ही वल्लभभाई इत्यादि के साथ मैंने सलाह की। उनमें से कुछ के गले बात तुरन्त उतरी नहीं। जिनके गले उतरी, उन्होंने कार्य की सफलता के विषय में शंका प्रकट की। जिन लोगों में से रंगरूट की भर्ती करनी थी, उन लोगों में सरकार के प्रति किसी प्रकार का अनुराग न था। सरकारी अफसरों का उन्हें जो कड़वा अनुभव हुआ था, वह भी ताज़ा ही था।

फिर भी सब इस पक्ष में हो गये कि काम शुरू कर दिया जाये। काम शुरू करते ही मेरी आँख खुली। मेरा आशावाद भी कुछ शिथिल पड़ा। खेड़ा की लड़ाई में लोग अपनी बैलगाड़ी मुफ्त में देते थे। जहाँ एक स्वयंसेवक की हाज़िरी की ज़रूरत थी, वहाँ तीन-चार मिल जाते थे। अब पैसे देने पर भी गाड़ी दुर्लभ हो गयी। लेकिन हम यों निराश होने वाले नहीं थे। गाड़ी के बदले हमने पैदल यात्रा करने का निश्चय किया। रोज़ बीस मील की मंज़िल तय करनी थी। जहाँ गाड़ी न मिलती, वहाँ खाना तो मिलता ही कैसे? माँगना भी उचित नहीं जान पड़ा। अतएव यह निश्चय किया कि प्रत्येक स्वयंसेवक अपने खाने के लिए पर्याप्त सामग्री अपनी थैली में लेकर निकले। गरमी के दिन थे, इसलिए साथ में ओढ़ने के लिए तो कुछ रखने की आवश्यकता न थी।

हम जिस गाँव में जाते, उस गाँव में सभा करते। लोग आते, लेकिन भर्ती के लिए नाम तो मुश्किल से एक या दो ही मिलते। 'आप अहिंसावादी होकर हमें हथियार उठाने के लिए क्यों कहते हैं?' 'सरकार ने हिन्दुस्तान का क्या भला किया है कि आप हमें उसकी मदद करने को कहते हैं?' ऐसे अनेक प्रकार के प्रश्न मेरे सामने रखे जाते थे।

यह सब होते हुए भी धीरे-धीरे हमारे सतत कार्य का प्रभाव लोगों पर पड़ने लगा था। नाम भी काफी संख्या में दर्ज होने लगे थे और हम यह मानने लगे थे कि अगर पहली टुकड़ी निकल पड़े, तो दूसरों के लिए रास्ता खुल जायेगा। यदि रंगरूट निकलें, तो उन्हें कहाँ रखा जाये, इत्यादि प्रश्नों की चर्चा मैं कमिश्नर से करने लगा था। कमिश्नर दिल्ली के ढंग पर जगह-जगह सभायें करने लगे थे। गुजरात में भी वैसी सभा हुई। उसमें मुझे और साथियों को निमन्त्रित किया गया था। मैं उसमें भी सम्मिलित हुआ था। पर यदि दिल्ली की सभा में मेरे लिए कम स्थान था, तो यहाँ की सभा में तो उससे भी कम स्थान मुझे अपने लिए मालूम हुआ। 'जी-हज़ूरी' के वातावरण में मुझे चैन न पड़ता था। यहाँ मैं कुछ अधिक बोला था। मेरी बात में खुशामद-जैसी तो कोई चीज़ थी ही नहीं, बल्कि दो कड़वे शब्द भी थे।

रंगरूटों की भर्ती के सिलसिले में मैंने जो पत्रिका प्रकाशित की थी, उसमें भर्ती के लिए लोगों को निमन्त्रित करते हुए जो एक दलील दी गयी थी, वह कमिश्नर को बुरी लगी थी। उसका आशय यह था, "ब्रिटिश राज्य के अनेकानेक

दुष्कृत्यों में समूची प्रजा को निःशस्त्र बनाने वाले कानून का इतिहास उसका काले से काला काम मानेगा। इस कानून को रद्द कराना हो और शस्त्रों का उपयोग सीखना हो, तो उसके लिए यह एक सुवर्ण अवसर है। संकट के समय में मध्यम श्रेणी के लोग स्वेच्छा से शासन की सहायता करेंगे, तो अविश्वास दूर होगा और जो व्यक्ति शस्त्र धारण करना चाहेगा, वह आसानी से वैसा कर सकेगा।'' इसको लक्ष्य में रखकर कमिश्नर को कहना पड़ा था कि उनके और मेरे बीच मतभेद के रहते हुए भी सभा में मेरी उपस्थिति उन्हें प्रिय थी। मुझे भी अपने मत का समर्थन यथासम्भव मीठे शब्दों में करना पड़ा था।

मृत्यु शय्या पर

रंगरूटों की भर्ती के काम में मेरा शरीर काफी क्षीण हो गया। उन दिनों मेरे आहार में मुख्यत: सिकी हुई और कुटी हुई मूँगफली, दो-तीन नीबू का पानी, इतनी चीज़ें रहा करती थीं। मैं जानता था कि अधिक मात्रा में खाने से मूँगफली नुकसान करती है। फिर भी वह अधिक खा ली गयी। उसके कारण पेट में कुछ पेचिश रहने लगी। मैं समय-समय पर आश्रम में आता ही था। मुझे यह पेचिश बहुत ध्यान देने योग्य प्रतीत न हुई। रात आश्रम पहुँचा। उन दिनों मैं दवा क्वचित् ही लेता था। विश्वास यह था कि एक बार का खाना छोड़ दने से दर्द मिट जायेगा। दूसरे दिन सवेरे कुछ भी न खाया था। इससे दर्द लगभग बन्द हो चुका था। पर मैं जानता था कि मुझे उपवास चालू रखना चाहिए अथवा खाना ही हो तो फल के रस जैसी कोई चीज़ लेनी चाहिए।

उस दिन कोई त्यौहार था। मुझे याद पड़ता है कि मैंने कस्तूरबाई से कह दिया था कि मैं दोपहर को भी नहीं खाऊँगा। लेकिन उसने मुझे ललचाया और मैं लालच में फँस गया। उन दिनों मैं किसी पशु का दूध नहीं लेता था। इससे घी-छाछ का भी मैंने त्याग कर दिया था। इसलिए उसने मुझसे कहा कि आपके लिए दले हुए गेहूँ को तेल में भूनकर लपसी बनायी गयी है और खासतौर पर आपके लिए ही पूरे मूँग भी बनाये गये हैं। मैं स्वाद के वश होकर पिघला। पिघलते हुए भी इच्छा तो यह रखी थी कि कस्तूरबाई को खुश रखने के लिए थोड़ा खा लूँगा, स्वाद भी ले लूँगा और शरीर की रक्षा भी कर लूँगा। पर शैतान अपना निशाना ताककर ही बैठा था। खाने बैठा तो थोड़ा खाने के बदले पेट भरकर खा गया। इस प्रकार स्वाद तो मैंने पूरा लिया, पर साथ ही यमराज को न्योता भी भेज दिया। खाने के बाद एक घण्टा भी न बीता था कि ज़ोर की पेचिश शुरू हो गयी।

चिन्तातुर होकर साथियों ने मुझे चारों ओर से घेर लिया। उन्होंने मुझे अपने प्रेम से नहला दिया। पर वे बेचारे मेरे दु:ख में किस प्रकार हाथ बँटा सकते थे। मेरे हठ का पार न था। मैंने डॉक्टर को बुलाने से इनकार कर दिया। दवा तो लेनी ही न थी;

सोचा, किये हुए पाप की सज़ा भोगूँगा। साथियों ने यह सब मुँह लटकाकर सहन किया। चौबीस घण्टों में तीस-चालीस बार पाखाने की हाज़त हुई होगी। खाना मैं बन्द कर ही चुका था, और शुरू के दिनों में तो मैंने फल का रस भी नहीं लिया था। लेने की बिलकुल रुचि न थी।

आज तक जिस शरीर को मैं पत्थर के समान मानता था, वह अब गीली मिट्टी-जैसा बन गया। शक्ति क्षीण हो गयी। डॉक्टर कानूगा आये। दवा लेने के लिए समझाया। मैंने इनकार किया। उन्होंने पिचकारी लगवाने की सलाह दी। मैंने उसके लिए भी इनकार कर दिया। उस समय का पिचकारी-विषयक मेरा अज्ञान हास्यास्पद था। मैं यह मानता था कि पिचकारी में किसी-न-किसी प्रकार की लसी होगी। बाद में मुझे मालूम हुआ कि वह तो निर्दोष वनस्पति से बनी औषधि की पिचकारी थी। पर जब समझ आयी, तब अवसर बीत चुका था। हाज़तें तो जारी ही थीं। अतिशय परिश्रम के कारण बुखार आ गया और बेहोशी भी आ गयी। मित्र अधिक घबराये। दूसरे डॉक्टर भी आये। पर जो रोगी उनकी बात माने नहीं, उसके लिए वे क्या कर सकते थे?

वैद्य मित्र और डॉक्टर मित्र अनेक प्रकार की सलाह देते थे, पर मैं किसी तरह दवा पीने को तैयार नहीं हुआ। दो-तीन मित्रों ने सलाह दी कि दूध लेने में आपत्ति हो तो मांस का शोरबा लेना चाहिए और औषधि के रूप में मांसादि चाहे जो वस्तु ली जा सकती है। इसके समर्थन में उन्होंने आयुर्वेद के प्रमाण दिये। एक ने अण्डे लेने की सिफारिश की। लेकिन मैं इनमें से किसी भी सलाह को स्वीकार न कर सका। मेरा उत्तर एक ही था—'नहीं'।

खाद्याखाद्य का निर्णय मेरे लिए केवल शास्त्रों के श्लोकों पर अवलम्बित नहीं था, बल्कि मेरे जीवन के साथ वह स्वतन्त्र रीति से जुड़ा हुआ था। चाहे जो चीज़ खाकर और चाहे जैसा उपचार करके जीने का मुझे तनिक भी लोभ न था। जिस धर्म का आचरण मैंने अपने पुत्रों के लिए किया, स्नेहियों के लिए किया, उस धर्म का त्याग मैं अपने लिए कैसे करता?

इस प्रकार मुझे अपनी इस बहुत लम्बी और जीवन की सबसे पहली इतनी बड़ी बीमारी से धर्म का निरीक्षण करने और उसे कसौटी पर चढ़ाने का अलभ्य लाभ मिला। एक रात तो मैंने बिलकुल ही आशा छोड़ दी थी। मुझे ऐसा भास हुआ कि अब मृत्यु समीप ही है।

यों मैं मौत की राह देखता बैठा था। इतने में डॉ० तलवलकर एक विचित्र प्राणी को लेकर आये। वे महाराष्ट्री थे। हिन्दुस्तान उन्हें पहचानता नहीं। मैं उन्हें देखकर समझ सका था कि वे मेरी ही तरह 'चक्रम' हैं। वे अपने उपचार का प्रयोग मुझ पर करने के लिए आये थे।

सो भी बर्फ के अर्थात् पानी के प्रयोग। अतएव उन्होंने मेरे सारे शरीर पर बर्फ

घिसनी शुरू की। इस इलाज से जितने परिणाम की आशा वे लगाये हुए थे, उतना परिणाम तो मेरे सम्बन्ध में नहीं निकला। फिर भी मैं, जो रोज़ मौत की राह देखा करता था, अब मरने के बदले कुछ जीने की आशा रखने लगा। मुझमें कुछ उत्साह पैदा हुआ। मन में उत्साह के साथ मैंने शरीर में भी उत्साह का अनुभव किया। मैं कुछ अधिक खाने लगा। और मैं आस-पास के कामों में थोड़ा-थोड़ा रस लेने लगा।

मेरी तबीयत की हिफाजत का ज़िम्मा शंकरलाल बैंकर ने अपने हाथ में लिया था। उन्होंने डॉ० दलाल से सलाह लेने का आग्रह किया। डॉ० दलाल आये। उनकी तत्काल निर्णय करने की शक्ति ने मुझे मुग्ध कर दिया। वे बोले, "जब तब आप दूध न लेंगे, मैं आपके शरीर को फिर से हृष्ट-पुष्ट न बना सकूँगा। उसे पुष्ट बनाने के लिए आपको दूध लेना चाहिए और लोहे तथा आर्सेनिक की पिचकारियाँ लेनी चाहिए। यदि आप इतना करें, तो आपके शरीर को पुनः पुष्ट करने की गारण्टी मैं देता हूँ।"

मैंने जवाब दिया, "पिचकारी लगाइये, लेकिन दूध मैं न लूँगा।"

डॉक्टर ने पूछा, "दूध के सम्बन्ध में आपकी प्रतिज्ञा क्या है?"

"यह जानकर कि गाय-भैंस पर फूँके की क्रिया की जाती है, मुझे दूध से नफरत हो गयी है। और यह तो मैं सदा से मानता रहा हूँ कि दूध मनुष्य का आहार नहीं है। इसलिए मैंने दूध छोड़ दिया है।"

यह सुनकर कस्तूरबाई, जो मेरी खटिया के पास ही खड़ी थी, बोल उठी, "तब तो बकरी का दूध आप ले सकते हैं।"

डॉक्टर बीच में बोले, "आप बकरी का दूध लें, तो मेरा काम बन जाये।"

मैं गिरा। सत्याग्रह की लड़ाई के मोह ने मेरे अन्दर जीने का लोभ पैदा कर दिया और मैंने प्रतिज्ञा के अक्षरार्थ के पालन से सन्तोष मानकर उसकी आत्मा का हनन किया। यद्यपि दूध की प्रतिज्ञा लेते समय मेरे सामने गाय-भैंस ही थीं, फिर भी मेरी प्रतिज्ञा दूध मात्र की मानी जानी चाहिए। और जब तक मैं पशु के दूधमात्र को मनुष्य के आहार के रूप में निषिद्ध मानता हूँ, तब तक मुझे उसे लेने का अधिकार नहीं, इस बात को जानते हुए भी मैं बकरी का दूध लेने को तैयार हो गया। सत्य के पुजारी ने सत्याग्रह की लड़ाई के लिए जीने की इच्छा रखकर अपने सत्य को लांछित किया।

मेरे इस कार्य का डंक अभी तक मिटा नहीं है और बकरी का दूध छोड़ने के विषय में मेरा चिन्तन तो चल ही रहा है। किन्तु सेवा करने का महासूक्ष्म मोह, जो मेरे पीछे पड़ा है, मुझे छोड़ता नहीं।

बकरी का दूध शुरू करने के कुछ दिन बाद डॉ० दलाल ने गुदाद्वार की दरारों का ऑपरेशन किया और वह बहुत सफल हुआ।

भाग 15

रॉलेट एक्ट और राजनीति में प्रवेश

रॉलेट एक्ट

शरीर बना और जीने की आशा बनने लगी। ईश्वर ने मेरे लिए काम तैयार ही रखा था।

बिछौना छोड़कर उठने की कुछ आशा बँध रही थी और अखबार वगैरा पढ़ने लगा ही था कि इतने में रॉलट कमेटी की रिपोर्ट मेरे हाथ में आयी। उसकी सिफारिशें पढ़कर मैं चौंका। भाई उमर सोबानी और शंकरलाल बैंकर ने चाहा कि कोई निश्चित कदम उठाना चाहिए। एकाध महीने में मैं अहमदाबाद गया। वल्लभभाई प्राय: प्रतिदिन मुझे देखने आते थे। मैंने उनसे बात की और सुझाया कि इस विषय में हमें कुछ करना चाहिए। "क्या किया जा सकता है?" इसके उत्तर में मैंने कहा, "यदि थोड़े लोग भी इस सम्बन्ध में प्रतिज्ञा करने वाले मिल जायें और कमेटी की सिफारिश के अनुसार कानून बने, तो हमें सत्याग्रह शुरू करना चाहिए। यदि मैं बिछौने पर पड़ा न होता, तो अकेला भी इसमें जूझता और यह आशा रखता कि दूसरे लोग बाद में आ मिलेंगे। किन्तु अपनी लाचार स्थिति में अकेले जूझने की मुझमें बिलकुल शक्ति नहीं है।"

इस बातचीत के परिणामस्वरूप ऐसे कुछ लोगों की एक छोटी सभा बुलाने का निश्चय हुआ।

कोई भी चलती हुई संस्था सत्याग्रह-जैसे नये शस्त्र को स्वयं उठा ले, इसे मैंने असम्भव माना। इस कारण सत्याग्रह-सभा की स्थापना हुई।

लेकिन मैंने शुरू में ही देख लिया कि यह सभा लम्बे समय तक टिक नहीं सकेगी। इसके अलावा, सत्य और अहिंसा पर जो ज़ोर मैं देता था, वह कुछ लोगों को अप्रिय मालूम हुआ। फिर भी शुरू के दिनों में यह नया काम धड़ल्ले के साथ आगे बढ़ा।

अभी बिल गज़ट में नहीं छपा था। मेरा शरीर कमज़ोर था, किन्तु मद्रास से आये हुए निमन्त्रण को स्वीकार करना चाहिए, ऐसा मुझे लगा, फिर भी मैंने लम्बी यात्रा का खतरा उठाया।

राजगोपालाचार्य सेलम छोड़कर अभी-अभी ही मद्रास में वकालत करने के लिए आये थे। सभाओं के सिवा मुझे और कुछ सूझता ही न था। यदि रॉलट बिल कानून बन जाये, तो उसकी सविनय अवज्ञा किस प्रकार की जाये? उसकी सविनय

अवज्ञा करने का अवसर तो सरकार दे, तभी मिल सकता है। दूसरे कानूनों की सविनय अवज्ञा की जा सकती है? उसकी मर्यादा क्या हो? आदि प्रश्नों की चर्चा होती थी।

इस प्रकार मन्थन-चिन्तन चल रहा था कि इतने में समाचार मिला कि बिल कानून के रूप में गज़ट में छप गया है। इस खबर के बाद की रात को मैं विचार करते-करते सो गया। सवेरे जल्दी जाग उठा। अर्धनिद्रा की दशा रही होगी, ऐसे में मुझे सपने में एक विचार सूझा। मैंने सवेरे-ही-सवेरे राजगोपालाचार्य को बुलाया और कहा, "मुझे रात स्वप्नावस्था में यह विचार सूझा कि इस कानून के जवाब में हम सारे देश को हड़ताल करने की सूचना दें। सत्याग्रह आत्मशुद्धि की लड़ाई है। वह धार्मिक-युद्ध है। धर्म कार्य का आरम्भ शुद्धि से करना ठीक मालूम होता है। उस दिन सब उपवास करें और काम-धन्धा बन्द रखें। मुसलमान भाई रोज़े से अधिक उपवास न करेंगे, इसलिए चौबीस घण्टों का उपवास करने की सिफारिश की जाये। इसमें सब प्रान्त सम्मिलित होंगे या नहीं, यह तो कहा नहीं जा सकता। पर बम्बई, मद्रास, बिहार और सिन्ध की आशा तो मुझे है ही। यदि इतने स्थानों पर भी ठीक से हड़ताल रहे, तो हमें सन्तोष मानना चाहिए।"

राजगोपालाचार्य को यह सूचना बहुत अच्छी लगी। बाद में दूसरे मित्रों को तुरन्त इसकी जानकारी दी गयी। सबने इसका स्वागत किया। मैंने एक छोटी-सी विज्ञप्ति तैयार कर ली। पहले 1919 के मार्च की 30वीं तारीख रखी गयी थी। बाद में 6 अप्रैल रखी गयी। लोगों को बहुत ही थोड़े दिन की मुद्दत दी गयी थी। चूँकि काम तुरन्त करना ज़रूरी समझा गया था, अतएव तैयारी के लिए लम्बी मुद्दत देने का समय ही न था।

लेकिन न जाने कैसे सारी व्यवस्था हो गयी। समूचे हिन्दुस्तान में—शहरों में और गाँवों में—हड़ताल हुई। वह दृश्य भव्य था।

वह सप्ताह !

दक्षिण में थोड़ी यात्रा करके मैं बम्बई पहुँचा। बम्बई की हड़ताल सम्पूर्ण थी।

यहाँ कानून की सविनय अवज्ञा की तैयारी कर रखी थी। जिनकी अवज्ञा की जा सके, ऐसी दो-तीन चीज़ें थीं। जो कानून रद्द किये जाने लायक थे और जिनकी अवज्ञा सब सरलता से कर सकते थे, उनमें से एक का ही उपयोग करने का निश्चय था। नमक-कर का कानून सबको अप्रिय था। उस कर को रद्द कराने के लिए बहुत कोशिशें हो रही थीं। अतएव मैंने एक सुझाव यह रखा था कि सब लोग बिना परवाने के अपने घर में नमक बनायें। दूसरा सुझाव सरकार द्वारा ज़ब्त की हुई पुस्तकें छपाने और बेचने का था। ऐसी दो पुस्तकें मेरी ही थीं—'हिन्द स्वराज्य' और 'सर्वोदय'। इन पुस्तकों को छपाना और बेचना सबसे सरल सविनय अवज्ञा मालूम

हुई। इसलिए ये पुस्तकें छपायी गयीं और शाम को उपवास छूटने के बाद और चौपाटी की विराट् सभा के विसर्जित होने के बाद इन्हें बेचने का प्रबन्ध किया गया।

दिनांक 6 की शाम को कई स्वयंसेवक ये पुस्तकें बेचने निकल पड़े। इनकी जो कीमत वसूल होती, वह लड़ाई के काम में ही खर्च की जाने वाली थी। एक प्रति का मूल्य चार आना रखा गया था। पर मेरे हाथ पर शायद ही किसी ने चार आने रखे होंगे। अपनी जेब में जो था सो सब देकर किताबें खरीदने वाले बहुतेरे निकल आये। कोई-कोई दस और पाँच के नोट भी देते थे। मुझे स्मरण है कि एक प्रति के लिए 50 रुपये के नोट भी मिले थे। लोगों को समझा दिया गया था कि खरीदने वाले के लिए भी जेल का खतरा है। लेकिन क्षण-भर के लिए लोगों ने जेल का भय छोड़ दिया था।

7 तारीख को पता चला कि जिन किताबों के बेचने पर सरकार ने रोक लगायी थी, सरकार की दृष्टि से वे बेची नहीं गयी हैं। जो पुस्तकें बिकी हैं, वे तो उनकी दूसरी आवृत्ति मानी जायेंगी। ज़ब्त की हुई पुस्तकों में उनकी गिनती नहीं हो सकती। सरकार की ओर से यह कहा गया था कि नयी आवृत्ति छपाने, बेचने और खरीदने में कोई गुनाह नहीं है। यह खबर सुनकर लोग निराश हुए।

7 अप्रैल की रात को मैं दिल्ली-अमृतसर जाने के लिए रवाना हुआ। 8 को मथुरा पहुँचने पर कुछ ऐसी भनक कान तक आयी कि शायद मुझे गिरफ्तार करेंगे। मथुरा के बाद एक स्टेशन पर गाड़ी रुकती थी। वहाँ आचार्य गिडवानी मिले। उन्होंने मेरे पकड़े जाने के बारे में पक्की खबर दी और ज़रूरत हो तो अपनी सेवा अर्पण करने के लिए कहा।

पलवल स्टेशन आने के पहले ही पुलिस अधिकारी ने मेरे हाथ पर आदेश पत्र रखा। आदेश इस प्रकार का था, "आपके पंजाब में प्रवेश करने से अशान्ति बढ़ने का डर है, अतएव आप पंजाब की सीमा में प्रवेश न करें।" आदेश-पत्र देकर पुलिस ने मुझे उतर जाने को कहा। मैंने उतरने से इनकार किया और कहा, "मैं अशान्ति बढ़ाने नहीं, बल्कि निमन्त्रण पाकर अशान्ति घटाने के लिए जाना चाहता हूँ। इसलिए खेद है कि मुझसे इस आदेश का पालन नहीं हो सकेगा।"

मुझे पलवल स्टेशन पर उतार लिया गया और पुलिस के हवाले किया गया। फिर दिल्ली से आने वाली किसी ट्रेन के तीसरे दर्जे के डिब्बे में मुझे बैठाया गया और साथ में पुलिस का दल भी बैठा। मथुरा पहुँचने पर मुझे पुलिस की बैरक में ले गये। मेरा क्या होगा और मुझे कहाँ ले जाना है, सो कोई पुलिस अधिकारी मुझे बता न सका। सुबह 4 बजे मुझे जगाया गया और बम्बई की ओर जाने वाली मालगाड़ी में बैठा दिया गया।

सूरत पहुँचने पर किसी दूसरे अधिकारी ने मुझे अपने कब्ज़े में लिया। उसने

मुझे रास्ते में कहा, "आप रिहा कर दिये गये हैं। लेकिन आपके लिए मैं ट्रेन को मरीन लाइन्स स्टेशन के पास रुकवाऊँगा। आप वहाँ उतर जायेंगे, तो ज़्यादा अच्छा होगा। कोलाबा स्टेशन पर बड़ी भीड़ होने की सम्भावना है।" मैंने उससे कहा कि आपका कहा करने में मुझे प्रसन्नता होगी। वह खुश हुआ और उसने मुझे धन्यवाद दिया। मैं मरीन लाइन्स पर उतरा। वहाँ किसी परिचित की घोड़ागाड़ी दिखायी दी। वे मुझे रेवाशंकर झावेरी के घर छोड़ गये। उन्होंने मुझे खबर दी, "आपके पकड़े जाने की खबर पाकर लोग क्रुद्ध हो गये हैं और पागल-से बन गये हैं। पायधूनी के पास दंगे का खतरा है। मजिस्ट्रेट और पुलिस वहाँ पहुँच गयी है।"

मैं घर पहुँचा ही था कि इतने में उमर सोबानी और अनसूया बहन मोटर में आये और उन्होंने मुझे पायधूनी चलने को कहा। उन्होंने बताया, "लोग अधीर हो गये हैं और बड़े उत्तेजित हैं। हममें से किसी के किये शान्त नहीं हो सकते। आपको देखेंगे, तभी शान्त होंगे।"

मैं मोटर में बैठ गया। पायधूनी पहुँचते ही रास्ते में भारी भीड़ दिखायी दी। लोग मुझे देखकर हर्षोन्मत्त हो उठे। अब जुलूस बना। 'वन्दे मातरम्' और 'अल्लाहो अकबर' के नारों से आकाश गूँज उठा। पायधूनी पर घुड़सवार दिखायी दिये। ऊपर से ईंटों की वर्षा हो रही थी। मैं हाथ जोड़कर लोगों से प्रार्थना कर रहा था कि वे शान्त रहें। पर जान पड़ा कि हम भी ईंटों की इस बौछारों से बच नहीं पायेंगे।

अब्दुर्रहमान गली में से क्राफर्ड मार्किट की ओर जाते हुए जुलूस को रोकने के लिए घुड़सवारों की एक टुकड़ी सामने से आ पहुँची। वे जुलूस को किले की ओर जाने से रोकने की कोशिश कर रहे थे। लोग वहाँ समा नहीं रहे थे। लोगों ने पुलिस की पाँत को चीरकर आगे बढ़ने के लिए ज़ोर लगाया। वहाँ हालत ऐसी नहीं थी कि मेरी आवाज़ सुनायी पड़ सके। यह देखकर घुड़सवारों की टुकड़ी के अफसर ने भीड़ को तितर-बितर करने का हुक्म दिया और अपने भालों को घुमाते हुए इस टुकड़ी ने एकदम घोड़े दौड़ाने के शुरू कर दिये। मुझे डर लगा कि उनके भाले हमारा काम तमाम कर दें, तो आश्चर्य नहीं। पर मेरा वह डर निराधार था। बगल से होकर सारे भाले रेलगाड़ी की गति से सनसनाते हुए दूर निकल जाते थे। लोगों की भीड़ में दरार पड़ी। भगदड़ मच गयी। कई कुचल गये। कई घायल हुए। घुड़सवारों को निकलने के लिए रास्ता नहीं था। लोगों के लिए आस-पास बिखरने का रास्ता नहीं था। वे पीछे लौटें तो उधर भी हज़ारों लोग ठसाठस भरे हुए थे। सारा दृश्य भयंकर प्रतीत हुआ। घुड़सवार और जनता दोनों पागल-जैसे मालूम हुए। घुड़सवार कुछ देखते ही नहीं थे अथवा देख नहीं सकते थे। वे तो टेढ़े होकर घोड़ों को दौड़ाने में लगे थे। मैंने देखा कि जितना समय इन हज़ारों के दल को चीरने में लगा, उतने समय तक वे कुछ देख ही नहीं सकते थे।

इस तरह लोगों को तितर-बितर किया गया और आगे बढ़ने से रोका गया।

हमारी मोटर को आगे जाने दिया गया। मैंने कमिश्नर के कार्यालय के सामने मोटर रुकवाई और मैं उनसे पुलिस के व्यवहार की शिकायत करने के लिए उतरा।

इस तरह हमारी दलीलें होती रहीं। हमारे मत का मेल मिलने वाला न था। मैं यह कहकर बिदा हुआ कि चौपाटी पर सभा करने और लोगों को शान्ति रखने के लिए समझाने का मेरा इरादा है।

चौपाटी पर सभा हुई। मैंने लोगों को शान्ति और सत्याग्रही की मर्यादा के विषय में समझाया और बतलाया, ''सत्याग्रह सच्चे का हथियार है। यदि लोग शान्ति न रखेंगे, तो मैं सत्याग्रह की लड़ाई कभी लड़ न सकूँगा।''

अहमदाबाद से श्रीमती अनसूया बहन को भी खबर मिल चुकी थी कि वहाँ उपद्रव हुआ है। किसी ने अफवाह फैला दी थी कि वे भी पकड़ी गयी हैं। इससे मज़दूर पागल हो उठे। उन्होंने हड़ताल कर दी थी, उपद्रव भी मचाया था; और एक सिपाही का खून भी हो गया था।

मैं अहमदाबाद गया। मुझे पता चला कि नड़ियाद के पास रेल की पटरी उखाड़ने की कोशिश भी हुई थी। वीरमगाम में एक सरकारी कर्मचारी का खून हो गया था। अहमदाबाद पहुँचा, तब वहाँ मार्शल लॉ जारी था। लोगों में आतंक फैला हुआ था। लोगों ने जैसा किया, वैसा पाया और उसका ब्याज भी पाया।

मुझे कमिश्नर मि० प्रेट के पास ले जाने के लिए एक आदमी स्टेशन पर हाज़िर था। मैं उनके पास गया। वे बहुत गुस्से में थे। मैंने उन्हें शान्ति से उत्तर दिया। जो हत्या हुई थी, उसके लिए मैंने खेद प्रकट किया। यह भी सुझाया कि मार्शल लॉ की आवश्यकता नहीं है, और पुनः शान्ति स्थापित करने के लिए जो उपाय करने ज़रूरी हों, सो करने की अपनी तैयारी बतायी। मैंने आम सभा बुलाने की माँग की। यह सभा आश्रम की भूमि पर करने की अपनी इच्छा प्रकट की। उन्हें यह बात अच्छी लगी। जहाँ तक मुझे याद है, मैंने रविवार ता० 13 अप्रैल को सभा की थी। मार्शल लॉ भी उसी दिन अथवा दूसरे दिन रद्द हुआ था। इस सभा में मैंने लोगों को उनके अपने दोष दिखाने का प्रयत्न किया। मैंने प्रायश्चित्त के रूप में तीन दिन के उपवास किये और लोगों को एक दिन का उपवास करने की सलाह दी। जिन्होंने हत्या वगैरा में हिस्सा लिया हो, उन्हें मैंने सुझाया कि वे अपना अपराध स्वीकार कर लें।

मैंने अपना धर्म स्पष्ट देखा। जिन मज़दूरों आदि के बीच मैंने इतना समय बिताया था, जिनकी मैंने सेवा की थी और जिनके विषय में मैं अच्छे व्यवहार की आशा रखता था, उन्होंने उपद्रव में हिस्सा लिया, यह मुझे असह्य मालूम हुआ और मैंने अपने को उनके दोष में हिस्सेदार माना।

जिस तरह मैंने लोगों को समझाया कि वे अपना अपराध स्वीकार कर लें, उसी तरह सरकार को भी गुनाह माफ करने की सलाह दी। दोनों में से किसी एक

ने भी मेरी बात नहीं सुनी।

स्व० रमणभाई आदि नागरिक मेरे पास आये और मुझे सत्याग्रह मुलतवी करने के लिए मनाने लगे। पर मुझे मनाने की आवश्यकता ही नहीं रही थी। मैंने स्वयं निश्चय कर लिया था कि जब तक लोग शान्ति का पाठ न सीख लें, तब तक सत्याग्रह मुलतवी रखा जाये। इससे वे प्रसन्न हुए।

कुछ मित्र नाराज़ भी हुए। उनका खयाल यह था कि अगर मैं सब कहीं शान्ति की आशा रखूँ और सत्याग्रह की यही शर्त रहे, तो बड़े पैमाने पर सत्याग्रह कभी चल ही नहीं सकता। मैंने अपना मतभेद प्रकट किया। जिन लोगों में काम किया गया है, जिनके द्वारा सत्याग्रह करने की आशा रखी जाती है, वे यदि शान्ति का पालन न करें, तो अवश्य ही सत्याग्रह कभी चल नहीं सकता। मेरी दलील यह थी कि सत्याग्रही नेताओं को इस प्रकार की मर्यादित शान्ति बनाये रखने की शक्ति प्राप्त करनी चाहिए। अपने इन विचारों को मैं आज भी बदल नहीं सका हूँ।

'पहाड़-जैसी भूल'

अहमदाबाद की सभा के बाद मैं तुरन्त ही नड़ियाद गया। 'पहाड़-जैसी भूल' नामक जो शब्द-प्रयोग प्रसिद्ध हुआ है, उसका उपयोग मैंने पहली बार नड़ियाद में किया। अहमदाबाद में ही मुझे अपनी भूल मालूम पड़ने लगी थी। पर नड़ियाद में वहाँ की स्थिति का विचार करके और यह सुनकर कि खेड़ा ज़िले के बहुत से लोग पकड़े गये हैं, जिस सभा में मैं घटित घटनाओं पर भाषण कर रहा था, उसमें मुझे अचानक यह खयाल आया कि खेड़ा ज़िले के और ऐसे दूसरे लोगों को कानून का सविनय भंग करने के लिए निमन्त्रित करने में मैंने जल्दबाज़ी की भूल की और वह भूल मुझे पहाड़-जैसी मालूम हुई।

इस प्रकार अपनी भूल कबूल करने के लिए मेरी खूब हँसी उड़ाई गयी। फिर भी अपनी इस स्वीकृति के लिए मुझे कभी पश्चात्ताप नहीं हुआ। मैंने हमेशा यह माना है कि जब हम दूसरों के गज-जैसे दोषों को रजवत् मानकर देखते हैं, और अपने रजवत् प्रतीत होने वाले दोषों को पहाड़-जैसा देखना सीखते हैं, तभी हमें अपने और पराये दोषों का ठीक-ठीक अन्दाज़ हो पाता है। मैंने यह भी माना है कि सत्याग्रही बनने की इच्छा रखने वाले को तो इस साधारण नियम का पालन बहुत अधिक सूक्ष्मता के साथ करना चाहिए।

अब हम यह देखें की पहाड़-जैसी प्रतीत होने वाली वह भूल क्या थी? कानून का सविनय भंग उन्हीं लोगों द्वारा किया जा सकता है, जिन्होंने विनयपूर्वक और स्वेच्छा से कानून का सम्मान किया हो।

जिसने इस प्रकार समाज के नियमों का विचारपूर्वक पालन किया है, उसी को समाज के नियमों में नीति-अनीति का भेद करने की शक्ति प्राप्त होती है और

उसी को मर्यादित परिस्थितियों में अमुक नियमों को तोड़ने का अधिकार प्राप्त होता है। लोगों के इस तरह का अधिकार प्राप्त करने से पहले मैंने उन्हें सविनय कानून भंग के लिए निमन्त्रित किया, अपनी यह भूल मुझे पहाड़-जैसी लगी। और खेड़ा ज़िले में प्रवेश करने पर मुझे खेड़ा की लड़ाई का स्मरण हुआ और लगा कि मैं बिलकुल गलत रास्ते पर चल पड़ा हूँ। मुझे लगा कि लोग सविनय कानून भंग करने योग्य बनें, इससे पहले उन्हें उसके गम्भीर रहस्य का ज्ञान होना चाहिए।

किन्तु यदि बात ऐसी है तो सविनय कानून भंग कराने से पहले शुद्ध स्वयंसेवकों का एक ऐसा दल खड़ा होना चाहिए, जो लोगों को ये सारी बातें समझाये और प्रतिक्षण उनका मार्गदर्शन करे। और ऐसे दल को सविनय कानून भंग का तथा उसकी मर्यादा का पूरा-पूरा ज्ञान होना चाहिए।

इन विचारों से भरा हुआ मैं बम्बई पहुँचा और सत्याग्रह सभा के द्वारा सत्याग्रही स्वयंसेवकों का एक दल खड़ा किया। लोगों को सविनय कानून भंग का मर्म समझाने के लिए जिस तालीम की ज़रूरत थी, वह इस दल के ज़रिये देनी शुरू की और इस चीज़ को समझाने वाली पत्रिकाएँ निकालीं।

यह काम चला तो सही, लेकिन मैंने देखा कि मैं इससे ज़्यादा दिलचस्पी पैदा नहीं कर सका। स्वयंसेवकों की बाढ़ नहीं आयी। यह नहीं कहा जा सकता कि जो लोग भर्ती हुए उन सब ने नियमित तालीम ली। भर्ती में नाम लिखाने वाले भी जैसे-जैसे दिन बीतते गये, वैसे-वैसे दृढ़ बनने के बदले खिसकने लगे। मैं समझ गया कि सविनय कानून भंग की गाड़ी जैसा मैंने सोचा था, उससे धीमी चलेगी।

'नवजीवन' और 'यंग इण्डिया'

इन पत्रों के द्वारा मैंने जनता को यथाशक्ति सत्याग्रह की शिक्षा देना शुरू किया। पहले दोनों पत्रों की थोड़ी ही प्रतियाँ खपती थीं। लेकिन बढ़ते-बढ़ते वे चालीस हज़ार के आस-पास पहुँच गयीं। 'नवजीवन' के ग्राहक एकदम बढ़े, जबकि 'यंग इण्डिया' के धीरे-धीरे बढ़े। मेरे जेल जाने के बाद इसमें कमी हुई और आज दोनों की ग्राहक संख्या 8,000 से नीचे चली गयी है।

इन पत्रों में विज्ञापन न लेने का मेरा आग्रह शुरू से ही था। मैं मानता हूँ कि इससे कोई हानि नहीं हुई और इस प्रथा के कारण पत्रों के विचार-स्वातन्त्र्य की रक्षा करने में बहुत मदद मिली।

इन पत्रों द्वारा मैं अपनी शान्ति प्राप्त कर सका। क्योंकि यद्यपि मैं सविनय कानून भंग तुरन्त ही शुरू नहीं कर सका, फिर भी मैं अपने विचार स्वतन्त्रतापूर्वक प्रकट कर सका; जो लोग सलाह और सुझाव के लिए मेरी ओर देख रहे थे, उन्हें मैं आश्वासन दे सका।

अमृतसर की महासभा (काँग्रेस)

नये सुधारों के सम्बन्ध में सम्राट की घोषणा प्रकट हो चुकी थी। वह मुझे पूर्ण सन्तोष देने वाली नहीं थी; और किसी को तो वह बिलकुल पसन्द ही नहीं थी। लेकिन उस समय मैंने यह माना था कि उक्त घोषणा में सूचित सुधार त्रुटिपूर्ण होते हुए भी स्वीकार किये जा सकते हैं।

चित्तरंजनदास का दृढ़ मत था कि सुधारों को बिलकुल असन्तोषजनक और अधूरे मानकर उनकी उपेक्षा करनी चाहिए। लोकमान्य कुछ तटस्थ थे। किन्तु देशबन्धु जिस प्रस्ताव को पसन्द करें, उसके पक्ष में अपना वज़न डालने का उन्होंने निश्चय कर लिया था।

ऐसे पुराने अनुभवी और कसे हुए सर्वमान्य लोकनायकों के साथ अपना मतभेद मुझे स्वयं असह्य मालूम हुआ। दूसरी ओर मेरा अन्तर्नाद स्पष्ट था। मैंने काँग्रेस की बैठक में से भागने का प्रयत्न किया। पं० मोतीलाल नेहरू और मालवीयजी को मैंने यह सुझाया कि मुझे अनुपस्थित रहने देने से सब काम बन जायेगा और मैं महान् नेताओं के साथ मतभेद प्रकट करने के संकट से बच जाऊँगा।

यह सुझाव इन दोनों बुजुर्गों के गले न उतरा।

मैंने अपना प्रस्ताव तैयार किया। बड़े संकोच से मैंने उसे पेश करना कबूल किया। मि० जिन्ना और मालवीयजी उसका समर्थन करने वाले थे। भाषण हुए। मैं देख रहा था कि यद्यपि हमारे मतभेद में कहीं कटुता नहीं थी, भाषणों में भी दलीलों के सिवा और कुछ नहीं था, फिर भी सभा ज़रा-सा भी मतभेद सहन नहीं कर सकती थी और नेताओं के मतभेदों से उसे दुःख हो रहा था। सभा को तो एकमत चाहिए था।

जब भाषण हो रहे थे, उस समय भी मंच पर मतभेद मिटाने की कोशिशें चल रही थीं। एक-दूसरे के बीच चिट्ठियाँ आ-जा रही थीं। मालवीयजी, जैसे भी बने, समझौता कराने का प्रयत्न कर रहे थे। इतने में जयरामदास ने मेरे हाथ पर अपना सुझाव रखा और सदस्यों को मत देने के संकट से उबार लेने के लिए बहुत मीठे शब्दों में मुझसे प्रार्थना की। मुझे उनका सुझाव पसन्द आया। मालवीयजी की दृष्टि तो चारों ओर आशा की खोज में घूम ही रही थीं। मैंने कहा, "यह सुझाव दोनों पक्षों को पसन्द आने लायक मालूम होता है।" मैंने उसे लोकमान्य को दिखाया। उन्होंने कहा, "दास को पसन्द आ जाये, तो मुझे कोई आपत्ति नहीं।" देशबन्धु पिघले। उन्होंने विपिनचन्द्र पाल की तरफ देखा। मालवीयजी को पूरी आशा बँध गयी। उन्होंने पर्ची हाथ से छीन ली। अभी देशबन्धु के मुँह से 'हाँ' का शब्द पूरा निकल भी नहीं पाया था कि वे बोल उठे, "सज्जनो, आपको यह जानकर खुशी होगी कि समझौता हो गया है।" फिर क्या था? तालियों की गड़गड़ाहट से मण्डप गूँज उठा और लोगों के चेहरों पर जो गम्भीरता थी, उसके बदले खुशी चमक उठी।

मुझे काँग्रेस के कामकाज में हिस्सा लेना पड़ा, इसे मैं काँग्रेस में अपना प्रवेश नहीं मानता।

अमृतसर के अनुभव ने बतलाया कि मेरी एक-दो शक्तियाँ काँग्रेस के लिए उपयोगी हैं।

अगले साल करने योग्य कामों में से दो कामों में मुझे दिलचस्पी थी; क्योंकि उनमें मैं कुछ दखल रखता था।

एक था जलियाँवाला बाग के हत्याकाण्ड का स्मारक। इसके बारे में काँग्रेस ने बड़ी शान के साथ प्रस्ताव पास किया था। स्मारक के लिए करीब पाँच लाख रुपये की रकम इकट्ठी करनी थी। उसके रक्षकों (ट्रस्टियों) में मेरा नाम था। देश में जनता के काम के लिए भिक्षा माँगने की ज़बरदस्त शक्ति रखने वालों में पहला पद मालवीयजी का था और है। मैं जानता था कि मेरा दर्जा उनसे बहुत दूर नहीं रहेगा। अपनी यह शक्ति मैंने दक्षिण अफ्रीका में देख ली थी।

मेरी दूसरी शक्ति लेखक और मुंशी का काम करने की थी, जिसका उपयोग काँग्रेस कर सकती थी। नेतागण यह समझ चुके थे कि लम्बे समय के अभ्यास के कारण कहाँ, क्या और कितने कम शब्दों में व अविनयरहित भाषा में लिखना चाहिए, सो मैं जानता हूँ। उस समय काँग्रेस का जो विधान था, वह गोखले की छोड़ी हुई पूँजी थी। उन्होंने कुछ नियम बना दिये थे। उनके सहारे काँग्रेस का काम चलता था। वे नियम कैसे बनाये गये, इसका मधुर इतिहास मैंने उन्हीं के मुँह से सुना था। पर अब सब कोई यह अनुभव कर रहे थे कि काँग्रेस का काम उतने ही नियमों से नहीं चल सकता। उसका विधान बनाने की चर्चायें हर साल उठती थीं। विधान तैयार करने का भार उठाने की ज़िम्मेदारी मैंने अपने सिर ली। मेरी एक शर्त थी। जनता पर दो नेताओं का प्रभुत्व मैं देख रहा था। इससे मैंने चाहा कि उनके प्रतिनिधि मेरे साथ रहें। मैं समझता था कि वे स्वयं शान्ति से बैठ कर विधान बनाने का काम नहीं कर सकते। इसलिए लोकमान्य और देशबंधु से उनके विश्वास के दो नाम मैंने माँगे। मैंने यह सुझाव रखा कि इनके सिवा विधान समिति में और कोई न होना चाहिए। वह सुझाव मान लिया गया। लोकमान्य ने श्री केलकर का और देशबन्धु ने श्री आई० बी० सेन का नाम दिया। यह विधान समिति एक दिन भी कहीं मिलकर नहीं बैठी। फिर भी हमने अपना काम एकमत से पूरा किया। पत्र-व्यवहार द्वारा अपना काम चला लिया। इस विधान के लिए मुझे थोड़ा अभिमान है। मैं मानता हूँ कि इसका अनुसरण करके काम किया जाये, तो हमारा बेड़ा पार हो सकता है। यह तो जब होगा तब होगा, परन्तु मेरी यह मान्यता है कि इस ज़िम्मेदारी को लेकर मैंने काँग्रेस में सच्चा प्रवेश किया।

भाग 16

खादी का जन्म

खादी का जन्म

मुझे याद नहीं पड़ता कि सन् 1908 तक मैंने चरखा या करघा कहीं देखा हो। फिर भी मैंने 'हिन्द स्वराज्य' में यह माना था कि चरखे के ज़रिये हिन्दुस्तान की कंगालियत मिट सकती है। और यह तो सबके समझ सकने जैसी बात है कि जिस रास्ते भुखमरी मिटेगी, उसी रास्ते स्वराज्य मिलेगा। सन् 1915 में मैं दक्षिण अफ्रीका से हिन्दुस्तान वापस आया, तब भी मैंने चरखे के दर्शन नहीं किये थे। आश्रम के खुलते ही उसमें करघा शुरू किया था। करघा शुरू करने में भी मुझे बड़ी मुश्किल का सामना करना पड़ा। हम सब अनजान थे, अतएव करघे के मिल जाने भर से तो करघा चल नहीं सकता था। आश्रम में हम सब कलम चलाने वाले या व्यापार करना जानने वाले लोग इकट्ठा हुए थे; हममें कोई कारीगर नहीं था। इसलिए करघा प्राप्त करने के बाद बुनना सिखाने वाले की आवश्यकता पड़ी। पालनपुर से एक सिखाने वाला आया। उसने अपना पूरा हुनर नहीं बताया। परन्तु मगनलाल गांधी शुरू किये हुए काम को जल्दी छोड़ने वाले न थे। उनके हाथ में कारीगरी तो थी ही। इसलिए उन्होंने बुनने की कला पूरी तरह समझ ली और फिर आश्रम में एक के बाद एक नये-नये बुनने वाले तैयार हुए।

हमें तो अब अपने कपड़े तैयार करके पहनने थे। इसलिए आश्रमवासियों ने मिल के कपड़े पहनना बन्द दिया और यह निश्चय किया कि वे हाथ-करघे पर देशी मिल के सूत का बुना हुआ कपड़ा पहनेंगे। ऐसा करने से हमें बहुत कुछ सीखने को मिला। हिन्दुस्तान के बुनकरों के जीवन की, उनकी आमदनी की, सूत प्राप्त करने में होने वाली उनकी कठिनाई की, इसमें वे किस प्रकार ठगे जाते थे और आखिर किस प्रकार दिन-दिन कर्ज़दार होते जाते थे, इस सबकी जानकारी हमें मिली। हम स्वयं अपना सब कपड़ा तुरन्त बुन सकें, ऐसी स्थिति तो थी ही नहीं। इस कारण से बाहर के बुनकरों से हमें अपनी आवश्यकता का कपड़ा बुनवा लेना पड़ता था। देशी मिल के सूत का हाथ से बुना कपड़ा झट मिलता नहीं था। बुनकर सारा अच्छा कपड़ा विलायती सूत का ही बुनते थे; क्योंकि हमारी मिलें सूत कातती नहीं थीं। आज भी वे महीन सूत अपेक्षाकृत कम ही कातती हैं; बहुत महीन तो कात ही नहीं सकतीं। बड़े प्रयत्न के बाद कुछ बुनकर हाथ लगे, जिन्होंने देशी सूत का कपड़ा बुन देने की मेहरबानी की। इन बुनकरों को आश्रम की तरफ से यह गारण्टी

देनी पड़ी थी कि देशी सूत का बुना हुआ कपड़ा खरीद लिया जायेगा। इस प्रकार विशेष रूप से तैयार कराया हुआ कपड़ा बुनवाकर हमने पहना और मित्रों में उसका प्रचार किया। यों हम कातने वाली मिलों के अवैतनिक एजेण्ट बने। मिलों के सम्पर्क में आने पर उनकी व्यवस्था की और उनकी लाचारी की जानकारी हमें मिली। हमने देखा कि मिलों का ध्येय खुद कातकर खुद ही बुनना था। वे हाथ-करघों की सहायता स्वेच्छा से नहीं, बल्कि अनिच्छा से करती थीं।

यह सब देखकर हम हाथ से कातने के लिए अधीर हो उठे। हमने देखा कि जब तक हाथ से कातेंगे नहीं, तब तक हमारी पराधीनता बनी रहेगी। मिलों के एजेण्ट बनकर हम देश सेवा करते हैं, ऐसा हमें प्रतीत नहीं हुआ।

हमारी मुश्किलों का कोई अन्त नहीं था। लेकिन न तो कहीं चरखा मिलता था और न कोई चरखे को चलाने वाला मिलता था। कुकड़ियाँ आदि भरने के चरखे तो हमारे पास थे, पर उन पर काता जा सकता है इसका तो हमें खयाल ही नहीं था। एक बार कालीदास वकील एक बहन को खोजकर लाये। उन्होंने कहा कि यह बहन सूत कातकर दिखायेगी। उसके पास एक आश्रमवासी को भेजा, जो नये काम सीख लेने में बड़े होशियार थे। पर हुनर उनके हाथ न लगा।

दिन तो बीते जा रहे थे। मैं अधीर हो उठा था। आश्रम में आने वाले हर ऐसे आदमी से, जो इस विषय में कुछ बता सकता था, मैं पूछताछ किया करता था। पर कातने का इजारा तो स्त्री का ही था। अतएव ओने-कोने में पड़ी हुई कातना जानने वाली स्त्री तो किसी स्त्री को ही मिल सकती थी।

सन् 1917 में मेरे गुजराती मित्र मुझे भड़ौंच शिक्षा परिषद् में घसीट ले गये थे। वहाँ महासाहसी विधवा बहन गंगाबाई मुझे मिलीं। वे पढ़ी-लिखी अधिक नहीं थीं, पर उनमें हिम्मत और समझदारी साधारणतया जितनी शिक्षित बहनों में होती है, उससे अधिक थी। उन्होंने अपने जीवन में अस्पृश्यता की जड़ काट डाली थी; वे बेधड़क अन्त्यजों से मिलतीं और उनकी सेवा करती थीं। उनके पास पैसा था, पर उनकी अपनी आवश्यकताएँ बहुत कम थीं। उनका शरीर कसा हुआ था और चाहे जहाँ अकेले जाने में उन्हें ज़रा भी झिझक नहीं होती थी। वे घोड़े की सवारी के लिए भी तैयार रहती थीं। इन बहन का विशेष परिचय गोधरा की परिषद् में प्राप्त हुआ। अपना दु:ख मैंने उनके सामने रखा और दमयन्ती जिस प्रकार नल की खोज में भटकी थी, उसी प्रकार चरखे की खोज में भटकने की प्रतिज्ञा करके उन्होंने मेरा बोझ हलका कर दिया।

गुजरात में अच्छी तरह भटक चुकने के बाद गायकवाड़ के वीजापुर गाँव में गंगाबहन को चरखा मिला। वहाँ बहुत-से कुटुम्बों के पास चरखा था, जिसे उठाकर उन्होंने छत पर चढ़ा दिया था। पर यदि कोई उनका सूत खरीद ले और उन्हें पूनी मुहैया कर दे, तो वे कातने को तैयार थे। गंगाबहन ने मुझे खबर भेजी। मेरे हर्ष का

कोई पार न रहा। पूनी मुहैया करने का काम मुश्किल मालूम हुआ। स्व० भाई उमर सोबानी से चर्चा करने पर उन्होंने अपनी मिल से पूनी की गुछलियाँ भेजने का ज़िम्मा लिया। मैंने वे गुछलियाँ गंगाबहन के पास भेजीं और सूत इतनी तेज़ी से कतने लगा कि मैं हार गया।

भाई उमर सोबानी की उदारता विशाल थी, फिर भी उसकी हद थी। दाम देकर पूनियाँ लेने का निश्चय करने में मुझे संकोच हुआ। इसके सिवा, मिल की पूनियों से सूत कतवाना मुझे बहुत दोषपूर्ण मालूम हुआ। अगर मिल की पूनियाँ हम लेते हैं, तो फिर मिल का सूत लेने में क्या दोष है? हमारे पूर्वजों के पास मिल की पूनियाँ कहाँ थीं? वे किस तरह पूनियाँ तैयार करते होंगे? मैंने गंगाबहन को लिखा और एक पिंजारे को खोज निकाला। उसे 35 रुपये या इससे अधिक वेतन पर रखा गया। मुझे अधिक वेतन देने का कोई संकोच नहीं हुआ। बालकों को पूनी बनाना सिखाया गया। मैंने रुई की भिक्षा माँगी। भाई यशवन्त प्रसाद देसाई ने रुई की गाँठें देने का ज़िम्मा लिया। गंगाबहन ने काम एकदम बढ़ा दिया। बुनकरों को लाकर बसाया और कता हुआ सूत बुनवाना शुरू किया। वीजापुर की खादी मशहूर हो गयी।

दूसरी तरफ आश्रम में अब चरखे का प्रवेश होने में देर न लगी। मगनलाल गांधी की शोधक शक्ति ने चरखे में सुधार किये और चरखे तथा तकुए आश्रम में बने। आश्रम की खादी के पहले थान की लागत फी गज सतरह आने आयी। मैंने मित्रों से मोटी और कच्चे सूत की खादी के दाम सतरह आना फी गज के हिसाब से लिये, जो उन्होंने खुशी-खुशी दिये।

मैं बम्बई में रोगशय्या पर पड़ा हुआ था, पर सबसे पूछता रहता था। मैं खादीशास्त्र में अभी निपट अनाड़ी था। मुझे हाथकते सूत की ज़रूरत थी। कत्तिनों की ज़रूरत थी। गंगाबहन जो भाव देती थीं, उससे तुलना करने पर मालूम हुआ कि मैं ठगा जा रहा हूँ। लेकिन वे बहनें कम लेने को तैयार न थीं। अतएव उन्हें छोड़ देना पड़ा। पर उन्होंने अपना काम किया। उन्होंने श्रीमती अवन्तिकाबाई, श्रीमती रमीबाई कामदार, श्री शंकरलाल बैंकर की माताजी और श्रीमती वसुमती बहन को कातना सिखा दिया और मेरे कमरे में चरखा गूँजने लगा। यह कहने में अतिशयोक्ति न होगी कि इस यन्त्र ने मुझ बीमार को चंगा करने में मदद की। बेशक, यह एक मानसिक असर था। पर मनुष्य को स्वस्थ या अस्वस्थ करने में मन का हिस्सा कौन कम होता है? चरखे पर मैंने भी हाथ आज़माया। किन्तु इससे आगे मैं इस समय जा नहीं सका।

बम्बई में हाथ की पूनियाँ कैसे प्राप्त की जायें? श्री रेवाशंकर झावेरी के बंगले के पास से रोज़ एक धुनिया ताँत बजाता हुआ निकला करता था। मैंने उसे बुलाया। वह गद्दों के लिए रुई धुना करता था। उसने पूनियाँ तैयार करके देना

स्वीकार किया। भाव ऊँचा माँगा, जो मैंने दिया। इस तरह तैयार हुआ सूत मैंने वैष्णवों के हाथ ठाकुरजी की माला के लिए दाम लेकर बेचा। भाई शिवजी ने बम्बई में चरखा सिखाने का वर्ग शुरू किया। इन प्रयोगों में पैसा काफी खर्च हुआ। श्रद्धालु देशभक्तों ने पैसे दिये और मैंने खर्च किये। मेरे नम्र विचार में यह खर्च व्यर्थ नहीं गया। उससे बहुत-कुछ सीखने को मिला। चरखे की मर्यादा का माप मिल गया।

अब मैं केवल खादीमय बनने के लिए अधीर हो उठा। मेरी धोती देशी मिल के कपड़े की थी। वीजापुर में और आश्रम में जो खादी बनती थी, वह बहुत मोटी और 30 इंच अर्ज की होती थी। मैंने गंगाबहन को चेतावनी दी कि अगर वे एक महीने के अन्दर 45 इंच अर्ज वाली खादी की धोती तैयार करके न देंगी, तो मुझे मोटी खादी की घुटनों तक की धोती पहनकर अपना काम चलाना पड़ेगा। गंगाबहन अकुलायीं। मुद्दत कम मालूम हुई, पर वे हारी नहीं। उन्होंने एक महीने के अन्दर मेरे लिए 50 इंच अर्ज का धोती-जोड़ा मुहैया कर दिया और मेरा दारिद्र्य मिटाया।

इसी बीच भाई लक्ष्मीदास लाठी गाँव से एक अन्त्यज भाई रामजी और उनकी पत्नी गंगाबहन को आश्रम में लाये और उनके द्वारा बड़े अर्ज की खादी बुनवाई। खादी-प्रचार में इस दम्पती का हिस्सा ऐसा-वैसा नहीं कहा जा सकता। उन्होंने गुजरात में और गुजरात के बाहर हाथ का सूत बुनने की कला दूसरों को सिखायी है।

पूर्णाहुति

अब इन प्रकरणों को समाप्त करने का समय आ पहुँचा है।

इससे आगे का मेरा जीवन इतना अधिक सार्वजनिक हो गया है कि शायद ही कोई चीज़ ऐसी हो, जिसे जनता जानती न हो।

यह कहना गलत नहीं होगा कि इसके आगे मेरी कलम ही चलने से इनकार करती है।

पाठकों से विदा लेते हुए मुझे दुःख होता है। मेरे निकट अपने इन प्रयोगों की बड़ी कीमत है। मैं नहीं जानता कि मैं उनका यथार्थ वर्णन कर सका हूँ या नहीं। यथार्थ वर्णन करने में मैंने कोई कसर नहीं रखी है। सत्य को मैंने जिस रूप में देखा है, जिस मार्ग से देखा है, उसे उसी तरह प्रकट करने का मैंने सतत प्रयत्न किया है; और पाठकों के लिए उसका वर्णन करके चित्त में शान्ति का अनुभव किया है; क्योंकि मैंने आशा यह रखी है कि इससे पाठकों में सत्य और अहिंसा के प्रति अधिक आस्था उत्पन्न होगी।

सत्य से भिन्न कोई परमेश्वर है, ऐसा मैंने कभी अनुभव नहीं किया। यदि इन प्रकरणों के पन्ने-पन्ने से यह प्रतीति न हुई हो कि सत्यमय बनने का एकमात्र मार्ग

अहिंसा ही है, तो मैं इस प्रयत्न को व्यर्थ समझता हूँ। प्रयत्न चाहे व्यर्थ हो, किन्तु वचन व्यर्थ नहीं है। मेरी अहिंसा सच्ची होने पर भी कच्ची है, अपूर्ण है। अतएव हज़ारों सूर्यों को इकट्ठा करने से भी जिस सत्यरूपी सूर्य के तेज का पूरा माप नहीं निकल सकता, सत्य की मेरी झाँकी ऐसे सूर्य की केवल एक किरण के दर्शन के समान ही है। आज तक के अपने प्रयोगों के अन्त में मैं इतना तो अवश्य कह सकता हूँ कि सत्य का सम्पूर्ण दर्शन, सम्पूर्ण अहिंसा के बिना असम्भव है।

ऐसे व्यापक सत्य-नारायण के प्रत्यक्ष दर्शन के लिए जीवमात्र के प्रति आत्मवत् प्रेम की परम आवश्यकता है। और जो मनुष्य ऐसा करना चाहता है, वह जीवन के किसी भी क्षेत्र से बाहर नहीं रह सकता। यही कारण है कि सत्य की मेरी पूजा मुझे राजनीति में खींच लायी है। धर्म का राजनीति के साथ कोई सम्बन्ध नहीं है, वह धर्म को नहीं जानता, ऐसा कहने में मुझे संकोच नहीं होता, और न ऐसा कहने में मैं अविनय करता हूँ।

बिना आत्मशुद्धि के जीवमात्र के साथ ऐक्य सध ही नहीं सकता। आत्मशुद्धि के बिना अहिंसा-धर्म का पालन सर्वथा असम्भव है। अशुद्ध आत्मा परमात्मा के दर्शन करने में असमर्थ है। अतएव जीवन-मार्ग के सभी क्षेत्रों में शुद्धि की आवश्यकता है। यह शुद्धि साध्य है; क्योंकि व्यष्टि और समष्टि के बीच ऐसा निकट का सम्बन्ध है कि एक की शुद्धि अनेकों की शुद्धि के बराबर हो जाती है।

लेकिन मैं प्रतिक्षण यह अनुभव करता हूँ कि शुद्धि का यह मार्ग विकट है। शुद्ध बनने का अर्थ है—मन से, वचन से और काया से निर्विकार बनना, राग-द्वेषादि से रहित होना। इस निर्विकारता तक पहुँचने का प्रतिक्षण प्रयत्न करते हुए भी मैं पहुँच नहीं पाया हूँ, इसलिए लोगों की स्तुति मुझे भुलावे में नहीं डाल सकती। उलटे, यह स्तुति प्रायः तीव्र वेदना पहुँचाती है। मन के विकारों को जीतना संसार को शस्त्र-युद्ध से जीतने की अपेक्षा मुझे अधिक कठिन मालूम होता है। हिन्दुस्तान आने के बाद भी मैं अपने भीतर छिपे हुए विकारों को देख सका हूँ, शर्मिन्दा हुआ हूँ, किन्तु हारा नहीं हूँ। सत्य के प्रयोग करते हुए मैंने आनन्द लूटा है और आज भी लूट रहा हूँ। लेकिन मैं जानता हूँ कि अभी मुझे विकट मार्ग तय करना है। इसके लिए मुझे शून्यवत् बनना है। मनुष्य जब तक स्वेच्छा से अपने को सबसे नीचे नहीं रखता, तब तक उसे मुक्ति नहीं मिलती। अहिंसा नम्रता की पराकाष्ठा है। ऐसी नम्रता के लिए प्रार्थना करते हुए और उसके लिए संसार की सहायता की याचना करते हुए इस समय तो मैं इन प्रकरणों को बन्द करता हूँ।

❑❑❑

जे. कृष्णमूर्ति की लोकप्रिय पुस्तकें

ध्यान

महान शिक्षक जे. कृष्णमूर्ति की वार्ताओं तथा लेखन से संकलित संक्षिप्त उद्धरणों का यह क्लासिक संग्रह 'ध्यान' के संदर्भ में उनकी शिक्षा का सार प्रस्तुत करता है—अवधान की, होश की वह अवस्था जो विचार से परे है, जो समस्त द्वंद्व, भय व दुःख से पूर्णतः मुक्ति लाती है जिनसे मनुष्य-चेतना की अंतर्वस्तु निर्मित है। इस परिवर्द्धित संस्करण में मूल संकलन की अपेक्षा कृष्णमूर्ति के और अधिक वचन संगृहीत हैं, जिनमें कुछ अब तक अप्रकाशित सामग्री भी सम्मिलित है।

आपको अपने जीवन में क्या करना है?

जीवन से जुड़े जीवंत प्रश्नों का गहन अन्वेषण जे. कृष्णमूर्ति का बीसवीं सदी के मनोवैज्ञानिक व शैक्षिक विचार में मौलिक तथा प्रामाणिक योगदान है। यह पुस्तक उनकी विभिन्न पुस्तकों से संकलित अपने प्रकार का पहला संग्रह है, जिसमें विशेषकर युवा वर्ग को शिक्षा तथा जीवन के विषय में कृष्णमूर्ति की विशद दृष्टि का व्यवस्थित एवं क्रमबद्ध परिचय प्राप्त होता है।

ईश्वर क्या है?

जे. कृष्णमूर्ति की चर्चित और लोकप्रिय पुस्तकों में से एक पुस्तक। यह पुस्तक उस पावन परमात्मा के लिए हमारी खोज को केन्द्र में रखती है। कठिनाइयों, विपत्तियों, दुःख, कष्ट और असमंजस में घिरा व्यक्ति जब किसी परमसत्ता से मार्गदर्शन और सहायता की आशा करता हुआ आस्था की ओर लौटता है तो उस 'रहस्यमय परमसत्ता' की वास्तविकता और खोज भी करता है। यही से प्रश्न उठते हैं कि 'मैं क्या हूँ'—'ईश्वर क्या है?'

जे. कृष्णमूर्ति व्यापक विवेचन करते हुए स्पष्ट करते हैं कि जब हम अपनी वैचारिकता के माध्यम से खोजना बंद कर दें तभी हम यथार्थ, सत्य अथवा आनंद की अनुभूति कर पाएंगे।

शिक्षा क्या है?

क्या आप स्वयं से यह नहीं पूछते कि आप क्यों पढ़-लिख रहे हैं? क्या आप जानते हैं कि आपको शिक्षा क्यों दी जा रही है और इस तरह की शिक्षा का क्या अर्थ है? इस पुस्तक में जीवन से संबंधित युवा मन के ऐसे अनेक पूछे-अनपूछे प्रश्न हैं और जे. कृष्णमूर्ति की दूरदर्शी दृष्टि इन प्रश्नों को मानो भीतर से आलोकित कर देती है, पूरा समाधान कर देती है। ये प्रश्न शिक्षा के बारे में हैं, किंतु सब एक-दूसरे से जुड़े हैं।

दर्शन : संस्कृति : धर्म

भारतीय दर्शन (दो खण्ड) / डॉ. एस. राधाकृष्णन्

विश्वविख्यात दार्शनिक तथा भारत के पूर्व राष्ट्रपति डॉ. एस. राधाकृष्णन की भारतीय दर्शन के सभी पक्षों पर अधिकृत जानकारी देने वाली यह बृहद कृति बीसवीं शताब्दी में प्रथम प्रकाशन के समय से ही अपने विषय की सबसे महत्त्वपूर्ण तथा प्रामाणिक पुस्तक मानी जाती है। यह वैदिक युग से आरम्भ करके उपनिषद्, पुराण, गीता, षड्दर्शन, बौद्ध तथा जैन धर्म-दर्शनों का सांगोपांग विवेचन वर्तमान युग की भाषा में प्रस्तुत करती है।

उपनिषदों का संदेश / डॉ. एस. राधाकृष्णन्

भारतीय दर्शन में उपनिषदों के चिन्तन की गहरी छाप है। उपनिषदें मानव जीवन के सभी आधारभूत विषयों को अपने विचार का विषय बनाती हैं। विश्वविख्यात दार्शनिक डॉ. राधाकृष्णन ने अपनी पुस्तकों में भारतीय दर्शन के विविध पक्षों का मानक विवेचन प्रस्तुत किया है। इस पुस्तक में उन्होंने सभी प्रमुख अठारह उपनिषदों (ईश, केन, मठ, प्रश्न, मुण्डक, माण्डूक्य, श्वेताश्वतर, कौषीतकी, छान्दोग्य, बृहदारण्यक आदि) के विचारों को बड़े सरल और स्पष्ट ढंग से प्रस्तुत किया है। पढ़ने और मनन करने योग्य अत्यन्त उपयोगी ग्रन्थ।

भारतीय संस्कृति : कुछ विचार / डॉ. एस. राधाकृष्णन्

महान विचारक और दार्शनिक डॉ. एस. राधाकृष्णन भारतीय संस्कृति के मूर्धन्य व्याख्याता और समर्थक थे। भारतीय संस्कृति का विश्व की अनेक संस्कृतियों से तुलनात्मक अध्ययन प्रस्तुत करते हुए उन्होंने प्रतिपादित किया है कि भारतीय संस्कृति धर्म को जीवन से अलग करने की बात नहीं मानती, अपितु वह मानती है कि धर्म ही जीवन की ओर ले जाने वाला मार्ग है और भारतीय संस्कृति के आध्यात्मिक अन्वेषण से मानव मात्र का जीवन उन्नत हो सकता है।

हमारे अन्य श्रेष्ठ प्रकाशन

चर्चित पुस्तकें

आवारा मसीहा, विष्णु प्रभाकर, **अदम्य साहस** डॉ. अब्दुल कलाम, **प्रेरणात्मक विचार** डॉ. अब्दुल कलाम, **मेरी आपबीती** बेनज़ीर भुट्टो, **मेरे सपनों का भारत** महात्मा गांधी, **सत्य के प्रयोग** महात्मा गांधी, **परिवर्तन और राजनीति** एन.के. सिंह, **भारतीय अर्थतंत्र, इतिहास और संस्कृति** अमर्त्य सेन, **आर्थिक विकास और स्वातन्त्र्य** अमर्त्य सेन, **आर्थिक विषमताएं** अमर्त्य सेन, **गरीबी और अकाल** अमर्त्य सेन, **भारत विकास की दिशाएं** अमर्त्य सेन, **भारतीय राज्यों का विकास** अमर्त्य सेन, **हिंसा और अस्मिता का संकट** अमर्त्य सेन, **भारतीय दर्शन** डॉ. राधाकृष्णन्, **जिन्ना : भारत-विभाजन के आइने में** जसवंत सिंह

शब्दकोश : कोश : शिक्षा

राजपाल बृहत् हिन्दी-अंग्रेजी शब्दकोश डॉ. हरदेव बाहरी, **राजपाल बृहत् अंग्रेजी-हिन्दी शब्दकोश** डॉ. हरदेव बाहरी, **राजपाल हिन्दी शब्दकोश** डॉ. हरदेव बाहरी, **शिक्षार्थी हिन्दी-अंग्रेज़ी शब्दकोश** डॉ. हरदेव बाहरी, **राजपाल अंग्रेज़ी-हिन्दी शब्दकोश** डॉ. हरदेव बाहरी, **राजपाल अंग्रेज़ी-हिन्दी पारिभाषिक शब्दकोश** डॉ. हरदेव बाहरी, **राजपाल हिन्दी-अंग्रेज़ी थेसॉरस** गोपीनाथ श्रीवास्तव, **राजपाल अंग्रेजी-हिन्दी राजभाषा प्रयोगकोश** गोपीनाथ श्रीवास्तव, **राजपाल लोकोक्ति कोश** हरिवंश राय शर्मा, **राजपाल साहित्यिक मुहावरा कोश** हरिवंश राय शर्मा, **राजपाल साहित्यिक सुभाषित कोश** हरिवंश राय शर्मा, **विद्यार्थी हिन्दी शब्दकोश** डॉ. ओमप्रकाश, **शब्दार्थ-विचार कोश** आचार्य रामचन्द्र वर्मा, **शब्द-परिवार कोश** डॉ. बदरीनाथ कपूर, **व्यावहारिक उर्दू-हिन्दी शब्दकोश** डॉ. सैयद असद अली, **कहावत कोश** समर सिंह

विश्वकोश : संदर्भ-ग्रंथ

विश्वकोश-I (पृथ्वी-आकाश-खनिज) डॉ. बालकृष्ण, **विश्वकोश-II (आविष्कार-खोज)** डॉ. बालकृष्ण, **विश्वकोश-III (जीव-जंतु : पेड़ पौधे)** डॉ. बालकृष्ण, **विश्वकोश-IV (विज्ञान-वैज्ञानिक)** डॉ. बालकृष्ण, **भारतीय संस्कृति कोश** लीलाधर शर्मा पर्वतीय, **भारतीय चरित कोश** लीलाधर शर्मा पर्वतीय, **अंतरराष्ट्रीय व्यक्ति कोश** विश्वमित्र शर्मा, **भारत रत्न** विश्वमित्र शर्मा, **20वीं सदी के सौ प्रसिद्ध भारतीय** विश्वमित्र शर्मा, **नोबेल पुरस्कार कोश** विश्वमित्र शर्मा, **नोबेल पुरस्कार सम्मानित भारतीय** विश्वमित्र शर्मा, **भारत के राष्ट्रपति** भगवतीशरण मिश्र, **भारत के प्रधानमंत्री** भगवतीशरण मिश्र, **नोबेल पुरस्कार विजेता साहित्यकार** राजबहादुर सिंह, **विश्व के महान वैज्ञानिक** फिलिप केन, **विश्व की महिला अंतरिक्ष यात्री** कालीशंकर, **भारतीय भाषाओं के पुरस्कृत साहित्यकार** डॉ. आरसू, **50 क्रांतिकारी** राजेन्द्र पटोरिया, **100 प्रसिद्ध भारतीय खिलाड़ी** चित्रा गर्ग

उपन्यास

मानस का हंस (पुरस्कृत) अमृतलाल नागर, **नाच्यौ बहुत गोपाल** अमृतलाल नागर, **खंजन नयन** अमृतलाल नागर, **बिखरे तिनके** अमृतलाल नागर, **पीढ़ियां** अमृतलाल नागर, **करवट** अमृतलाल नागर **सेठ बांकेमल** अमृतलाल नागर, **भूख** अमृतलाल नागर, **सात घूंघट वाला मुखड़ा**

अमृतलाल नागर, **सोमनाथ** आचार्य चतुरसेन, **वयं रक्षामः** आचार्य चतुरसेन, **वैशाली की नगरवधू** आचार्य चतुरसेन, **सोना और खून** (चार भागों में) आचार्य चतुरसेन, **कब तक पुकारूं** रांगेय राघव, **घरौंदा** रांगेय राघव, **न आने वाला कल** मोहन राकेश, **समग्र उपन्यास** कमलेश्वर, **कितने पाकिस्तान** कमलेश्वर, **एक सड़क सत्तावन गलियां** कमलेश्वर, **काली आँधी** कमलेश्वर, **सुबह दोपहर शाम** कमलेश्वर, **रेगिस्तान** कमलेश्वर, **अभिज्ञान** नरेन्द्र कोहली, **आतंक** नरेन्द्र कोहली, **साथ सहा गया दुख** नरेन्द्र कोहली, **जंगल** नरेन्द्र कोहली, **एक नौकरानी की डायरी** कृष्ण बलदेव वैद, **शिकस्त की आवाज़** कृष्ण बलदेव वैद, **नर नारी** कृष्ण बलदेव वैद, **एक इंच मुस्कान** राजेन्द्र यादव/मन्नू भंडारी, **जंगल के फूल** राजेन्द्र अवस्थी, **अकेली आवाज़** राजेन्द्र अवस्थी, **कुहरे में युद्ध** शिवप्रसाद सिंह, **औरत** शिवप्रसाद सिंह, **रात भारी है** अमृता प्रीतम, **कैली कामिनी और अनीता** अमृता प्रीतम, **जलते बुझते लोग** (एक ही जिल्द में तीन उपन्यास) अमृता प्रीतम, **यह कलम यह कागज़ यह अक्षर** अमृता प्रीतम, **ययाति** वि.स. खांडेकर, **कोणार्क** प्रतिभा राय, **उसका अपना आकाश** प्रतिभा राय, **चित्रप्रिया** अखिलन, **एक गधे की आत्मकथा** कृश्न चंदर, **तापसी** कुसुम अंसल, **पहाड़ चोर** सुभाष पंत, **गोदान** प्रेमचंद, **गबन** प्रेमचंद, **औरतें** खुशवंत सिंह, **समुद्र की लहरों में** खुशवंत सिंह, **मुजरिम हाज़िर** विमल मित्र, **कुली** मुल्कराज आनंद, **अछूत** मुल्कराज आनंद, **सात साल** मुल्कराज आनंद, **दिशाएं बदल गईं** नरेश भारतीय, **सावित्री** व्योहार राजेन्द्रसिंह **कुली बैरिस्टर** राजेन्द्रमोहन भटनागर, **गौरांग** राजेन्द्रमोहन भटनागर, **गाइड** आर.के. नारायण, **स्वामी और उसके दोस्त** आर.के. नारायण, **वध** मनहर चौहान, **जिहादी आतंकवाद** शंकर शरण, **महारानी झांसी** शांति नारायण, **चाणक्य और चन्द्रगुप्त** हरिनारायण आपटे।

कविता

मधुशाला बच्चन, **मधुबाला** बच्चन, **मधुकलश** बच्चन, **खैयाम की मधुशाला** बच्चन, **मेरी श्रेष्ठ कविताएं** बच्चन, **निशा निमंत्रण** बच्चन, **जाल समेटा** बच्चन, **दो चट्टानें** बच्चन, **सतरंगिनी** बच्चन, **मिलन यामिनी** बच्चन, **आत्मिका** महादेवी, **नीलांबरा** महादेवी, **दीपगीत** महादेवी, **चुनी हुई कविताएं** अज्ञेय, **गीतांजलि** रवीन्द्रनाथ टैगोर, **साधना** रवीन्द्रनाथ टैगोर, **पथ का गीत** रवीन्द्रनाथ टैगोर, **आखिर यह मौसम भी आया** रमानाथ अवस्थी, **क्या खोया क्या पाया** अटलबिहारी वाजपेयी, **अंग्रेजी के श्रेष्ठ कवि और उनकी श्रेष्ठ कविताएं** कुलदीप सलिल, **अन्तरा** विश्वनाथ।

कहानियाँ

मोहन राकेश की संपूर्ण कहानियां मोहन राकेश, **अज्ञेय की संपूर्ण कहानियां** अज्ञेय, **एक दिल हज़ार अफ़साने** अमृतलाल नागर, **मालगुड़ी की कहानियां** आर.के. नारायण, **सत्यजित राय की कहानियाँ** सत्यजित राय, **समग्र कहानियां** कमलेश्वर **मेरी प्रिय कहानियां** अज्ञेय, आचार्य चतुरसेन, भगवतीचरण वर्मा, रांगेय राघव, अमृतलाल नागर, मोहन राकेश, निर्मल वर्मा, राजेन्द्र यादव, कृश्न चन्दर, कमलेश्वर, मन्नू भंडारी, फणीश्वनाथ रेणु, यशपाल, इलाचन्द्र जोशी, भीष्म साहनी,

राजपाल